# 蒙古帝國的漫長遺緒

## 後蒙古時代與世界史的重新構圖

モンゴル帝国と長いその後

杉山正明（京都大學名譽教授）————著

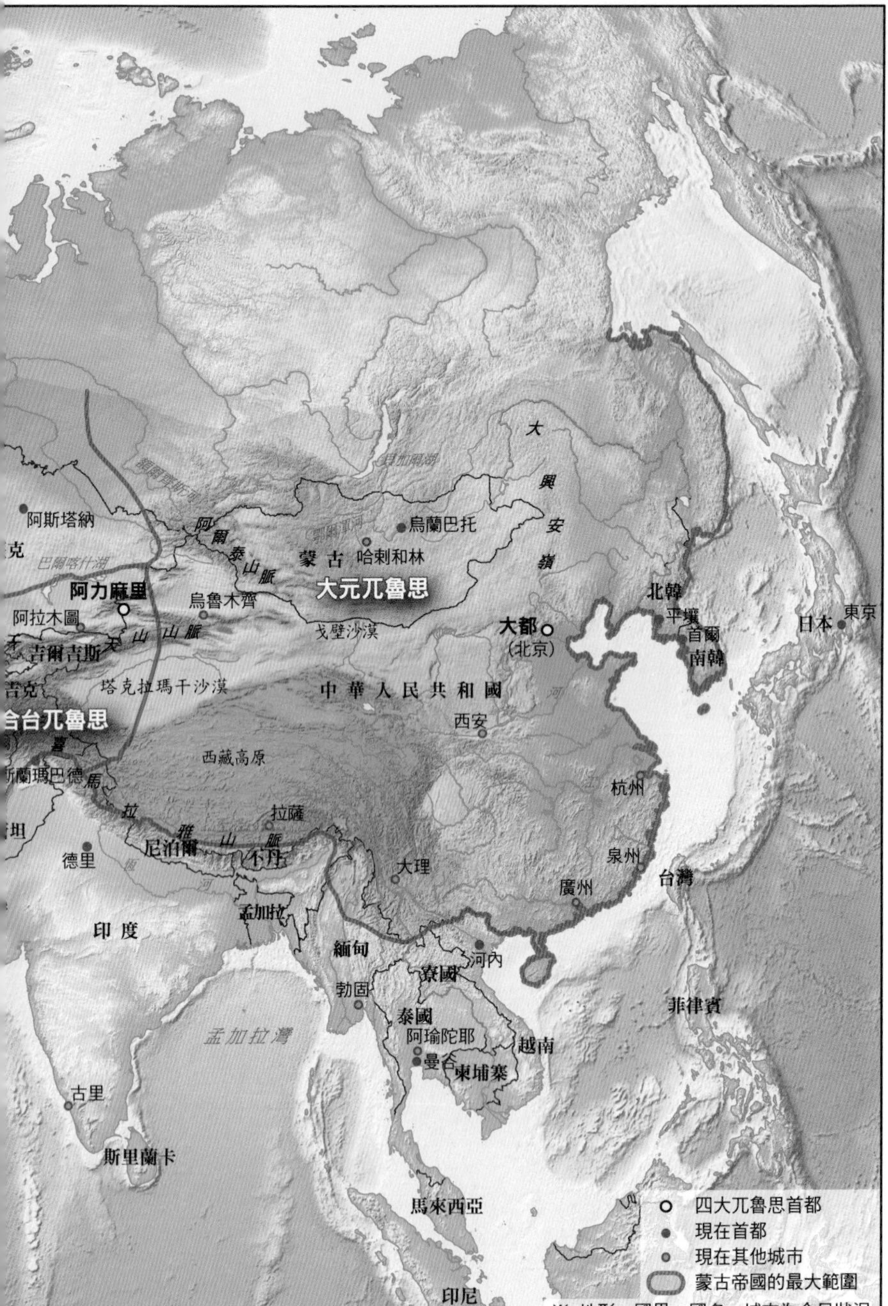
大興安嶺
阿斯塔納
巴爾喀什湖
阿力麻里
阿拉木圖
吉爾吉斯
塔克拉瑪干沙漠
阿爾泰山脈
天山山脈
烏魯木齊
蒙古
哈剌和林
烏蘭巴托
鄂爾渾河
大元兀魯思
戈壁沙漠
大都
(北京)
北韓
平壤
首爾
南韓
日本
東京
中華人民共和國
西安
西藏高原
馬
拉
雅
山
脈
拉薩
尼泊爾
不丹
德里
孟加拉
印度
大理
杭州
泉州
廣州
台灣
緬甸
河內
寮國
勃固
泰國
阿瑜陀耶
曼谷
柬埔寨
越南
菲律賓
孟加拉灣
古里
斯里蘭卡
馬來西亞
印尼
四大兀魯思首都
現在首都
現在其他城市
蒙古帝國的最大範圍
※ 地形、國界、國名、城市為今日狀況

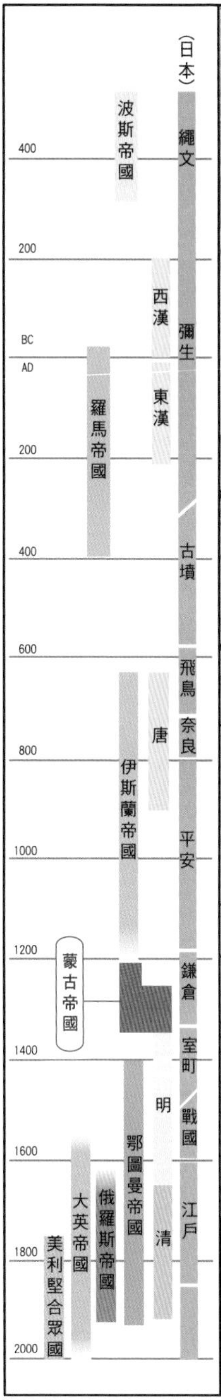

# 蒙古帝國鬆散地統合了世界

成吉思汗在西元一二〇六年建立的「大蒙古國」，於十四世紀初時轉變成由多個成吉思家君主統治的國家（兀魯思）所組成的世界聯邦，並以寬鬆的方式統合了歐亞非大陸。這個在人類史上具有開創意義的時代稱作──「蒙古時代」。

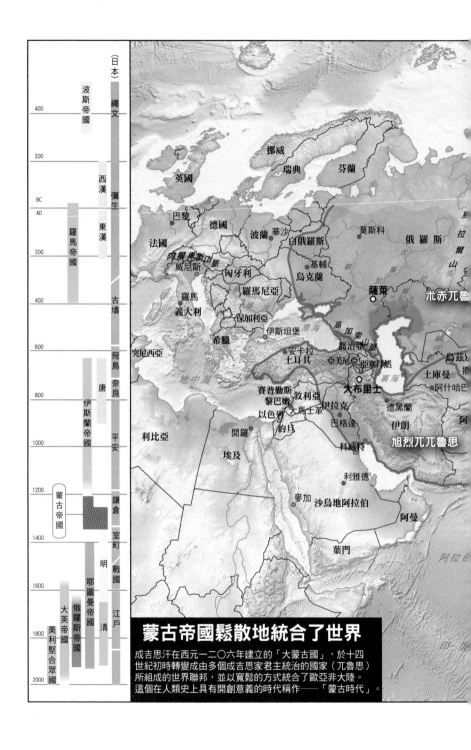

目錄

# 序章

# 歷史存在的意義

**泰姬瑪哈陵**　第五代蒙兀兒皇帝沙賈漢於 17 世紀建造。擁有壓倒性的巨大之美。

# 蒙古之後的漫長身影

## ◎殘影的盡頭

一九二〇年的中亞……，蒙古帝國的殘影終於消失在地表上。從久遠的一二〇六年成吉思汗統一蒙古高原、建立前所未有的大帝國算起，這段旅程經過了七百一十四年的歲月。

被消滅的是兩個國家。雖然有幾種不同的稱呼，但其一是布哈拉汗國，或稱布哈拉埃米爾國，另一個國家則是希瓦汗國；兩者的名稱都源自中亞的城市。兩國雖然都已經突厥化和伊斯蘭化，但權力的脈絡和由來都可以追溯到創造出人類史上最大版圖的蒙古世界帝國。最終，帝國確實衰弱、走到了窮途末路。縱然如此，蒙古帝國留下的線索在進入二十世紀之後依舊在中央歐亞地帶持續了長達二十年。

萎縮的兩國氣絕之時，距離一九一七年的二月革命和十月革命，也就是所謂的俄羅斯革命已經有三年的光陰。亦即，長期占有、統治歐亞大陸北方大部分地區的俄羅斯帝國已經消失。帶給布哈拉汗國和希瓦汗國致命一擊的是標榜社會主義的蘇維埃政權。然而自十九世紀以來，中亞地區逐漸附屬於俄羅斯的強權之下，對於居住在這些地方的人們而言，「新時代」的到來並非意味著「解放」。

取而代之出現的蘇維埃國家內戰激烈，又有包括出兵西伯利亞的日本在內的列強干涉與進駐。好不容易挺過這些艱難的局面，隨即於一九二二年起，急速走向在列寧和其繼承者史達林的指導之下，名為聯邦的「新帝國」之路。中亞原本屬於舊俄羅斯帝國境內的大中小各個地區和人群團體，雖然萌生了些微可稱為近代化的幼苗，但卻逐漸失去了當初懷抱的希望和意志。乍看之下國家和政權發生了巨大的變化，但其實仍是聚集多種民族的龐雜國家，幾乎如實地繼承了可謂是內陸巨大殖民地帝國的「北方國家傳統」。尤其是相當於「東方屬地」的中亞以東之地，受到比俄羅斯沙皇時代更慘烈血腥的「第二次莫斯科權力」的打擊，不得已忍受更進一步的從屬、歧視、分裂。

到了一九二〇年代中至三〇年代，在蘇維埃聯邦內的中亞地區，數個無論是歷史、語言、人種、文化、習俗等各方面皆沒有立國之適當基礎的「人造國家」，被御用學者根據蠻橫的歪理一一創造出來，開始了由受到莫斯科控制的魁儡政權掌權的「新時代」。之後過了半世紀，一九九一年蘇維埃聯邦垮台。中亞的哈薩克、烏茲別克、吉爾吉斯、土庫曼、塔吉克等五國，繼承並背負包括不自然的國境在內，各種自俄羅斯帝國到蘇聯這段近現代史所帶來的「負面遺產」，不管願不願意，只能「獨立」。

再看到今日。東邊是保有巨大領域的中華人民共和國，南邊是看起來不安且混亂不斷加深的阿富汗、巴基斯坦、伊朗、中東，北邊和西邊則是依舊擁有廣大版圖且逐漸重生的俄羅斯聯邦。站在歐亞大陸的中央地帶環視四周時，會陷入不可思議的思緒當中。這片過去曾是草原和綠洲交織的廣大開放地區，在十九世紀轉變成以英俄為中心的強權政治世界。這樣的形勢在二十世紀更加激烈，到了二十一世紀仍益發顯著。不僅政治和軍事，也包括經濟和環境，充滿各種流動和不安定的要素。現在這個時代，就好像是不久之前才剛開始。

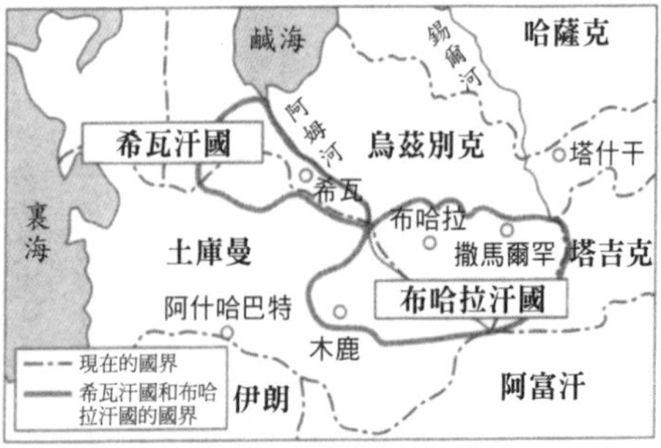

現在的烏茲別克周邊

我們現在的「這個時代」，是否能夠整理、有時甚至清算人類史的各種進步和結果，找出某種「形式」或「應有的樣子」呢？尤其是在歷史悠久的歐亞大陸，是否能夠超越包括美國、歐洲、日本在內的現代強權政治，創造出穩定且和緩的安定結構呢？

在每一個人都必須在「人類」這個意識之下生活的全球化時代，問題的關鍵還是取決於地表上這塊面積最大的大陸的未來走向。這裡是孕育出多個人類文明的巨大交流空間。如果說有對人們或全人類有益的偉大「智慧」，那麼想必是在穿越歷史和現在的目光當中，才能尋找到吧。想到這裡，便覺得超越八百年的歲月，輕易包容歐亞大陸大半地區，且緩慢串聯包含非洲在內的陸地與海洋的蒙古帝國，伴隨其時代的記憶，於此刻甦醒。

## ◎帝國消滅之時

換個角度來看，一九二〇年的不久之前和之後，存在於歐亞大陸上的幾個帝國陸續消失。這是世界史上少見的帝國消滅時期。

扼要地說，就是在第一次世界大戰前後。眾所周知，戰爭本身是屬於歐洲的大戰，但受到影響的地區範圍很廣泛。在這層意義之上，的確屬於世界大戰，且就其結果而言，在世界史上烙印下了超越時代的深刻意義。

首先是前面提及的羅曼諾夫王朝的俄羅斯。俄羅斯帝國與歐洲列強之間展開史上首次正面對決的總體戰和消耗戰，最後幾乎耗盡自己國力而崩潰。隨著戰情加劇，帝國強迫驅使複雜且多樣的「帝國臣民」前去戰場和工廠，流下了前所未見的大量鮮血。民眾和各民族的憤怒和怨恨達到鼎沸，再加上國內原本就不完善的產業生產力負擔過重，開戰三年便意外地迅速自取滅亡。在歐亞大陸東方裝作強大的俄羅斯，與其雄偉的外表相反，實際上包括社會和經濟在內，各方面都非常危險與脆弱，是一個「紙老虎」般的舊式帝國。這些弱點一下子全部暴露出來，制度也隨著王朝、國家、社會一同崩壞。

接著，在第一次世界大戰當中，站在德國、奧地利這一方的鄂圖曼（奧斯曼）帝國也瓦解了。只是名義上帝國的消滅被認為是廢止蘇丹制度的一九二二年。延續六百年命脈，長壽的鄂圖曼帝國是比俄羅斯更古老的大國，自十七世紀以來，經歷低迷和領土縮小的漫長衰退史。簡言之，鄂圖曼帝國從超越地區和人種的安穩帝國，最終變成了現實上軟弱無力的「虛像帝國」，甚至是「心之帝國」。

然而，就算陷入任誰都可以看出的衰弱狀態，但「達爾阿爾—伊斯蘭」（Dar al-Islam，原意是伊斯蘭之家），也就是「伊斯蘭世界」盟主的失勢與消滅所造成的衝擊，不免還是帶給許多穆斯林巨大的震撼。中東各地的行動一向都非常注意與自己成反比例、穩定向上發展的歐洲基督教世界，但是鄂圖曼帝國消失之後該怎麼辦？穆斯林該何去何從？就此出現了邁向全新構圖的摸索。另一方面，直到現在仍造成中東紛爭不斷的原因，有很大一部分是基於三份惡名昭彰且相互搭配的文件，那就是《侯賽因—麥克馬洪協定》（*McMahon-Hussein Correspondence*，一九一五～一六年）、《賽克斯—皮科協定》（*Sykes-Picot Agreement*，一九一六年）與《貝爾福宣言》（*Balfour Declaration*，一九一七年），另外再加上以英法為首、野心勃勃的歐美也動作頻頻。也就是說，鄂圖曼帝國的滅亡是伊斯蘭中東地區走向「荊棘之路」的象徵，亦可謂是直接延續至今日的現代史起點。

再將視線轉到亞洲東方。在第一次世界大戰之前的一九一一年，即辛亥之年發生了革命，翌年大清帝國崩壞。大清帝國的滿語正式名稱是「大清固倫」（Daicing gurun），漢字寫作「大清國」，清朝是其俗稱或通稱。這個歐亞型的帝國維持了三百年的擴張與安定，之後走向動搖、衰退的歷史。

這個在滿洲（現在中華人民共和國的東北三省）的山野一角，從以女真族為中心的小團體發展而成的國家，逐漸拓展疆土，跨越長城南北，從中期到後期的乾隆帝治世期間，消滅了一百多年來的宿敵準噶爾遊牧王國，實現了包括蒙古高原、帕米爾高原、西藏在內的廣大版圖。這是一七五五至五八年的事。對於大清國而言，後半的一百五十多年正是一個由多種族構成的巨大國家。

不過，也出現了把這個巨大空間當作是「中華」固有傳統領域和結構的想法，且在清末的動亂時期至民國初期的爭議中，這樣的想法更加盛行，於是在不知不覺中，最終變成了理所當然。不得不說這是自古以來的「漢土」與大清固倫皇帝個人維持的多元帝國世界之間出現了混淆、錯覺以及誤解。孫文試圖以「中華民族」這個新詞來跨越漢族民族主義和巨大版圖之間難以填補的鴻溝，

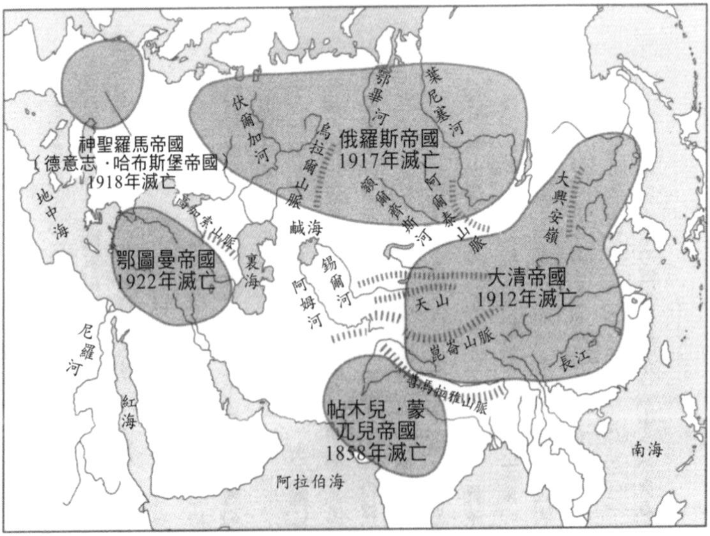

19～20世紀初期歐亞大陸上的主要帝國

但這顯然是不可能的。現在的政權之所以用「多元一體」當作標語，想來也是當然之事。

另一方面，中華人民共和國的廣大領域無疑是以乾隆皇帝之後的疆土為基礎。革命之後的政權繼承了自己否定的帝國架構，這一點類似俄羅斯帝國和蘇聯的關係。帝國的遺緒一直存續至今。大版圖換來的代價是多民族統治：在正反兩面之中，現在和今後不可忽視的動因將持續存在。

再把焦點拉回歐洲，第一次世界大戰的結果直接造成兩個帝國的滅亡。分別是霍亨索倫家當皇帝的德意志帝國和哈布斯堡家當皇帝的奧匈帝國。兩者皆與神聖羅馬帝國有很深的淵源。從此，「帝國」之名正式在歐洲消失。

## ◎蒙古和之後的眾多帝國

宣告世界真正開始世界化的二十世紀，隨著舊有各帝國的相繼消滅揭開了序幕。自中世紀乃至近世開始一脈相承的漫長歷史脈絡，在此暫且遭到抹去。一個大時代的劃分很明顯是從此時開始。

不過，這同時也是新帝國浮上檯面，以及更大規模的政治對立與軍事競爭的開始。美國這個新興的帝國就不用說，包括戰前的日本、納粹德國、戰前和戰後的蘇聯，甚至也有人將一九九〇年代以後的中國也算在內。科學技術的發展、近代武器的開發和軍事擴張，以及在民族國家這個美名之下的強制措施等等，讓二十世紀成為了人類史上未曾經歷過的戰爭和殺戮的世紀。然後，到了現在……。除了全球帝國美國之外，還有在普丁手中復甦的新生俄羅斯，以及隨著巨大的市場化而看不見去向的中國。究竟二十一世紀能否將「負面的二十世紀」當作是過去可憎的時代？並且朝著人類共同的價值和目標，克服各種課題、攜手前進？人類真能如此賢明嗎？

回顧二十世紀初一起退場的各個帝國，每一個的起源和由來實際上都與蒙古帝國和其時代有著某種關聯。至今為止，幾乎沒人認知到這一點，但若照著事實綜觀世界史，那麼這便是不可否認、超越莊嚴時代的歷史現象。

首先是俄羅斯帝國。在歐亞大陸西北一隅，貧瘠大地和森林圍繞、名為羅斯（Rus'）的寒冷地帶，有著相互孤立的各公國。十三世紀，拔都率領的蒙古西征軍來到此地之後，俄羅斯成為組成蒙古世界帝國一部分的朮赤兀魯思（因誤解而通稱欽察汗國）的屬地。後來兩方經過漫長的共存時期，最終主從關係逆轉。

得以逆轉的契機，是源自成為蒙古代理人的莫斯科崛起。莫斯科花了三個世紀的時間整合羅斯各個公國，同時合併了原本屬於朮赤兀魯思的主要分國：喀山汗國和阿斯特拉罕汗國。到了十六世紀中，掌握伏爾加河流域的莫斯科公國重新編制遊牧民戰士，一口氣向東進入西伯利亞的內陸世界，轉眼便抵達太平洋沿岸。接著慢慢侵略哈薩克草原和中亞，又將視線從蒙古高原轉向中國和朝鮮方面。在匯聚多種族、多地域、多文化的巨大複合體，以及其帝國運作體系之後，俄羅斯帝國便從蒙古帝國中誕生，以推翻蒙古統治的形式壯大。

另外鄂圖曼帝國也與蒙古世界帝國當中，制服伊朗中東地域的旭烈兀兀魯思（通稱伊利汗國）相關。十三世紀末，於旭烈兀兀魯思勢力範圍的西北邊、安那托利亞一隅萌芽的弱小突厥系集團成為旭烈兀家采地的管理者，並在一三二六年時在布爾薩（Bursa）和其周邊建立據點。布爾薩的蘇丹被認為是鄂圖曼帝國的始祖。

關於鄂圖曼王朝的起源雖然有許多不明之處，但很難否認與旭烈兀兀魯思有著直接或間接的關係。在後蒙古時代，鄂圖曼王朝初期的領導者們與旭烈兀兀魯思解體後繼承其後的速勒都思、札剌亦兒、白羊王朝（Aq Qoyunlu）、黑羊王朝（Kara Koyunlu）等勢力相爭；雖然因後述的帖木兒而使帝國暫時陷入毀滅狀態，但之後又再度興起。鄂圖曼帝國是在進攻君士坦丁堡之後才朝向海上國家發展，具體時間可視為從蘇萊曼大帝的時候開始。在此之前的時代，尤其是國家和軍事的制度與架構，充滿濃厚的蒙古色彩。

再看到東方，大清固倫是蒙古世界帝國的宗主國大元兀魯思（中華式的通稱為元朝）間隔二百五十年的「後繼國家」。從始祖努爾哈齊開始便與蒙古關係密切，尤其第二代的皇太極與蒙古科爾沁結盟，並在一六三六年於瀋陽召開忽里勒台（蒙古的國會或是王族會議），受到成吉思汗後裔的內蒙古王公們的擁戴，繼承了大元兀魯思的帝位。這時，想必是效仿「大元・兀魯思」而以「大清・固倫」為新的國號。包括之後的盛世在內，大清國自始至終都是名副其實的滿蒙聯合政權。

此外，蒙古帝國之中占據中亞的察合台兀魯思的西半部，誕生了以重整察合台兀魯思的方式形成的帖木兒帝國。帖木兒帝國於一五〇〇年失去根據地南下至印度次大陸，建立相當於第二帖木兒王朝的蒙兀兒帝國。蒙兀兒指的就是蒙古。蒙兀兒帝國以北印度為中心的統治，最終隨著自己的衰落，遭到從海上而來、以東印度公司為名的大英帝國蠶食，逐漸失去實權。然而，雖然名存實亡，但蒙兀兒帝國一直延續到一八五八年。接著在一八七七年，維多利亞女王加冕為印度女皇。果然，就算在南亞，蒙古帝國的線索也一直持續到近代初期。

除此之外，還有哈布斯堡家和霍亨索倫家。兩者皆起源自中世紀以來，在神聖羅馬帝國之名下極度鬆散的「帝國領域」。哈布斯堡家最初是在一二七三年的時候得到神聖羅馬帝國的皇帝之位，而霍亨索倫家則是在十四世紀打響名號，於一三六三年獲得帝國諸侯的身分之後，逐漸壯大。

在蒙古帝國統合大半歐亞大陸東西方的十三、十四世紀，同時存在於歐洲的是神聖羅馬帝國。尤其是拔都的西征軍打倒當時數一數二的強國匈牙利王國之時，呼籲歐洲團結一致對抗東方蒙古恐怖威脅的人，正是第六次十字軍東征時成為耶路撒冷國王的著名神聖羅馬帝國皇帝腓特烈二世。分別起源於神聖羅馬帝國獨特「凝聚力」的兩王家，之後經歷漫長的浮沉、轉變、競爭，又圍繞著「德意志」的發展路線和型態而對立，最後雖然以個別的兩個帝國前進，但不到半世紀，兩家皆於一九一八年斷絕。

## ◎世界史的構圖

從以上敘述可以發現，第一次世界大戰前後，其實是直接或間接受到蒙古帝國和其時代濃厚影響的各帝國與殘影一起消失殆盡的時期。換句話說，蒙古之後的「帝國史」，大部分都在這個時候算了一次總帳。關於這一點根據看法不同，可以視為是宣告極為漫長的「中世紀」的徹底結束，或者比較接近一般常識的看法，可以視為是「近世」的最終結局。

回顧世界史，十三、十四世紀的蒙古帝國和其時代總括了在此之前的歐亞歷史，以及整個歐亞非大陸上的營生方式。人類從分處於各個地區和文明圈、彼此的關係和聯絡相對貧乏的狀態，大步走向了另一階段。世界乃至所謂人類的這一整體，以及看向此的目光，透過史上最初的陸、海大範圍的交流而得以化為現實。

然而，從此階段開始的歷史，我們對於所有「蒙古」所累積、創造出的事物，和對之後留下的各種影響和遺產還不甚了解。若換一個角度來看，對於至今為止以歐美為中心所描繪的世界史樣貌雖然存有大大小小的疑慮，但當中最重要且根本的疑慮在於，好像只有十五世紀末西歐進入海洋之後，世界史才有完整的敘述。在此之前就好像是分斷的歷史一般，而在此之後反而僅以歐洲為中心描繪。想當然耳，如此的歷史敘述傾向以「海洋觀點」為主軸。然而，真的是這樣嗎？

例如，就算只看前述的蒙古時代和其後的歐亞非大陸上一連串帝國的存在與發展，便會暴露出既存世界史形象無法解釋的缺陷。蒙古世界帝國本身於世界史上的意義自然不用說，另外還有俄羅斯帝國、鄂圖曼帝國、大清固倫帝國、帖木兒和蒙兀兒帝國，以及神聖羅馬帝國。這些帝國皆跨越生態和文化的界線，超越既有國家和社會的範疇。彼此之間不時發生爭鬥，複雜交錯，牽動著歐亞大陸以及北非和東非，其影響力有時甚至達到海上。

總之，除了以葡萄牙和西班牙為先驅、吸取其成果的荷蘭、英國、法國以及美國之外，並存、延續於歐亞非大陸的數個「近世・近代帝國」同樣扮演著世界史發展的重要角色，同時也是歷史前進的原動力。畢竟，這種狀況的最終結局，即第一次世界大戰，除了最後參戰的美國之外，就算是英國和法國等擁有許多海外領土的國家，包含戰場在內，還是屬於歐亞非大陸之內的帝國間戰爭吧。

當然，世界史的發展不論海陸。根據時代的演進，重要性逐漸增加的「海洋觀點」當然重要，但「陸地理論」也不可少。只是，像是從斯基泰和匈奴以來歷史一脈相承的歐亞國家的傳統自不用說，就連對蒙古時代和之後歐亞非大陸的通盤掌握，過往以西歐中心主義為主的歷史形象，都欠缺應有知識的累積、分析的視角，以及歷史整體樣貌等等透澈的認識。結果變成，歷史的架構只要能夠將最終目標落在西歐的擴大和因此帶來的「世界統合」就好。

會造成這樣是因為，在距今約一百年前的歐洲、尤其是在西歐經過體系化的架構被毫無保留地套用的緣故。可以說，這是歐洲最充滿自信的十九世紀末的產物。過去包括日本在內，都接受以此為世界的標準。且不僅限於歷史學，這時的學問和知識體系成為地基和支柱，撐起了之後的教育與研究。於是這樣的觀點刻入大多數人的腦海裡，成為日本人的常識。也因此我們腦中的「世界史形象」不僅是以歐洲為本位，更是以西歐為本位。

如此下去當然不好。再怎麼說這種觀點的時代和想法還停留在十九世紀末。過去將進入二十世紀之後的歷史區分為「現代史」，在個別的框架中探討。關於「現代史」的內容，因各國的利益交錯，很難成為世界史；因此，似乎變得愈來愈模糊與狹隘。亦即，歷史與現在並沒有連結。

可是，「現代史」當然不用說，連「現在史」也位於過去歷史的延長線上。不僅如此，自第一次世界大戰結束至現在為止的約九十年間，歷史的文本脈絡鮮明地存在著。例如剛剛提及的「帝國史」之流，至今依舊滔滔不絕地持續著。

也就是說，俄羅斯帝國從蘇聯到現在的俄羅斯聯邦、鄂圖曼帝國變成現在依舊陷入渾沌的中東、大清帝國則經由中華民國至現在的中華人民共和國、帖木兒到蒙兀兒的連續帝國則成了現在的印度、巴基斯坦、阿富汗、中亞諸國等不安定的結構，而「德意志人民的神聖羅馬帝國」則成為現在的德國甚至歐盟整體；在各自都落下正反兩面厚重陰影的情況下，現在這個時代繼續向前推進。保持某種「帝國」的形式，在混亂與迷惑當中暗藏巨大變化的可能性。無論如何，「帝國的記憶」今後也將會是不可忽視的動因。

## 邁向新的人類史時代

### ◎劃時代的蒙古時代

那麼，蒙古帝國和其開創的時代，究竟是什麼樣子呢？或許有些許記述已經說過，但下面概述其摘要。

十三世紀初，歐亞大陸吹起了大風暴。這場風暴延續了半世紀，歐亞大陸和非洲終於逐漸從陸上和海上兩方面統整起來。世界雖然是以「歐亞非世界」的形式存在，但世界史上首度出現了可以一覽無遺的整體形象。世界史在此出現了一大轉變。

蒙古身為世界和時代中心的十三、十四世紀，在「蒙古時代」之名下，認為這是世界史上具有劃時代意義的重要時期的思考方式，逐漸在日本國內外擴散。首先提倡這個想法的是已故學者本田實信的著作《蒙古時代史研究》（モンゴル時代史研究，一九九一年）。該書在充分意識到西方人所說的「地理大發現時代」（日本所謂的「大航海時代」）的情況下，主張在此之前兩個世紀的蒙古時代是人類史上重要的階段。這是首次由日本提出的世界史概念。

換言之，在以西歐前進海洋為開端，逐漸開啟「世界的世界化」大門之前，歐亞、北非以及東非是人類歷史的主要舞台，關於這一點沒有異議。若將這段漫長的歷史過程取名為「歐亞世界史」或「歐亞非世界史」，則蒙古帝國直接或間接地連接起「舊世界」大部分的陸地與海洋，創造出一個體系，這可說是前所未見的事態。

## ◎後蒙古時代和「近世・近代帝國」

蒙古的大整合為歐亞大陸乃至歐亞非各地帶來巨大的變動。在中華地區，出現了一片空前的大疆土，這不是連漢地也無法充分維持的北宋，以及在原本被認為是「蠻夷之地」、相當於漢地南半部的江南一帶苟延殘喘的南宋所能比擬。疆土之大足以摧毀「華夷之別」這個狹隘的表面文飾之詞。以宏觀視野來看，可謂是從「小中國」到「大中國」，之後雖然範圍多少有增減，但經過明代至大清國，再到現代巨大的中國，一切可說是從蒙古開創的時代開始。

另外在中東，蒙古消滅阿拔斯王朝與隨之而來的伊斯蘭事物的相對化就不用說，包括蒙古旭烈兀兀魯思統轄的廣義伊朗在內，現在的亞塞拜然、阿富汗、土庫曼方面，以及這些地區以東之地，成為以波斯語文化為主體的「東方伊斯蘭文化圈」，與蒙古對峙的馬木留克王朝統治的埃及以西，則成為以阿拉伯語文化為主體的「西方伊斯蘭文化圈」，如此的形勢被確定了下來。這些都是與現在直接相關的現象。而且也出現以突厥和蒙古系軍事權力為中樞的「伊斯蘭國家」，這種國家模式也非常穩固。

此外，蒙古以前的時代，在西北歐亞大陸，也就是現在的俄羅斯、烏克蘭、白俄羅斯、哈薩克、烏茲別克等廣大地區，沒有一個國家或政權可以穩定整合，但在名為朮赤兀魯思的蒙古權力之下卻建立了秩序，納入蒙古帝國創建的歐亞規模的交通系統和經濟流通之中，這與過去像是俄羅斯地區基輔羅斯的貧弱水準有著根本上的不同，可當作一個「新的集體」的起步。在同一地帶，草原上是蒙古而森林中有羅斯諸公國，在這樣的構圖之下維持了長時間的共存狀態。之後莫斯科在與蒙古王權緊密接觸的背景中逐漸登場，邁出朝向帝國俄羅斯的道路。

除此之外在蒙古時代，東西方世界屬於名副其實的無國界開放空間，陸海交通路線的手段、方便性、安全等，全仰賴官費或公權力的維持和保障，藉由蒙古的權力，人和物品以前人未及的規模往來，文化、宗教、思想、知識、資訊、學術、科學、技術、藝術等等都有了大幅的發展。在思考人類文化，或作為世界樣貌的資本主義的成立時，蒙古世界帝國和其時代所扮演的角色可說是非常重要。然而，這些大部分都被遺忘在歷史黑暗的角落，等待發掘。順道一提，在蒙古時代來往東西方的旅人，僅是知名人士就已經不勝枚舉。一般在談到世人所謂的絲路時，容易提及的旅人大多數集中在這個時代，想來也是當然之事。

蒙古時代之後的歐亞大陸或是歐亞非，進入了稱作「後蒙古時代」的局面。若要概略地描繪政治上的潮流，則東有明和大清兩帝國、中央有帖木兒和蒙兀兒兩帝國、西南有鄂圖曼和薩非兩帝國、西北則有俄羅斯帝國，以及還有神聖羅馬帝國。各個大型的「地區帝國」並立，且直接跨越至近代。這些「近世・近代帝國」當中，東西南北四大集團彼此之間雖然有程度上的差異，但都不可否認地受到蒙古帝國的影響。不得不說在世界史之中，蒙古帝國的開創性和超越時代的意義非常重大和深刻。

## ◎歷史上知識的虛構

蒙古帝國和其時代的研究必須根據東西方多種語言的原典文獻，以及各種遺跡和遺物這兩種根本的資料，仔細確認每一項事實細節，掌握住在一定程度上具有廣域性的事態或事物後，再累積這些成果進行超越地區和文明圈的綜合分析和判斷，進而架構整體的形象。如果是文獻資料，則是以波斯語和漢語的二大史料範圍為中心，加上超過二十多國語言的龐大資料。其特徵之一在於大多數資料都是原文書、原碑文、原寫本、原刊本等名副其實的「原典」。想要全部閱覽和掌握是一件非常困難的事。僅是這一點，就與其他歷史領域完全不同。至於遺跡和遺物，分布的規模也廣及歐亞非，且絕大多數都是未發現、未介紹、未處理的。例如，就算說是「蒙古時代的考古學」，但就事實上來看，聽起來都像是一場笑話。蒙古帝國和其時代可說是窮盡人類所有智慧，依舊汲取不完的可敬領域。

就算如此，近年來的研究水準已不可同日而語，新的研究成果不斷出現。不久之前還被認為是理所當然的「重要事實」，許多已經遭到棄置。而提出的「新事實」都可見到大、中、小等不同程度的實證。說得直白一點，領頭的正是日本。在與世界史基礎相關的領域，日本提出的歷史樣貌應該是首次成為標準吧。

然而，讓這一切變得可能的是近二十年來政治、國境、史料屏障的消失。包括中國的開放政策、蘇聯的崩壞、以東歐的民主化為首而展開的歐亞大陸中央地區的相對自由化，以及歐亞非許多國家放寬限制與減少政治、歷史禁忌，再加上所謂的無國界化和全球化等正面因素，都有助於調查、研究、閱覽、交流。亦即，這是拜世界情勢變化所賜。反過來說，這也表示過去以舊蘇聯圈為首的集團，有多麼地厭惡、忌諱、拒絕與蒙古帝國和其時代扯上關係。這種態度的底層潛藏著捏造的負面遺產所留下的虛構形象。

關於蒙古帝國，從以前到現在，中華文化人和穆斯林知識分子就沒說過好話。這是來自認為自己是「文明」、他人是「野蠻」的既定模式，再加上想要強調自己是蒙古侵略受害者的心情使然。事實上，中華文化在蒙古時代最為蓬勃發展。另外，主張伊斯蘭近代的低迷和苦難並非己之過錯而是因為受到蒙古破壞的主張，其實也很明顯是虛構或是遭到移花接木的結果。根據自尊和輕蔑形成「自我安慰的公式」，這種現象在人類社會當中很常見，比較不可思議的應該是後世的歷史家和思想家竟然將這種傳統的說法當真。

營造出蒙古的負面形象並加以煽動的是近代歐洲。在十九、二十世紀「普及化」的歐美

**蒙古時代中華文化的例子**　位於山西省芮城雄偉、華麗的建築群永樂宮，是全真教的道教教團本山，在蒙古政權的援助之下建造。當中三清殿的壁畫可說是中國美術史上的傑作。

本位的世界形象和知識體系當中，沒有從正面確實地看待蒙古帝國和其時代。不僅如此，十九世紀列強化的歐洲諸國，反而輕視遊牧民和亞洲各地區，用符合他們先入為主的典型觀念來俯瞰蒙古帝國。過去讓歐洲陷入恐懼的蒙古，作為落後且該被征服的亞洲的代名詞，成為超越歷史和時代的理想標的。

這些是近代歐美異常高漲的「文明主義」和自戀，以及因此而生的偏見和傲慢的產物。著名的亞伯拉罕・康斯坦丁・穆拉德熱亞・多桑（Abraham Constantine Mouradgea d'Ohsson）所著的《蒙古人的歷史》（*Histoire des Mongols: depuis Tchinguiz-Khan jusqu*），於一八二〇年代至三〇年代廣受歐洲的歡迎。然而受歡迎的原因與事實無關，而

**面惡的蒙古士兵**　15 世紀的歐洲畫像。這是「恐怖蒙古」的典型形象。

是因為其刻意貶低蒙古的論調，符合準備正式侵略亞洲的歐洲列強的「時宜」和當時代的氛圍與情緒。此外，身為亞美尼亞人的多桑痛恨蒙古帝國，因為他認為祖國曾遭蒙古滅亡。然而，其實在更早之前就已經失去故土的亞美尼亞已在面地中海的奇里乞亞（Cilicia）之地重生，並在蒙古統治的寬鬆架構和庇護之下，渡過了安定的歲月。

以往蒙古帝國首當其衝的歷史營造的負面形象，由以歐美價值為前提的歷史學者所繼承。這不僅限於西方的史學家，就連亞洲的史學家也明顯具有這樣的傾向，且影響一直延續至今。老實說這是一件非常遺憾的事，但仍有許多人將近代歐洲為了己利而創作出的虛假形象當作是不可動搖的定論。虛假的形象會引發誤解和不信任的連鎖反應。以「文明化的使命」來正當化自己，可見歐美的自負和傲慢以及刻意的謊言，例如將亞歷山大極度英雄化等等，這樣的例子不勝枚舉。其思想底層相通的觀念就是推崇歐洲，蔑視歐洲以外的亞洲的眼光。

這便是歷史上知識的虛構。隨之而來的負面影響如今依舊存在。令人不得不思考歷史家和思想家所扮演的角色。近年來，對於蒙古帝國和其時代的評價在世界上急速好轉。總有一天，這樣的浪潮也會傳回日本。

## ◎邁向知識基礎的重建

歷史究竟是什麼？說起來，究竟為何要研究歷史？而被稱作歷史研究者、歷史學家的這些人，到底在追求什麼？又想訴說什麼？

自古以來不斷被反覆提起的這些疑問，近年愈來愈具有確切和深刻的色彩。冷戰結束後的世界踏上了與之前完全不同層次的全球化、資訊化的道路。經濟、物流、金融、交往、影像、音樂、娛樂、嗜好、時尚、飲食文化等各方面逐漸走向共通化與整體化；與此同時，戰爭、對立、紛爭、恐怖攻擊、犯罪、愛滋病、傳染病、狂牛症（BSE）問題、大氣汙染、海洋汙染等等各種負面的問題也以世界規模展開。以廣義環境問題的說法含括多種情況就是典型的例子。

過去稱作思想家和歷史家的這些人腦海裡描繪的世界和世界史的樣貌，應該從事實的角度加以超越並捨棄嗎？或者應該從基礎重建才對。至少「重新審視近代」是最低限度該做的事。不，進一步持平而論的話，生活在現在的我們，藉由每天發生的事情、報導的事情，以星球規模或地球規模來進行思考是很平常的事。尤有甚者，從當下這個時代往前回溯，以世界的規模思考過去各個時代如何變動，用如此宏觀的視野回顧歷史，對許多人而言已是當然的趨勢。

對於思想家和歷史家來說，現在也許是非常辛苦的時代。然而，過去花費一生的時間都無法得到的資訊和知識，經常能一瞬間就聚集在眼前。所謂的思想家和歷史家，已經不見得是以此為職業的人。也就是說，歷史成為了向所有人敞開的領域。自近代大學出現在歐洲的十九世紀初以來，眺望過去和現在，思考人間古往今來的行為，經常都交付給特定職業的專家。然而，現在已經慢慢再次回到每一個人的手裡，這反而是更接近原本應有的狀態。

回顧過去，關於某個時期、地區、領域，既要成為能以原始史料立論的歷史研究者，又要成為能從各種角度勾勒各個時代歷史樣貌的歷史家，這絕不是一件容易的事。話雖如此，仍舊有許多人明知就裡卻依然每日在史料的大海裡漂泊奮鬥。再加上史料的屏障、政治的屏障、國境的屏障幾乎都已除去，掌握在地球這個舞台上至今為止的歷史道路，也就是以確實的根據和說服力構思人類整體的歷史一事，現今刻不容緩。

戰爭本來追求的是能夠超越紛爭和對立的思維和想法。然紛爭和對立真的是不可避免的嗎？例如，包括伊拉克在內的中東現狀，真的可以用像「文明的衝突」這樣有如歷史之必然般清晰、抽離的觀點看待嗎？若以事實來說，本來不存在的「文明的衝突」是自私的頭腦所創作出來的虛像，而愚蠢的政治不顧後果將虛像實體化呈現出來。伊斯蘭原本就不特殊，是在猶太教和基督教這些先行者中誕生的融合物。另外，無論是遜尼派或什葉派，在教義方面沒有決定性的差異。創造對立的是以宗教為名的組織團體。以宗教上的必然性解釋組織間的利害是一件非常愚昧的事。信仰與宗教並不相同。

我們是經過了什麼樣的道路才有今天？由衷希望能夠創造人類共有的歷史樣貌和世界史樣貌。也希望能夠提供不問過去、現在、未來，在認識世界的時候不可缺少的視角。我們人類的「知識」目前面臨巨大的變動。有必要從基礎重新審視各種「知識」，站在人類的立場加以重建。

我們必須超越個人，超越國境與人種，匯集眾人的知識。雖然非常困難，但這是必要且有意義的挑戰。我們正活在這樣的時代。屆時，想必歷史將會發揮原本應有的作用。

第一章

# 連綿不絕的歐亞國家傳統

巴托爾德（1869～1930）　在中亞史、伊斯蘭史等領域，留下巨大的研究成果。

# 既舊又新的亞洲、歐洲、歐亞大陸

## ◎擁有多重構造的歷史舞台

首先來看歷史的舞台。亞洲加上歐洲便是歐亞大陸（Eurasia）。如果再加上非洲，則是歐亞非大陸（Afro-Eurasia）。從太古到現在，人類在這個巨大的陸地上擴散、展開無數的活動。不論是好是壞，這些活動改變了地球，或是廣義來說的環境。

其實，凝視歷史與思考環境的行為，兩者在今天非常接近。都是根據過去種種推測現在，並構想面對未來應有的樣子。關於這一點，不僅是世間所說的文科或理科的分野，也不需要其他各種知識藩籬，應該網羅所有智慧和經驗，站在人類這一條地平線上思考。

另外，南北美大陸和大洋洲，以及廣布太平洋上的大小各個島嶼，近年來再加上南極大陸，都是人類史的舞台。這些地方過往的歷程雖然也包含在全球世界史或地球世界史之中，但歐亞大陸或歐亞非大陸及其周邊海域和島嶼的積累和發展，無疑型塑了人類社會和文化基底中的絕大部分。所以，在思考世界史全貌的時候，歐亞大陸或歐亞非大陸這個空間，以及在這片土地上的人們所走過的道路，自然占有很高的比重。

## ◎亞洲和歐洲

接下來思考構成世界和世界史的幾個基礎單位。首先必須提及的當然就是亞洲和歐洲。「亞洲」（Asia）這個詞彙起源於古代亞述語「asu」，代表「日出之地」，與亞述語代表「日落之地」的「ereb 或 irib」意思相對。「asu」一詞之後演變成「asia」並傳到希臘，被使用在變身為牛的宙斯奪走女神歐羅巴（Europa），並讓她騎在牛背上渡海西行的神話故事中。且「ereb」和「europa」的語言構成方式也幾乎相通。就這樣，希臘語的「asia」和「europa」傳往地中海西部，逐漸成為亞洲和歐洲的定稱。

為什麼「亞洲」的詞彙起源會在亞述呢？以現在的國名來說的話，相當於位在伊拉克的亞述，以如今紛爭不斷的美索不達米亞平原北部為根據地，自西元前二千年紀起，擁有漫長的前史。到了西元前八世紀中至前七世紀後半，亞述以軍事國家之姿逐漸強大，全盛時期幾乎征服並統治現在中東的中央區域。亞述經常被稱為是人類史上最初的「帝國」。雖然現在很難確實評估其軍事體系、多民族統治、官僚機構帶給周邊各地區及後世的影響，但根據解讀出土碑文上的楔形文字所建立的「亞述學」，正逐漸釐清其面貌。尤其在經過取代「亞述帝國」的巴比倫王國和伊朗高原上的米底亞王國的統治後，亞述的許多遺緒都由可說是世界史上真正的大帝國哈卡曼尼斯（Haxāmaniš）帝國（一般依據希臘語而稱作阿契美尼德〔Achaemenid〕王朝，但既然知道確切的原始稱呼〔古波斯語〕，使用西洋式的通稱或俗稱是一件奇怪的事）所繼承並發展。

因此，「asu」和「ereb」之語才會在亞述的碑文上出現。「日出之地」為東方，「日落之地」為西方，這真是非常單純的說法。反過來說，也表示亞洲（Asia）和歐洲（Europe）這兩個詞彙原本僅有這一層意義而已。這個簡單無比的說法從希臘語傳承至拉丁語後，演變出「oriens」、「orientem」和「occidentem」等詞彙，前兩個詞意即

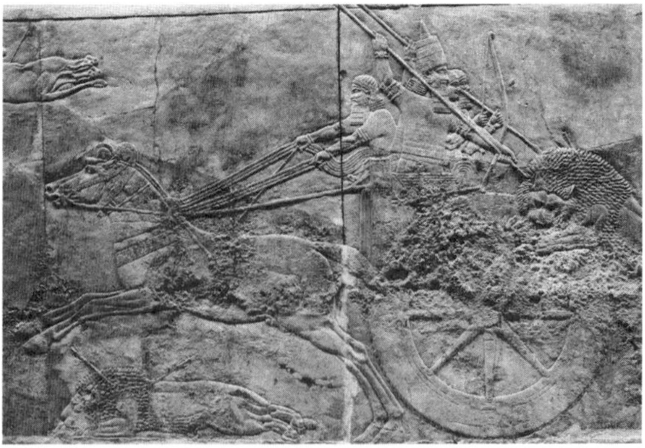

**亞述的王侯**　亞述具備鐵和馬的軍事力量，被稱作「人類最初的帝國」。描繪王族狩獵獅子的浮雕，震撼力十足。大英博物館藏。

「上升的太陽」，後者則指「下沉的太陽」；所以其實也只是代表「東方」和「西方」罷了。

該說實在是非常直接了當嗎？作為語彙的起源，這樣非常寫實的說法，只說明了三件事情。第一，亞洲和歐洲兩詞屬於同組關係。第二，這兩個詞彙除了「東方與西方」之外，不具有其他任何形象或價值觀。第三，由率先統合「古代世界」的亞述開始使用後，逐漸傳到周圍也許是窮鄉僻壤的希臘，並如實使用。甚至在受到希臘深度影響的羅馬境內，就算語言本身有變，但內容也只不過是依舊沿襲之前的意義。

然而有一點需要補充說明。當時希臘人普遍認知的「歐洲」是以現在的博斯普魯斯海峽和達達尼爾海峽為界，以北的所有土地範圍。相反地在南方，向東延伸的是「亞洲」，向西延伸的則是「利比亞」（所謂的非洲）。

亞洲和歐洲除了是代表東方和西方的意義之外，地形上實際與「三大陸」的認知重疊，因此某種層面上也帶有南方和北方的色彩。結果，充滿南方氛圍的亞洲，是一個溫暖、暑熱，且被認為是豐饒、富足、雜亂的驚奇世界。另一方面，既是西方又屬於北方的歐洲則給人寒冷荒涼、質樸粗俗的印象。因此綻放文化之花的是亞洲，而粗野荒蕪的則是歐洲。順道一提，這樣的構圖直到近代才遭到逆轉。

## ◎以歐洲為本位的看法和日本的誤解

所以問題在於「後世」。原本僅代表「西方」的這個詞彙，因為有群人將自己總稱為「歐洲」，之後便一直沿用。經過中世和近世，「歐洲」幾乎變成了「基督教世界」的同義詞。同時，其獨特的地區文明完成了工業化和軍事化，在十九世紀中一口氣翱翔於世界。結果，「歐洲」一詞被賦予完全不同的形象和價值觀，也廣布於全世界。或者應該說，作為壓倒性的文明，成為了世界的秩序。

於是「亞洲」從單純的東方，變成了負面形象的集合體。概括成為應該被「歐洲」文明化的落後地區，歐洲侵略亞洲反而成為了「使命」。也就是說，近代之後的「亞洲」不過是以歐洲為本位的第三人稱。

進一步來說，「亞洲」一詞原本僅有「東方」和「非歐洲」兩義。回顧過去，在被認為是「亞洲」的地方，從古至今有許多不同人類和地區的集體，發展出許多獨自的文化圈、生活圈、文明圈，可說是百花齊放，無法一言以蔽之。就算知道以「亞洲」之名概括稱呼極為困難且自私，但除此之外沒有其他的稱呼、用法或捷徑。換句話說，之所以稱「亞洲」為

「亞洲」，是因為只有「亞洲」一詞。其他解釋都是後來因為某種理由、目的、作為、意圖而套用。

幕末明治時期，日本對於「亞洲」一詞產生反應。無論是脫亞和興亞的議論，或是之後的泛亞洲主義，甚至是走上大東亞共榮圈的道路，其根本都存在著相對於「歐洲」的「亞洲」、不同於「歐洲」的「亞洲」等語言的形象或魔力。或者也可說是「亞洲幻想」。對此戰後的日本應得到了教訓，然而事實上，言詞和主張雖有不同，但還是在「亞洲」一詞上加諸了喜悅、合作、團結、共存、一體化、共同體等等美麗的詞藻，結果策略幾乎沒有改變。日本這個國家和國民看來非常喜歡「亞洲」一詞。

然而，就算是生活在中華人民共和國的五十多族的人們，除了在政治和體育等廣義的活動之外，幾乎不覺得自己屬於「亞洲」。尤其如果是擁有中華驕傲的人，更是如此。雖然狀況不同，但韓國也不會因為被「亞洲」一詞打動，而內心受到感動，當然也不會因此陶醉。更不用說西伯利亞和中亞五國，以及中東各國和各地區的人們，這些人能在彼此間感受到多少「亞洲」呢？說起來，他們是否認為自己是「亞洲人」？

另一方面，「歐洲」範圍的事物，以歐盟和共通貨幣歐元為契機，逐漸走向實體化的道路。不過，僅是「非歐洲」的「亞洲」，充其量不過是一個制式用語，或是硬被加諸的包袱。這種程度的「亞洲」，基於政治、經濟、國際體育等等的方便、考量、面子，或是為了非歐美、反歐美的標語與政治宣傳而被巧言的政治家和學者利用，因此會僅止於在理論的對抗軸上也是理所當然的。簡言之，「亞洲」一詞對於有所企圖的人而言或許有益，但對於無所圖的人而言不過是內容物不明的商標罷了。

## ◎作為歷史框架的亞洲

既然如此，將「亞洲」當作歷史發展的框架有多大的效用？關於此問題的答案充滿矛盾。如前所述，「亞洲」實在是充滿了多元性，不可能從單線加以掌握或敘述。例如，在充分認識到多元的領域中有幾個會彼此重疊之下，可大致列舉出像日本史、朝鮮史、中國史、東南亞史、內亞史、中亞史、南亞史、西亞史、伊斯蘭史等幾條並列的主線。這些幾乎都是一大領域，各自擁有獨特的脈絡，且都是根據各自的情況個別展開研究。名稱當中含有「亞洲」的歷史，每一個都足以與歐洲史匹敵。中國史不用說，就連日本史和朝鮮史等，想要透過歷史觀其全貌也不是件容易的事。

另外，這裡刻意沒有舉出東亞史是因為，東亞這個用語隱藏著危險和疑義，且東亞所含括的範圍究竟從哪裡到哪裡，每個人有不同的看法，幾乎亂七八糟。例如，假設綜合現在的日本、韓國、北朝鮮、中華人民共和國的領土回溯過去，來描繪所謂的「東亞史」，也只不過是為了現在而扭曲事實的行為。

關於上述的各大領域，想必許多亞洲相關的研究者會抗議應該要加以細分，如此研究才有意義。想來必是如此。廣義的歷史研究，如今即便是針對微觀且具包容性的小世界的研究，想法也逐漸超越了國境。希望歷史學家須在了解這種趨勢的基礎上，竭盡所能從過去眺望現在。

另一方面，十九、二十世紀的歐洲，出現了多位試圖通觀「亞洲史」的學者。這裡不刻意舉出人名，但從這些人和他們的著作當中，可以看出在這個歐洲最充滿自信的時代，當時的風氣和氛圍，讓人深刻領悟到時代造人的道理。接著在過了一個時代之後，日本也開創了學術的英雄時代。在多數人腦袋熱過頭的時候，名為宮崎市定的碩學以中國史研究為中心提倡「亞洲史」，可謂是創舉；至於當中細部的內容當然交由後代學者來補充。不過，經過多次實證和考察的宏觀視野，老實說前所未見。他所講述的歷史，許多地方都非常振奮人心。

## ◎歐亞的發想和其發展足跡

從十九世紀末起，不同於以亞洲和歐洲來理解的思考方式，掀起了以歐亞大陸的發想和框架為研究取徑的浪潮。前文已反覆提及，當時處於帝國列強、世界分割、權力政治、軍事衝突愈演愈烈的時期。

「歐亞」（Eurasia）這個詞彙原本是結合歐洲和亞洲的簡稱。將歐洲放在前面與其說是歐洲中心主義（Eurocentrism）的表現，其實只是因為以用語來說這樣排列更順暢。無論如何，這是誕生於近代歐洲的用語。尤其是與地理學和地政學相關的人經常使用這一詞彙。

作為單純客觀的大陸名稱，歐洲大陸和亞洲大陸的稱呼和概念本來就很奇怪。歐亞這個用語對地理學者而言原本就是再自然不過的說法。不過，當中還是有時代的影響因素存在。在帶有某種情緒而高昂的時代，人們經常跨越人與人之間的分際，更不用說學者會輕易跨越學者的領域，懷抱對世界和時運的情懷，有人因此描繪出宏大的構想。在此，幾乎很自然地出現了與人類和地理環境相關，特別將焦點放在國家、社會、民族，並針對各種政治現象考量本國所處的地理位置和要件，展開最有效戰略和外交，以此意義為主旨的地政學。

地政學的形成大致上可區分成兩條脈絡。一條來自德國，另一條則在俄羅斯。十九世紀末，德意志帝國的學者弗里德里希．拉采爾（Friedrich Ratzel）首次提出政治地理學，並在第一次世界大戰前夕，由瑞典的政治學家魯道夫．契倫（Rudolf Kjellén）加以提倡。德語稱「Geopolitik」、英語稱「Geopolitics」的這個概念，被用來解釋激化第一次世界大戰的帝國列強之間強權政治的動因。

因此想當然耳，當時地政學探討的空間對象是，以德意志為首的帝國列強用直接與鄰接地域面對面的形式，互相角逐的歐洲和亞洲，亦即歐亞大陸。這時，歐亞強權政治和地政學甚至可說是同義詞。

德意志帝國占領了大部分的歐洲中央地區，乃至有可能擴展至自古以來就一直關注的東歐和俄羅斯。可以說德意志很有可能如神聖羅馬帝國一般，不僅在西歐、而是在歐洲的水平之上，再度成為主角。對於德意志帝國而言，對「歐亞」的意識和戰略就像是與生俱來一般。

另一方面，對俄羅斯來說，「歐亞」的意義則遠在此之上，就好像是國家基本的立足點。朝向西方是歐洲，朝向東則是亞洲，以此觀點劃分「歐亞」的這個來自北方的構想，既是俄羅斯的優勢也是宿命。他們站在自己既不是歐洲人，也不是亞洲人的情感與立場。這樣的感覺無論是過去還是現在，都存在於俄羅斯人的心底。換言之，他們非常接近「歐亞人」。過去一九二〇到三〇年代，舊俄羅斯的逃亡者們主張的俄羅斯獨特歷史發展中的「歐亞」形狀，依舊在社會的各個層面中延續著。

## ◎馬漢和麥金德的考察

相對於這樣的「大陸派」觀點，另外還有從海洋來掌握陸地的立場。關於這一點，在此盡量不做太深入的說明。如一般所知，支撐起這個方向的理論基礎的人，是美國的海軍軍人阿爾弗雷德·馬漢（Alfred Thayer Mahan）和英國地理學及地政學者哈爾福德·麥金德（Halford Mackinder）。前者主張，在面對以俄羅斯為首的陸權（land power，陸上國家）時，美國、英國、日本等海權（sea power，海洋國家）應團結一致。最終主要的目的還是在預防俄羅斯的擴張。對馬漢來說，雖然容易遭致過度重視海軍力量的批判，但這樣的批判其實反而成為了讓他的主張得以在現實中盡快實現的擁護論。

對於「歐亞」有著驚人洞察的人是麥金德。他在日俄戰爭爆發前夕的一九〇四年一月，發表了超群的意見，即誰能壓制歐亞大陸的「心臟地帶」（中心區域），誰就能取得世界霸權。他認為從成吉思汗開始的蒙古帝國是人類史上少見且有效的實例，而縷述了其後的歷史。他主張蒙古帝國的遺產多由俄羅斯的北方帝國所繼承，且就算發生社會革命，「帝國」的體質也沒有改變。相對於海上王者英國，麥金德強調陸上王者俄羅斯帶來的威脅，他的論調也由之後冷戰時代的圍堵政策承襲。

至於地政學的發展，值得一提的是在第一次世界大戰之後的德國，既是軍人也是學者的卡爾・豪斯霍弗爾（Karl Haushofer）的理論連結上納粹的擴張主義政策，其影響甚至波及日本。戰後，他的理論因為負面形象和美蘇冷戰的兩大對立結構而聲勢衰退，但卻由於蘇聯解體後國際情勢的多極化和流動化而有復甦的跡象。除了上述介紹的這些之外，波蘭出生、曾是卡特政權總統顧問的茲比格涅夫・布里辛斯基（Zbigniew Brzezinski），於幾年前所提出的「歐亞大陸地政學」的戰略，也指引出了今後的一種可能性。

## ◎環顧亞洲史和歐亞史全貌的立場

無論是亞洲史或歐亞史，乍看之下雖令人覺得有如古色蒼然的框架、立場、內容，但作為掌握歷史的概念，事實上卻意外的新穎，絕不古老。這樣的概念在背負著漫長歷史脈絡的同時，又扎根在這一百多年來世界史架構的激烈改變之上。

尤其在日本，提倡歐亞或歐亞史的立場原本屬於極少數派。作為學術研究，提出此種主張的都是與中亞史、內亞史、考古學相關的人。這些基本上都是與既存國界無關的研究領域，因此在文獻、記錄、遺跡、遺物等具體史料的層面上，也必須經常從打破歐洲和亞洲的觀點思考。換句話說，關於這些領域，若想要如實地一覽歷史，就必須要以歐亞大陸這個廣大的範圍來看待。

此外日本史又另當別論，在中國史和西洋史兩大老字號的歷史領域，除了少數例外，研究者大多根據各自固有的框架和傳統，在其中自給自足。在這樣的情況之下，不知道是幸或不幸，幾乎感受不到需要從歐亞立場或觀念思考的必要性。然而，以蘇聯的崩壞和冷戰結束為契機，不管贊同與否，逐漸變得必須具備對歐亞大陸的感知。中國史的研究學者不僅歐美、還前往中亞和內陸地區，甚至是東南亞，而純西洋史家則頻繁遠赴像中國等亞洲各地。這可說是近年來的一股弱小潮流，而這應是一件非常值得鼓勵的事。封閉在固定框架中原本就違反歷史研究的宗旨。

對此讓人重新感受到的事情是，亞洲史也好、歐亞史也好，總之必須有一個包含一切、環顧總體全貌的領域。這個領域就是蒙古帝國和其時代。當置身於這個立場的時候，所謂中國史、中東史、西洋史的框架和間隔便會消失，種種事情都將以真實的大小呈現在眼前。以「文明」為名的虛構，或是某個領域獨有的奇妙價值觀和慣例都將會浮現出來。對於蒙古時代史而言，不管是亞洲史還是歐亞史，各種脈絡幾乎都是其前史，同時也是稱為「後蒙古時代」的後史。

近代歐洲以蒙古帝國當作「亞洲」的代名詞，姑且不論其醜陋的惡意和自負，作為歷史上和空間上的框架，某種程度上有其正確性。也就是說，「亞洲」或「亞洲史」的最大框架便是蒙古帝國和其時代。與此同時，蒙古世界帝國也涵蓋了諸多被認為是「歐洲」的地區。甚至不只歐洲，連北非和東非也間接與之寬鬆地連結在一起。

因此，無論是亞洲、歐亞、歐亞非三重構造的哪一層，客觀的事實是，「世界史」就是從蒙古帝國和其時代正式開始。這正是把握世界史的關鍵。

## 歐亞世界史內含的動力

### ◎歐亞大陸的內側

那麼，歐亞大陸是一個什麼樣的世界呢？不管怎麼說，每次只要打開地圖，就會對歐亞大陸感到莫名的讚嘆。

沿岸部分就不用說，內側廣大的世界裡有高原、山脈、山地、盆地、平原、沙漠、礫漠、荒蕪地、乾地、濕原等，每一種地形的規模都名副其實地廣大，實在是非常開闊不羈。絕大多數的地形和地域都是許多地形單元的龐大集合體，雖然原本就有程度上的不同，但歐亞大陸與日本列島、朝鮮半島、華南、東南亞、西歐等被細分的空間完全不同。

尤其讓人驚訝的是，除了沿岸和島嶼部分之外，乾燥地區在歐亞大陸占壓倒性優勢。最重要的一點，橫跨東西方的乾燥空間大致成帶狀，東從今中華人民共和國北域開始，西至匈牙利平原，也有人認為至德國和法國為止，當中草原或順其而走的山野綿延不斷。

不用說，這片橫貫歐亞大陸東西方的草原帶，自古以來就是遊牧民的天地。遊牧民平日裡發揮活躍且廣泛的行動力，串聯起有時互相孤立的中小型地區、社會、集團，且又根據騎馬和弓射的軍事力量，組織強大的部族聯盟，形成廣域的活動圈和勢力範圍，創建政權和國家。

在回顧歐亞、或是拓展至歐亞非大陸的歷史時，雖然有許多種看待事物的方式，但最單純的作法是概括成「停留的事物」和「相連的事物」。定居、農耕、聚落等都是象徵「停留的事物」的關鍵字。另一方面，「相連的事物」則以移動、遊牧、貿易為主軸。若以象徵性的說法來解釋這兩者，也可說成是「點」和「線」，抑或「點」和「面」。連接「點」與「點」，超越地區、文化、生計，緩慢地串連起人與人，進而創造出更大的「面」，這便是推動歷史的主要動力。

## ◎遊牧和遊牧民

同樣是遊牧，其形態和方法受到乾燥程度和地形上的限制而各有不同。最典型的型態之一是夏天以家族為單位，散布在廣闊的平原或山麓、山腹牧養牲畜。相反地，冬天則以數個至數十個家族為單位，有時若處在持續紛爭和戰鬥的狀態，則以數百甚至更大的家族規模，一起過冬。冬營地的場所選在溪谷或是山的南側，以便抵擋寒氣和遊牧民最害怕的雪害。如果是平原的話則多選在窪地或低地。順道一提，不知適當與否，但在現代規模縮小的遊牧生活中，將冬營地設在山腹中途的例子愈來愈普遍。

關於每年移動的路網，中亞以西的突厥語稱夏營地為「yaylak」，冬營地為「kışlak」，兩者之間的移動路線幾乎固定，認為他們漫無目的四處行走的看法是誤解。至於移動距離則根據地區而有所不同，從數十至數百公里不等。如在蒙古高原和天山地區等乾燥不太嚴重、或者甚至綠地濃密的草原地區，經常還會另設春營地和秋營地，且在很小的範圍內移動。總而言之，基本上夏季採取分散放牧，冬季則是集體過冬，一年就在重複如此極端的離合集散的季節移動中渡過。

這種日常生活造成的結果，包括中亞在內的各地遊牧民，自然具備了騎乘的技術、個別的行動力、集團的組織性和機動性等，農耕民、城市民或固定式畜牧民所沒有的特質。家族單位當中，一般是以家長為中心的父系社會，並透過冬季時的越冬集團，發展出由牧民各自確認歸屬的「氏族」或「部族」。

雖然氏族或部族是非常模糊的概念，但是這樣的集團成為了遊牧民在社會、政治、軍事上的基礎單位。如果多個集團聯合，則會一口氣出現強大的勢力，但一旦解除聯合，又會馬上回到原本的集團。遊牧民的社會和以此為核心建立的軍事複合體，在生活和組織等各方面都擁有極高的機動性。所謂的遊牧國家，形成容易、崩壞迅速，這可說是他們的宿命。

遊牧的生活技術和再生產的體系與經常有人說的「放浪」、「漂泊」、「浮萍」等印象相異，而是具備嚴格的系統性和能動性。以結果來說，遊牧民帶來了人類史上非遊牧民而不可能擁有的價值觀和行動模式，以及人類的類型。格外重要的是，人類藉由創造出不同於農耕的遊牧生活型態，有效利用過去無法定居於一處的廣闊乾燥大地，將其當作生活的場所。假設僅有定居和農耕的生活型態，那麼人類活動的舞台將會明顯受限。若真是如此，將使歐亞大陸各地陷入孤立，也不會出現由於彼此間的連絡、交流、刺激而產生的進一步發展，世界史的樣貌也會與我們今日所看到的大不相同。

尤其是遊牧民以軍事力量的形式所充分發揮出的能動性。由個人、家族、氏族、部族的四重構造所擴展的組織和集團，藉由騎射和高速自在的擴張，在近代以前的世界展現出卓越的戰鬥力，扮演著歷史上的關鍵力量。遊牧騎馬戰士是天生的軍人和戰鬥者，他們團結多個部族，進而建立大型的軍事聯盟集團，使得定居社會無法與之對抗。還以軍事為支柱，掌握政治、統治權、通商、交通，進而建立政權或國家。純粹由遊牧民組成的軍事勢力和政治權力，究竟是否可能存在？又或者歷史上是否曾有過這樣的例子？這一點很難斷定。現在我們所知道的遊牧國家大多無一例外地含有定居和農耕的人群和地區，並且也納入了聚落和城市。亦即，遊牧國家屬於包含多民族、多文化、多地區的綜合國家。而當中幾乎看不到常見於近代國家的民族主義或排他性。

長久以來，遊牧和遊牧民在人類史上扮演的角色都沒有受到正確的評價。不僅如此，歷史上從「文明社會」和「近代精神」兩個層面，單方面地賦予遊牧民野蠻、未開化、暴虐、破壞、非文明的負面形象。幸好，藉由近年來提出的事實證明，這樣的誤解和定論逐漸獲得修正。

話雖如此，長期以來灌輸的偏見和刻板印象仍不容易抹去。其中一個理由是，包括居住在日本列島的我們，置身於「近代文明」之中的人們都是農耕民或定居式畜牧民的子孫，對於遊牧和遊牧民近乎一無所知。不過，現今正在發展的全球化的優點之一，便是在於降低國界的屏障；只要有心，哪裡都可以去。

另外與過去相比，透過每日的即時新聞和影像，彼此間資訊的質量和理解程度也正在出現明顯變化。筆者對今後的狀況抱持很大期待。

## ◎從斯基泰和匈奴開始

當我們觀看廣闊的歐亞大陸的歷史時，遊牧民的存在不僅無法忽視，他們更是縱橫馳騁了四方，創建許多政權和國家。最早遠從西元前六世紀起，以黑海北側、現在的俄羅斯大草原為中心，出現了希臘語稱之為斯基泰的遊牧複合聯盟。

於草原上崛起的斯基泰，在某段時期甚至占領了伊朗高原的米底亞王國。之後，統治伊朗全境至埃及、安那托利亞廣大區域的哈卡曼尼斯帝國（阿契美尼德王朝）的大流士大帝（此名源自希臘語「Dareîos」的音譯，古波斯語應稱為「Dārayavau」），親率多達七十萬的大軍，於西元前五一四年或前五一三年，出兵攻打斯基泰。這趟著名的遠征記載於希羅多德的《歷史》當中。結果，大軍慘敗，大流士失望之餘只能撤軍。大流士明顯是以征服當時全「古代世界」範圍的世界為目標。之後哈卡曼尼斯帝國為了達成此目的，企圖壓制最大的強敵，而將矛頭轉向了希臘。

從前述的這段過程中可以看出斯基泰的強悍。另外值得注意的是，其實哈卡曼尼斯帝國的中央集團也充滿濃厚的遊牧民色彩；且在此之前的米底亞王國也擁有相同特徵。可以說舊米底亞軍團融合進哈卡曼尼斯帝國後，構成了準統治階層。後來在伊朗高原和其附近建立大型政權的帕提亞（中國古稱安息）和薩珊兩帝國，其中心也同樣是遊牧民的軍事聯合體。

中東全境都擁有像這樣的遊牧民傳統，伊斯蘭征服波斯地區的主力，即阿拉伯遊牧民貝都因人就是最好的代表。事實上，「阿拉伯」（Arab）這個詞彙很有可能就是代表遊牧民之意。過去，將伊斯蘭中東地區也算在內，壯闊地描繪出歐亞西半部歷史的俄羅斯史學大家巴托爾德（Vasily Bartold）曾說道，伊朗地區當然不用講，包括中東全境與中亞、或者說中央歐亞，幾乎都擁有相同的自然環境和歷史狀況。巴托爾德主張中東與中亞兩地區原為一體，且應以此方式掌握歷史發展，筆者深表贊同。

回過頭來看，現今獲得確認的最早的遊牧國家斯基泰，其領域或影響範圍究竟擴展至何處？此問題困擾著許多歷史研究者。至少就間接影響來說，斯基泰風格的文物和遺跡，跨越西伯利亞、中亞、外蒙，覆蓋至今日中華人民共和國的新疆、內蒙、華北、雲南等地。斯基泰風潮率先席捲、散布歐亞大陸內側的世界，這形成了歐亞乾燥地區的文化基礎。部分研究者認為，起源於斯基泰的制度、文化、觀念、價值觀一直持續存在著，甚至影響到了蒙古帝國時代。

在斯基泰之後明顯存在的遊牧國家是西元前二〇〇年左右，在中華地區所謂秦漢交替時期

**斯基泰與匈奴**　最早的遊牧國家斯基泰以及與秦漢帝國並存的匈奴，關於兩者的關係至今仍引發熱議，但從出土的文物當中可看見受到獨特的動物圖案和技術造型等強烈影響。上圖是描繪斯基泰戰士戰鬥畫面的黃金裝飾。西元前 5～前 4 世紀。出土自第聶伯河流域的索洛卡遺跡。艾米塔什博物館藏。下圖是中國內蒙古自治區出土的青銅飾牌。為戰國到漢代的遺物。

一口氣竄起的匈奴「帝國」。考古出土的文物強烈訴說著匈奴受到了斯基泰的影響。同時代司馬遷所著的《史記》當中，也留下關於匈奴的詳細記述。《史記》中隱藏的主題是匈奴遊牧帝國，那是由漢武帝率領的漢朝長期以來勉強發動戰爭的對手。《史記》不僅是逝去歲月不朽的「歷史故事」（史記二字本來即是此意），更是司馬遷自身也遭受其害的真實現代史。

司馬遷對於匈奴的分析與敘述非常精闢。世界史上如此詳記遊牧國家體系的著作，除了第二章將會介紹、由蒙古帝國編纂的世界綜合史——《史集》之外，無人與之並駕齊驅。匈奴國家以名為匈奴的遊牧部族聯盟為基礎，納入各種遊牧體系的集團，除了擁有集結而成的強大軍事權力之外，又以此為國家支柱、廣納綠洲民和農耕民，是一個大型的龐雜國家。絕非是一個名為匈奴的民族國家。其領域可能東及韓半島，西至天山地方。

關於匈奴國家之根基的遊牧軍事體制，中心是相當於君主的單于，面南分為左翼（東方）和右翼（西方），各領袖的遊牧分領井然有序。這種三極的國家體制，以及根據十、百、千、萬的十進位法所架構的軍事和社會組織，乃是匈奴國家制度的兩大特徵，並且成為之後歐亞大陸東半部幾乎所有遊牧系國家共通的標準；甚至歐亞全境的遊牧系國家和政權，也廣受其影響。確切地說，在斯基泰建立的基礎之上，匈奴確立了國家和軍事體制，且成為跨越時代的模式。斯基泰和匈奴在歐亞史上扮演開創新歷史洪流的角色。

## ◎遭忘卻的歐亞國家演進

之後在歐亞大陸的東西方，遊牧國家或遊牧系的政權興亡交替。舉出幾個主要的例子包括：薩爾馬提亞、匈、阿瓦爾、可薩、貴霜、烏孫、烏丸（或烏桓）、鮮卑、鐵勒、烏古斯、柔然、高車、嚈噠、吐谷渾、突厥、東突厥、西突厥、突騎施、不里阿耳、阿拉伯伊斯蘭、回鶻、契丹、喀喇汗、塞爾柱、馬扎爾、喀剌契丹（此乃誤稱。喀剌契丹本來指的就是契丹本身。作為國家和政權名稱，正確的稱呼是第二次契丹帝國）、花剌子模、古爾、蒙古、馬木留克、帖木兒、白羊王朝、黑羊王朝、札剌亦兒、鄂圖曼、薩非、昔班、哈薩克、蒙兀兒、準噶爾、阿富汗杜蘭尼等等，僅是浮現在腦海裡的國家或政權就有這麼多。如果以中小規模的國家、政權，或是混雜有遊牧系人群的集團來細數的話，數量想必是這個的二至三倍。

總而言之，歐亞的大地上有著大大小小各種以遊牧軍事力量為支柱的勢力。陸域的歐亞大陸隨著這些浮沉與變遷，渡過了漫長的歲月。實體尚且不明的斯基泰的潛在活動範圍暫且不論，如果認為匈奴和匈人（Huns）相關的話，兩者也可組成廣大的活動圈，另外還有突厥東起中華北域西至拜占庭附近的壯觀延伸，更不用說蒙古的巨大整合；這些歐亞規模的大範圍活動所帶來的內部能量和動力都是無法否認的。放眼宏觀其全貌，我們究竟能夠如實掌握多少由人類活動的漩渦所交織而成的歷史？這讓我再度深切感受到現有歷史研究的問題所在。

進一步來說，遊牧軍事力量型的國家和政權，其發展有幾個特徵和類型。不只有前述的亞述、米底亞、哈卡曼尼斯、帕提亞、薩珊，還有阿拉伯伊斯蘭及其後的突厥或蒙古系伊斯蘭諸政權，這樣的演進系譜佐證了巴托爾德所說的，中東與中央歐亞並無二致的主張。關於這一點，包括埃及在內的北非也位於中央歐亞的延長線上。廣義的中東歷史就是在如此的脈絡當中展開，這樣的蹤跡至今仍沒有改變。中東歷史的主流除了伊斯蘭的要素之外，遊牧型權力的優勢更是深深潛伏在其底層之中。

## ◎「中華王朝」的外衣

遊牧型的國家並非如表面上的想法一般，只在遊牧世界中生成與延續。一般被認為是典型中華帝國的隋和唐，其出身和由來都深刻繼承了鮮卑拓跋部的血脈和體質。自最初的代國起，經過北魏和北周進入隋和唐，這樣的政權連接，實為「拓跋國家」的延續。此外，現今的中國史中不太注意到的一點是，彷彿接力賽般接續的拓跋國家，在最初就融入匈奴王權的血脈傳承下來，並利用其既存的權威支撐權力和政權。可以說這是裝備上匈奴之血的龐雜國家，中華王朝的外衣不過是其另一副面孔。另外雖然是題外話，因為至北周為止一系列政權的領袖們皆維持著固有的軍事力量，所以到了隋唐時代後，如果這些軍事力量消失了，應該要有相對應的說明。然而，過分強調府兵制等制度，卻沒有關於這些「私兵」的分析，實屬奇怪。

除了中華王朝的習慣和外衣，還必須注意切勿根據字面上的意義，囫圇吞棗這些經過中華風文飾的史書，無論是官撰或私撰。事實上，類似的情況也明顯可見於伊斯蘭的史書。至於辨識這些問題的方法，首先還是依賴豐富的知識與比較，並擁有超越領域的視野。盡量多涉獵世界史上的實例或類似案例，再根據健全的常識進行綜合判斷，這即是歷史研究的妙處所在。在中華地區，無論是古代的周王朝，還是被認為是第一個完成統一的秦帝國，原本皆出身於遊牧民或畜牧民。畢竟，要在屬於半乾燥地區的華北形成權力基礎，整合中央政權的首要條件，便是必須持有遊牧民或與其相當的軍事力量，才能應付來自草原的攻勢。

## ◎印度的遊牧民系政權

接著關注一個乍看之下不像在遊牧地區形成的國家（政權），但其實是從中亞跨至中央平原（北印度平原）縱長空間的例子。如果縱觀此地區的歷史，可以發現從北邊乾燥地區往印度次大陸南下的趨勢。

最初是雅利安系的人們進入印度的浪潮。之後，在希羅多德的記述與貝希斯敦銘文（大流士描述自身登基正統性的碑文）中出現的塞迦族（即斯基泰人），往東方來到了印度。這群人即印度當地所稱的釋迦族、或漢文獻中記載的「塞」。至西元前四世紀，亞歷山大的遠征隊伍朝印度邁進，這當然是因為看中了印度的富饒，但歷史的潮流也是原因之一。

此外，貴霜王朝南下統治西北印度的模式，是南北向跨越興都庫什山脈此一高聳屏障後形成國家的開始。以健馱邏國為中心的佛教文化，就是在此脈絡之下興盛並北傳。另外，發跡於阿爾泰山方面的嚈噠，自五世紀以後，以興都庫什山脈北側的阿富汗—突厥斯坦地區為中心展開大範圍活動，這也屬於同樣的歷史潮流。就連東西向擴散的突厥也存在類似的動向。而這些各自都是帶動後續歷史發展的起因。

最重要且影響至今的一股龐大潮流是，以突厥族為主的伊斯蘭軍事權力對印度的統治。以十世紀的伽色尼王朝和取而代之的古爾王朝為鋪墊，一二〇六年之後，連續出現五個以德里為首都的遊牧民系政權，這些政權稱為德里蘇丹國。一二〇六年正好也是成吉思汗建立蒙古國的那一年。

在這些德里王朝歷經三百二十年後，被趕出故土的帖木兒帝國最後一任君主巴布爾進入了印度，此為來自北方的最後一波浪潮，且開啟了相當於第二帖木兒王朝的蒙兀兒帝國。最終，蒙兀兒的解體和英國統治印度，代表上述長久以來從北方而來的潮流被來自海上的力量

**蒙兀兒帝國皇帝巴布爾**　帖木兒王朝最後的皇帝。1597 年創作的細密畫。新德里美術館收藏。

取代。這象徵著世界史的構造發生了改變，但反過來說，也表示印度次大陸的政治傳統是容易受到外來征服型權力的壓制。

## ◎黑海北岸的遊牧民

與中東方面、中華地區、印度次大陸的模式不同，西北歐亞的樣貌也值得注意。西元前四世紀左右，薩爾馬提亞人興起，趕走且吞併以黑海北岸綠意盎然的大草原為根據地的斯基泰。他們也是伊朗系的遊牧民，同樣建立起部族聯盟，在渡過一段很長的時間後，於西元前三世紀被東方而來的匈人趕走，轉往歐洲。

十九世紀的德國非常喜歡探討在匈奴國家解體的時期往西遷移的集團是否就是匈人的議題。因為此問題與德國的起源息息相關，也與德國想要往東方擴張的意欲不無關聯。如果看當時歷史的變革，由匈奴西遷構成的匈人，他們的行動造成了包括薩爾馬提亞人在內的日耳曼系諸族遷徙，且目前沒有材料能確實否定這種有如「撞球」般的現象。

從裏海北岸至黑海北岸一帶是延續自中央歐亞的「草原帶」。在前述的「大遷徙」之後，阿瓦爾、不里阿耳、馬扎爾人接踵而至，然後突厥與西突厥的力量伸入此地。到七世紀時，同樣屬於突厥系的可薩自立，建立以伏爾加河河口城市阿的爾為首都的遊牧聯合國家，與阿拉伯和拜占庭對抗。可薩以改宗猶太教聞名，受到烏古斯和基輔羅斯的攻擊而於十一世紀解體，但其後代擴散至俄羅斯和東歐，被認為是德系猶太人的阿什肯納茲人的起源。因莎士比亞喜劇《威尼斯商人》中的夏洛克而聞名的鷹鉤鼻，有人認為不屬於原本猶太民的特徵，而是可薩的遺緒。

像是接替可薩一般，在現今哈薩克草原至黑海北岸一帶的廣大乾草原上，史書當中出現了突厥語和波斯語稱作欽察（Kipchak）、俄羅斯語稱作波洛夫齊（Polovtsy）、歐洲和拜占庭稱作庫曼（Cuman）或克曼（Qoman）的突厥系集團。俄羅斯史有些過度重視作為俄羅斯原點的九世紀之後的基輔羅斯（羅斯是俄羅斯的古名），而傾向採取批判可薩和欽察諸族頻繁襲擊和入侵的態度。但老實說，從斯基泰和薩爾馬提亞到可薩和欽察的一連串遊牧民，他們比東斯拉夫諸族更早住在這裡，國家的形成也更悠久。將他們視為「野蠻」不僅是「文明」的通病，必須說也強烈反映出了俄羅斯想要批評和否定接下來蒙古世界帝國統治俄羅斯的心態。

十三世紀蒙古整合歐亞大陸之後，蒙古世界帝國綜合、整頓的國家體制成為歐亞看不見的共同標準，並直接或間接地由前述的俄羅斯帝國、鄂圖曼帝國、薩非帝國、帖木兒帝國、蒙兀兒帝國、明帝國、大清帝國所繼承。這些國家無疑都是屬於多種族的龐雜國家。想來應是從斯基泰萌芽、再由匈奴建立基本架構的軍事聯盟，在漫長的歷史過程中出現了許多變化後，最終再由蒙古帝國歐亞化，並傳承給這些國家。不得不說在世界史中，存在著連綿不絕的歐亞國家傳統。

# 第二章 蒙古如何看待世界和世界史

《史集》中對窩闊台即位第二代大汗的描繪

## 人類史上最初的世界史——《史集》

### ◎兩階段的編纂

本章將舉出人類史上兩個明確展現出蒙古帝國和其時代所具有劃時代意義的事物。其一是跟蒙古帝國編纂的世界史與其內容相關，另一個則是比較、探討在蒙古時代出現於東西方的兩種世界地圖。從世界史和人類史的角度來看，兩者都是少見卻重要的研究題目。

首先，成為歐亞超大帝國的蒙古政權，位於其核心的人們如何看待當時的世界？又如何思考至當時為止的歷史？最能明顯看出這些問題的乃是人類史上第一本世界史——《史集》（*Jami' al-tawarikh*）。關於這部代表「收集諸史」之意的浩瀚史書，摘出其最簡要的重點敘述如下。

這是由蒙古帝國當中，成立於伊朗和中東的旭烈兀兀魯思（通稱「伊利汗國」）所編纂，既是國家編纂的蒙古帝國「正史」，亦可說是世界史。這不僅是蒙古帝國史研究的基礎史料，也是研究蒙古時代之前的世界史時不可或缺的資料，只可惜在這一方面並未獲得充分利用。編纂長官是宰相（伊斯蘭王朝稱為維西爾〔vazīr〕）拉希德丁・哈馬丹尼（Rashīd al-Dīn Fa lullāh Hamadānī）。推動國家改革的第七代旭烈兀兀魯思君主合贊，於一三〇〇年命令負責庶政的拉希德丁編纂成吉思汗家和蒙古國的歷史，作為政治改革的一環。利用包括蒙古帝室流傳的《金冊》（或音譯《阿勒壇・迭卜帖兒》）在內，蒙古諸部族保有的傳說、古代記載、系譜等等，根據口耳相傳的事蹟以及文字化的記錄所留下的各種資料，召集蒙古

**人類史上最初的「世界史」**　這本由建立於今伊朗和中東的旭烈兀兀魯思以國家之力編纂而成的《史集》，不僅是蒙古的正史，也集合了蒙古時代以前生活在中央歐亞地方的遊牧民諸部族的歷史，正可謂是最初的「世界史」。除了文字史料之外，畫像史料也非常珍貴，上圖是坐在寶座上召開忽里勒台的成吉思汗。下圖是旭烈兀率領蒙古軍進攻巴格達的場面。蒙古軍的投石器和畫面中央負責傳書的飛鴿等等，描繪出城牆內外緊張的局勢。法國國家圖書館藏。

治下各文明圈的多人種、多語言的學者和知識分子進行編纂。

合贊在一三〇四年死去的時候，《史集》尚未編纂完成，後轉呈給其繼承者、也就是合贊的弟弟完者都，並被命名為《合贊祝福史》，是一部深刻投影合贊自身見解的蒙古帝國史。與兄長合贊同樣起用拉希德丁為宰相的完者都繼續下令追加編纂世界各地與蒙古相關的諸種族史，希吉拉曆（伊斯蘭曆）七一〇年（一三一〇年～一三一一年）時總算大致完成。除了蒙古自身的歷史之外，還匯集了各種地域文明史，《史集》因此成為這本綜合史最終的書名。另外，第一次編纂的時候正值蒙古帝國發生內亂，第二次編纂的時候帝國完成了東西整合，這本史書背後有著如此歐亞情勢的變化，這一點也值得注意。

## ◎雙重構造的世界史

以當時的國際語言波斯語記述的《史集》，當然包含大量突厥語和蒙古語等多語言的用語和術語，這一點本身就帶有世界性。其內容第一部是蒙古史（即第一次編纂的內容），第二部世世界史（即應完者都追加、第二次編纂的內容），第三部推測為地理志。

第一部的蒙古史分成兩大章，第一章是突厥和蒙古諸部族志，第二章是成吉思汗家的歷史。其中第二章又分為「成吉思汗的祖先」與「成吉思汗與其子孫」兩部分，後者由成吉思汗紀、窩闊台紀、朮赤紀、察合台紀、拖雷紀、貴由紀、蒙哥紀、忽必烈紀、鐵穆耳紀等歷代君主和旭烈兀兀魯思的旭烈兀紀、阿八哈紀、阿合馬紀、阿魯渾紀、海合都紀、合贊紀等構成。

第二部是世界史，推測第一章是當時的君主完者都紀（現已遺失），接下來的第二章首先是人類祖先亞當至希吉拉曆七〇四年為止的先知們的歷史（細項包括古代伊朗諸王朝、伊斯蘭的創始者先知穆罕默德至之後被蒙古擊敗的第三十七代阿拔斯王朝哈里發穆斯台綏木為止的歷任哈里發、屬於

《史集》中描繪的成吉思汗　《史集》有法國國家圖書館收藏的寫本（通稱巴黎寫本）和托普卡匹皇宮收藏的寫本（通稱伊斯坦堡寫本）等。巴黎寫本插入了許多美麗的細密畫，非常華麗。圖中描繪的是留著白鬚的成吉思汗將蒙古國託付給兒子拖雷和窩闊台的場面。花海中張開的陽傘和絨毯非常漂亮。

「地方政權」的伽色尼王朝、塞爾柱王朝、花剌子模王朝、塞爾古里王朝、伊斯瑪儀派等各自的歷史），再來是諸種族史（細項包括屬於遊牧民史的烏古斯史、等於中華史的乞台〔Hitāy〕史、敘述猶太歷史的以色列史、相當於歐洲史的法蘭克史、講述印度史的印度蘇丹史，並附有釋迦牟尼傳）。

第三部推測是地理志，但沒有流傳下來。另外，世界各地對於《史集》的研究和譯注超過一百七十年，但可說尚未出現校對各種寫本所做出的完整定本和定譯。

## ◎被遺忘的〈部族志〉

這本在世界史上擁有突出意義的《史集》，想當然爾累積了從各種角度、論點、領域所進行、再以多種語言形成了可說是「史集學」的蓬勃多元研究範疇。然而，相當於一大綜合史的《史集》，當中未受到充分合理評價的部分，是全書開頭的長篇〈序〉，以及接下來的〈突厥蒙古諸部族志〉。

從人類史上歷史編纂或史學史的觀點來看，對於以總序、目錄、第一部的序，三層結構的「序」所記述的事情，必須要有更詳細的分析和掌握。對於與更早的希羅多德的《歷史》和司馬遷的《史記》等「大歷史書」相比，《史集》至少在規模上就遠超過；但無論是誰都可以看出，甚少提及《史集》這件事代表的是世界歷史學的偏頗。

然而更重要的是對於〈突厥蒙古諸部族志〉的不重視。至今為止，除了志茂碩敏之外，最多止於被當成蒙古族祖先傳說和聯合體的蒙古兀魯思的構造分析，甚至可以說《史集》不過是因為當作《蒙古秘史》的參考史料才受到注意，更不用說把《史集》當成伊斯蘭史料看待的人們，不用期待他們會正面探究〈部族志〉所代表的意義。

順道一提，說到世界著名的《蒙古秘史》，原名《忙豁[中]侖．紐察．脫察安》，意為「蒙古的秘密書冊」，磅礴壯闊地記述至蒙古帝國的創業者成吉思汗為止的祖先歷史，以及成吉思汗本身的奮鬥和完成霸業的道路。雖然還有記述至第二代窩闊台即位為止，但與其他有血有肉的內容不同，這部分作為單純的歷史記錄來看留下許多疑問，具有可說是介於「歷史與文學之間」的特質。現存的是明代洪武十五年（一三八二年）以漢字音譯表記的版本，稱之為《元朝秘史》。此稱呼是為了要強調大元兀魯思已經消滅。事實上，《史集》不僅比現存的《元朝秘史》更早完成，就算只看成吉思汗一代，其史料價值和信賴性都更高。

《史集》的〈部族志〉根據大中小的地區勢力和部族集團，詳細描述從歐亞大陸中央地區開始發展的遊牧民的歷史和現在（此處指的是「蒙古時代」的「現在」，更準確來說是一三〇五年至一三一一年）。這些集團最終由成吉思汗統合後，於一二〇六年出現的蒙古國家，可區分為兩大群體：構成名為「大蒙古國」（蒙古語稱作「也克・蒙古・兀魯思」）的

《史集》所描繪的合贊　描繪出下令拉希德丁編纂《史集》的旭烈兀兀魯思第七代君主。上圖是在岩山狩獵的合贊。下圖是與妻子坐在王座上的合贊。周圍除了蒙古人之外，還可以看到綁著頭巾的穆斯林。

遊牧民聯合體成員，和之後被納入急速擴張的蒙古當中的成員。這兩類也可說是「蒙古」和「準蒙古」。總之，在編纂《史集》的時候，蒙古成為名副其實的世界帝國已經超過半世紀，且書中整理並列舉出了蒙古軍事權力體中核心、主力與基盤的成員。

除了《史集》之外，沒有另一本完全同時代的記錄可以總括記述這些可說是歐亞超廣域帝國根基的遊牧集團，或是與其相當的人們。若不能掌握這一點，則無法談論蒙古帝國。另外，這些集團的情況各不相同，在後來「後蒙古時代」和中央歐亞史的發展之中，這些集團大多成為下一階段歷史的起點。從這樣的角度來看，本書的記錄也是非常珍貴。不僅如此，針對世界史上居住在歐亞內側的遊牧民或綠洲民，放眼古今東西，都找不到如此詳細且有體系的記述。也就是說，《史集》整體自然不在話下，就算僅看到〈部族志〉，也可說是特殊且空前絕後的史料與資訊來源。

再次強調，蒙古帝國首先成為橫跨歐亞大陸東西方的巨大陸上帝國，並以此為基礎前進海上，形成兼納陸與海的超廣域勢力範圍。也就是說，蒙古帝國實現了二階段成長。在蒙古自己記述蒙古帝國歷史的《史集》本文一開始，首先總述由蒙古統一的內陸世界的過去和現狀，這一點值得肯定。〈部族志〉的史料價值之高，使得我們也必須理解當中蘊含的資訊。

## 令人吃驚且不為人知的世界史樣貌

### ◎突厥和蒙古，以及其起源

〈部族志〉從非常不可思議的描述開始，但在此之前有若干的說明——亦即《史集》的編者們將分布於廣大歐亞內陸區域的人們統一稱作「突厥」。當然，這裡所說的突厥不限於現在的土耳其共和國等等，而是廣義上總括所有使用突厥系語言的人們。從西邊的欽察草原和羅斯在內，往東依序舉出作為他們居住地的主要地名，直到相當於乞台（北中國）長城的汪古（表示「城牆」之意）。

這些「突厥」以武力擴散至秦（Chin，南中國）、印度（Hindu）、喀什米爾、伊朗札米（Īrān-zamīn，意即伊朗之地）、魯姆（Rûm，小亞細亞）、沙姆（Shām，敘利亞）、米斯爾（Miṣr，埃及），幾乎征服了所有地表上存在的國家。明白表示以遊牧民為主體的蒙古帝國統治了世界。

然後，繼續寫道被稱為「突厥」的人們久而久之分衍出許多支系，像是欽察、合剌赤、康里、哈刺魯等大集團也是其支系。另外，由於掌握權力而被涵蓋在今日「蒙古」名下的集團其實也是其支系。因此，書中先有「突厥」這個大概念存在，而「蒙古」被賦予的定位，只不過是突厥之下，一個原本微不足道的集團。

這樣的認知與蒙古語的使用，就像是一座「島嶼」漂浮在突厥系語言集團這片「大海」上的歷史現實，幾乎一致。至此為止的記述，是在詳述各部族集團之前，先訴說整體情勢概況乃至總論的「前言」，問題是「前言」之後的發展。

伊斯坦堡寫本《史集》　關於突厥的起源和烏古斯的記述。

## ◎不可思議的故事

〈部族志〉緊接著是標題為「突厥遊牧民族名稱一覽表」的小節，簡單整理了「突厥」

的源流如下。此處特別根據當作底本的伊斯坦堡寫本直譯：[1]

（八頁背面，二十七行起）他們皆出自阿不勒札汗之子的卜牙忽的四個兒子。的卜牙忽亦是身為先知挪亞之子的阿不勒札汗的兒子，挪亞曾派遣他和合剌汗、斡兒汗、古兒汗、闊思汗到北方、東北方和西北方。由於合剌汗之子烏古斯皈依了一神教，並且族中一些親屬歸附了他，所以（一族）分成了兩部分。隨後將解釋這一切事情，使（所有人）知道。

（九頁正面）合剌汗之子烏古斯的分支，已如上述，其中包括歸附於他的兄弟與堂兄弟。至於烏古斯的諸嫡支，這要詳細談談。烏古斯有六個兒子，他們又各有四個兒子。烏古斯曾授予他們左右兩翼的軍隊，分列如下：

右翼

坤汗：海亦、巴牙惕、阿勒合剌兀里、合剌阿兀里

愛汗：牙剌思、都客兒、都兒都合、巴牙兒里

余勒都思汗：阿兀失兒、乞里黑、必克迭里、合兒勤

左翼

闊闊汗：巴顏都兒、必合、札兀勒都兒、赤普尼

塔黑汗：撒羅兒、亦木兒、阿勒亦溫惕里、兀思乞思

鼎吉思汗：陽的兒、不克都兒、賓哇、合尼黑

另外烏古斯的諸兄弟和歸附於他的若干堂兄弟為：畏兀兒、康里、欽察、哈剌魯、合剌赤、阿合赤額里。

（關於繼承此脈絡、被稱作「蒙古」的諸集團，還有分成三系統、五種類展開的重要記述，但由於與本論沒有直接關係，因而在此割愛）

由此可見，「突厥遊牧民」可以往上追溯到挪亞之子阿不勒札汗，以及其子——的卜牙忽。其實〈部族志〉在這段「一覽表」之後，重新詳細敘述了開祖傳說。對照後會發現，挪亞將大地從南向北分成三部分，第一部分授予其子含，他成為黑人的祖先。第二部分的「中間地帶」授予閃，他成為阿拉伯人和波斯人的祖先。第三部分授予成為「突厥人」祖先的雅弗，並將他派到東方。突厥人將雅弗稱作不勒札汗，他是挪亞之子或其子孫。

阿不勒札汗、或稱為不勒札汗在此借用了猶太的雅弗之名。「一覽表」所說，的卜牙忽和其四子被派到「北方、東北方、西北方」，若從羅斯和欽察草原也是「突厥人」的住地看來，比上述「東方」的說明更為詳細、貼切。

這個始祖故事的主角是烏古斯。前述引文相當於〈烏古斯可汗傳說〉開頭部分的主旨。而「可汗」就是「合罕」，相當於皇帝。烏古斯有六個兒子，突厥語的名字分別象徵「日」（坤）、「月」（愛）、「星」（余勒都思）、「天」（闊闊；原意「藍」，指的是「蒼天」）、「山」（塔黑）、「湖」（鼎吉思）。六人各有兒子四人，他們的名字之後成為部族之名。除了這些烏古斯嫡系子孫之外，「烏古斯聯盟」還包括親屬，他們的子孫有畏兀兒、康里、欽察、哈剌魯等。另一方面，沒有與烏古斯相連的三位叔父（斡兒汗、古兒汗、闊思汗）另成一格，各自成為後代各種集團或支派的起源。

## ◎烏古斯可汗傳說是神話嗎？

著名的英雄傳說訴說著烏古斯可汗的生涯和征服行動，以及其子孫的繁榮，在

十三、十四世紀之後的中亞至安那托利亞之間，於突厥系人群中廣為流傳，使突厥族藉以擴張、發展。

實際存在於歷史上的烏古斯族，首次出現在史料中，被認為是隸屬於漢文文獻中鐵勒（這也是突厥語的音譯）集團的「烏紇」（或譯「袁紇」）。之後，烏古斯族據說建立名為脫古思烏古斯（Toquz-Oγuz，九姓鐵勒）的部族聯合體，本與突厥對立，但到了七、八世紀時遷往西方，八、九世紀之後定居在錫爾河的中下游流域，逐漸與伊斯蘭融合。十一世紀，以部分烏古斯族為核心的塞爾柱勢力前進西亞，烏古斯族也因此逐漸擴張至伊朗高原、亞塞拜然、高加索、安那托利亞、巴爾幹。蒙古時代之後白羊王朝、黑羊王朝、鄂圖曼帝國等國家的形成，可說是立基於烏古斯族向西發展的脈絡之上。

描述烏古斯族始祖的〈烏古斯可汗傳說〉中，從中亞起源的遠古時代傳說開始，經過移居西方的過程和定居安那托利亞，以及與伊斯蘭的接觸與接納，結果融入了各種要素和故事，同時也可看見不少的潤色。尤其是包括上述引文在內，關於最重要的「傳說」開始和源頭的部分，究竟是何時、又以什麼為背景，不確定的未知荒野形成了很大一個缺口。

然而最重要的還是，最古老且確實記載「烏古斯可汗傳說」的文獻是《史集》這一點。

包括《史集》這項國家編纂事業的核心人物——宰相拉希德丁・哈馬丹尼、下令且積極參與編纂方針和內容執筆的旭烈兀兀魯思君主合贊，以及合贊的繼承人、其弟弟完者都等人，都認為這本既是蒙古帝國史、也是人類史上第一部綜合史的《史集》，是從「烏古斯可汗傳說」開始。這究竟代表著什麼呢？

## ◎重要歷史線索

在此彷彿可以窺見重要的歷史線索。事情的核心在於烏古斯將六子分別安排至左右兩翼，其下又分別有他們的四個兒子，因此全部加起來共有二十四個軍事集團。若以圖示，則如下圖。

我腦海裡立刻浮現的便是《史記》當中著名的匈奴「二十四長」。身為匈奴帝國之君的單于掌握中央部，面向南方，其右（西）有由右賢王率領的十二長，其左（東）有由左賢王率領的十二長，「二十四長」各是管轄「萬騎」的領袖。

這樣的形式是以蒙古高原為中心、朝東西方擴展的匈奴國家的基本構造，同時也是單于宮廷內的秩序和配置。此種左右兩翼的體制不僅是匈奴國家貫穿四百年的制度，在匈奴之後形成的檀石槐的鮮卑帝國和青海地方的吐谷渾也採用相同做法。此外，雖然記載不如《史記》詳細，但柔然、突厥、吐蕃等一連串的遊牧型國家和政權的確也明顯沿襲這個制度。

另外，第二個聯想到的是六世紀時，北周以長安為中心的關中當作根據地、始祖宇文泰所設立的「西魏二十四軍」。具體而言，共有六位柱國大將軍分別率領四軍，稱「六柱國大將軍」，每一軍由當上開府儀同三司的領袖率領。所以「二十四軍」是由二十四位擁有開府儀同三司頭銜的有權勢者組成的聯盟。

北魏分裂之後的西魏和繼承西魏的北周政權，是以重整「武川鎮軍閥」而形成、混雜多種族的「關隴集團」為核心。之後開創隋朝的楊氏和開創唐朝的李氏，雖然以漢

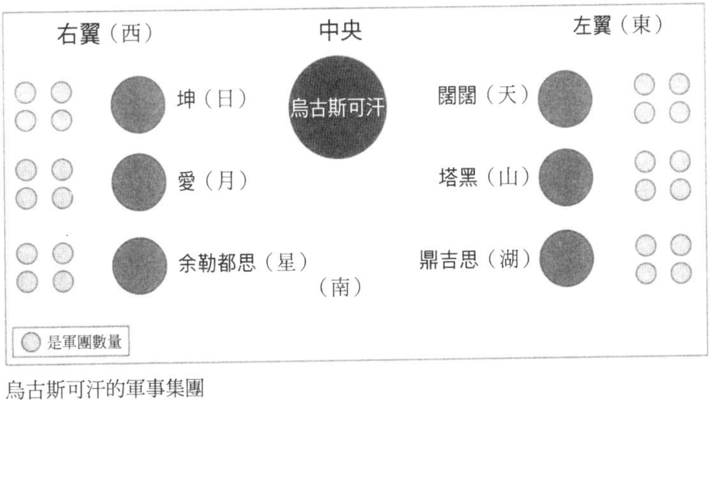


烏古斯可汗的軍事集團

姓自稱，但明顯是「非漢族」的有力軍閥，也各自擁有二十四軍將帥。以鮮卑拓跋部為主軸形成的代國、北魏、東魏、西魏、北齊、北周、隋、唐，雖然改用中華式的王朝名稱，但本質上是可稱為「拓跋國家」的一系列國家和政權，傳承自匈奴以來的遊牧系武人的傳統和特徵十分鮮明。就算是被認為屬於大中華帝國典範的唐朝，嚴格來說也應該是「異族所開創的新中華」。可以說，由六位權力領袖分別率領旗下四位將領的模式，讓人不禁聯想起「烏古斯可汗傳說」。

換個角度來看，很難想像匈奴以來的體制和拓跋國家的架構彼此之間沒有關聯。先不論對錯，匈奴和拓跋的時代皆早於「烏古斯可汗傳說」，尤其考慮到烏古斯族本身與突厥或後期的拓跋國家是同時期在中亞發展的話，那麼歐亞大陸從中央部到東半部之間施行的國家模式便很有可能影響了「烏古斯可汗傳說」，或是成為始祖傳說的雛型。

# 重疊的世界史和世界全貌

## ◎蒙古帝國的原型

不過，更重要的關鍵存在於蒙古帝國之中。令人吃驚的是，「烏古斯可汗傳說」中的左右兩翼制度，即左右各配置三人、共六位掌權的王侯，且旗下又各有四人，恰巧是二十四個軍事單位，這與蒙古帝國的創始者成吉思汗最初建立的蒙古國家不謀而合。根據我將近三十年前發表的論文，圖示其架構如下。

右翼（西）由成吉思汗的三個兒子朮赤、窩闊台、察合台排成一列，左翼（東）則安排了他的三個弟弟拙赤合撒兒、鐵木哥．斡赤斤、合赤溫。右翼的三子之下各安置四個千人隊，共十二隊。至於左翼三弟的千人隊，合撒兒

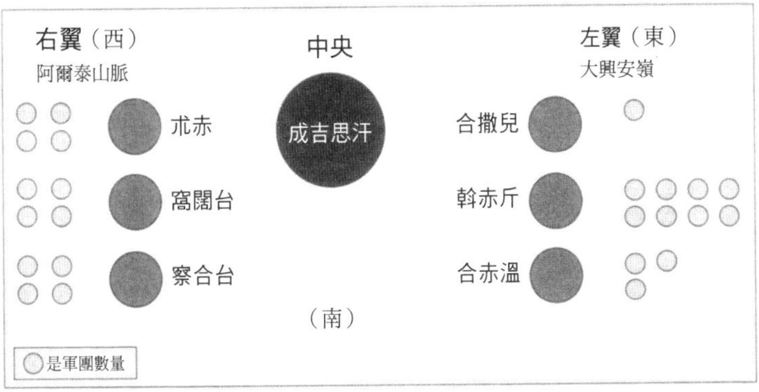


成吉思汗的初期軍事集團

之下置有一個、斡赤斤之下八個、合赤溫之下三個，雖然數量不平均，但合計就是十二隊。事實上一開始很有可能是平均分給三個弟弟各四個千人隊，弟弟們擁有的千人隊數量不平均是因為，二弟合撒兒在成吉思汗即位前是他最有權勢的助手、也曾是他的競爭者，由於某個事件而遭到處罰，因此千人隊數量遭到削減。而幼弟斡赤斤的千人隊數特別多，是因為他繼承了生母訶額侖的份額。訶額侖既是成吉思汗兄弟們的生母，也對霸權的樹立有不少功勞。

放眼望去，成吉思汗在被認為地位較高的右翼安置了自己的兒子們，而將左翼的劣位分配給弟弟們，但在「烏古斯可汗傳說」當中，安置在右翼的是年長的坤（日）、愛（月）、余勒都思（星），他們比安置在左翼較年輕的闊闊（天）、塔黑（山）、鼎吉思（湖）地位更高，此處有著清楚的區別。地位較高的年長組被稱為三把「弓」，而年輕組則是三支「箭」，此種地位差距的區分未來也慢慢固定。這一點與成吉思汗的軍事集團也非常類似。

總之雖然有若干細節不同，但傳說的烏古斯聯合體與初創時的蒙古國幾乎可說是雙胞胎。而且隨著蒙古帝國擴張而形成的朮赤兀魯思、旭烈兀兀魯思、察合台兀魯思等，基本上也是沿用左右兩翼體制，或是換個說法——左、中、右的三極體制，就算在相當於宗主國的大元兀魯思，也是如此。成吉思汗統合蒙古高原時創立的體系成為了「原型」，廣布歐亞東西。

## ◎傳說和事實的彼方

在歷史洪流當中，比較「烏古斯可汗傳說」與現實歷史時會發現，「烏古斯可汗傳說」中開頭描述的烏古斯建國和集團編制，亦即有關「原點」的記述，不可否認是自匈奴以來各遊牧國家繼承的左、中、右三極體制的基礎制度的投影。或者應該說，烏古斯的開國神話是畏兀兒、哈剌魯、康里、欽察等烏古斯的近親，在歷史上各自扮演重要角色的同時，包括其他被蒙古納入的諸勢力在內，將歐亞大陸中央地區的「歷史記憶」化為傳說的結果。在「烏古斯可汗傳說」中，烏古斯做好準備之後便出發征服世界。關於這個壯闊「故事」的背景，可能與其直接相關的歷史事實是以烏古斯族為核心的塞爾柱王朝。塞爾柱王朝離開中亞後，不久便在西亞稱霸。《史集》記載的烏古斯族被寫作「土庫曼」，也是最好的證明之一。

這些個別「傳說」與「事實」的重疊之外，帶給我們的深刻印象是「傳說的烏古斯」和「實際的成吉思汗」在形象上的連動。《史集》的「歷史立場」首先是烏古斯率領的烏古斯族征服世界後創造出「突厥世界」，並在經過漫長時光後，成吉思汗率領的蒙古再度稱霸世界，才進入現在的蒙古世界帝國時代。換句話說，《史集》隱含蒙古將遊牧民世界的「神話」加諸在「現實」上的強烈訊息。

想必在成吉思汗與蒙古出現以前，就已經存在某種「烏古斯可汗傳說」的「祖型」。令人玩味的是，以中央歐亞為中心、在亞細亞史這個廣大領域當中累積龐大詳細論證的法國漢學家伯希和（**Paul Pelliot**），他收集了與「烏古斯可汗傳說」相關的回鶻文書，並在當中發現了蒙古時代獨特的蒙古語彙，進而考證出此份文書的時代落在一三〇〇年前後。然而，他為何可以推測出一三〇〇年前後如此明確的數字呢？恐怕伯希和原本就知道了《史集》的記載，才藉此推測出年分。時間既不在《史集》編纂之後，也不在編纂之前。作為國家編纂的史書，《史集》背負的是不可混淆的「絕對年分」，而伯希和巧妙地將編纂過程中的中間年分當作是他的「推測」年分，可見此人之「巧智」。

簡言之，蒙古在敘述自己的「世界和時代」時會採用「烏古斯可汗傳說」。此外，蒙古也表明自己是「突厥當中的蒙古」。導致廣義下的各種「突厥」，都可在蒙古之下找到各自適切的位置。從另一個角度來看，當時的統治者蒙古也可從無論是突厥還是蒙古的「歷史記憶」當中，找到並整合自己統治和權力的正當性。況且，烏古斯與伊斯蘭的關聯，對於蒙古統治來說也十分有利。

將「傳說的烏古斯」與「實際的成吉思汗」重疊在一起，是一開始就計畫好的。蒙古首先就是要創造這樣的「歷史」，這可說是以遊牧民為中心的「歐亞內部世界史」。相當於「蒙古正史」編纂而成的第一版《史集》，亦即所謂的《合贊祝福史》，正是這樣的歷史。

## ◎意識到全人類的綜合史

然而，現實中的蒙古不僅在陸地發展，同時也前進海上，超越直接控制的版圖，逐漸建立起連接諸邦、諸地區、諸文明的巨大勢力圈和交流圈。下令第二次編纂《史集》的一三〇四年，正值蒙古結束內亂，緩慢恢復統合、形成世界聯邦的狀態。歐洲和中東、尤其是地中海地區，事實上是從此時開始急速被捲入蓬勃交流和貿易的漩渦。於是，不限於歐亞大陸中央地區的超廣域「世界」就此誕生，完者都下令的第二次編纂自然就是以蒙古為中心的「世界諸族史」。

希吉拉曆七一〇年（一三一〇年～一三一一年）完成的《史集》，除了描繪以「烏古斯可汗傳說」為基礎的「內部」世界史和世界全貌之外，同時也描繪了十四世紀以蒙古為中心所形成、近乎兩倍大的「外向」世界史和世界全貌。等於是雙層構造世界史的《史集》，是以「全人類」的認知所編纂的第一部綜合史。會在「世界諸族史」的部分另立「烏古斯可汗的故事」，也是因為意識到以往固有的「遊牧世界」是與猶太、伊斯蘭、乞台（北中國）、法蘭克（歐洲）、印度蘇丹（印度）不同的集團。

並且，不得不說之後的「烏古斯可汗傳說」是將某種原型（prototype）重疊上蒙古時代的現實歷史和世界全貌之後所「重新編製」而成，這樣的架構想必不會瓦解。重疊的也不只有烏古思與成吉思汗、突厥與蒙古。蒙古以後的「烏古斯可汗傳說」本身可說是反映了對過去想法的疊影，且很可能是把蒙古世界帝國視為理所當然的前提所做出的敘述、創作以及新的衍伸。

## 地圖傳達的新時代大門

### ◎兩張世界地圖

下面以出現在蒙古時代東西方的兩張世界地圖為中心，進行解讀和比較研究。即東方的

《混一疆理歷代國都之圖》，和西方的《加泰隆尼亞地圖》（原名 *Mappa mundi*，英文通稱 *Catalan Atlas*）。接著舉出其要點，來談談時代史的大轉變。

關於東方的《混一圖》，我根據四種寫本，解讀可擔負其世界性的中亞以西的地名（共二百二十多個）。結果發現，地圖描繪的中亞、印度、西亞、非洲、地中海地區、歐洲等與旭烈兀兀魯思相關的地區記載詳細，且也有許多與亞拉岡聯合王國相關的資訊，同時從伊朗和印度的幾個關鍵地名可以看出從一三一三年、最遲不超過一三一八年之後的蒙古時代的狀況。由於可以推測出十三世紀末至十四世紀於地中海地區擴展勢力的亞拉岡聯合王國的樣貌，因

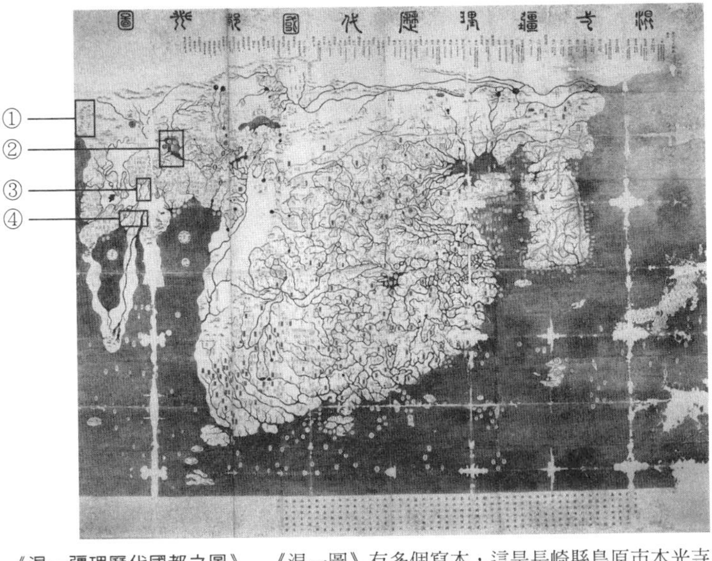


**《混一疆理歷代國都之圖》** 《混一圖》有多個寫本，這是長崎縣島原市本光寺的寫本。下頁標有數字的是部分擴大圖。

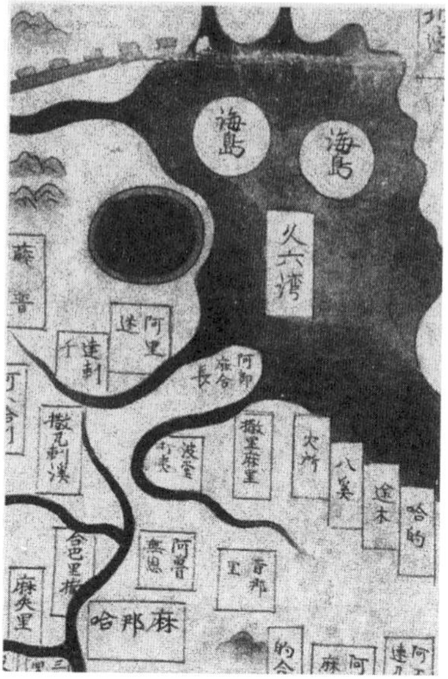


③**代表蒙古時代的地名**　亞塞拜然地方有旭烈兀兀魯思的主要城市麻那哈（馬拉蓋）、撒瓦剌溪（大不里士）等。因錯字而有必要換讀法。

①**《混一圖》的歐洲**　可以看到阿魯尼阿（德國）、法里昔（巴黎）的地名。

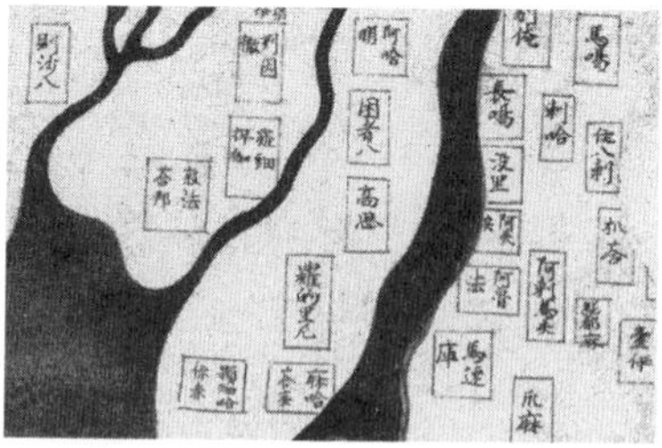

④**詳細的西方資訊**　可以看到馬喝（麥加）和東非的麻哈荅采（摩加迪休）等地名。

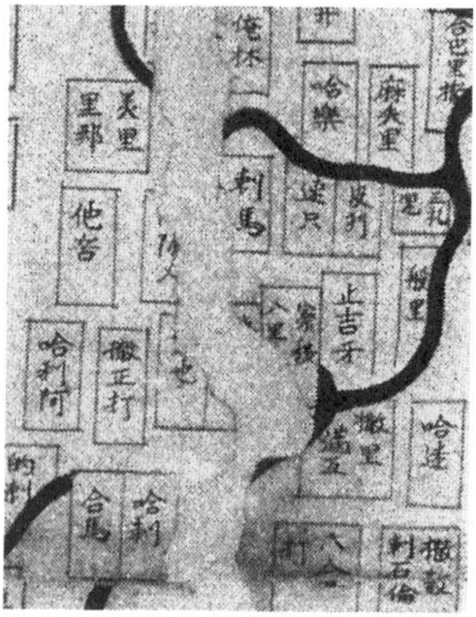

②**巴格達**　被寫作「八合打」。

此幾乎確定的是，這份地圖的資料最早不會早於一二九〇年。

關於西方的《加泰隆尼亞地圖》，則針對過去在歐洲的研究當中沒有受到認真處理的東半部，也就是針對西亞東方至中國為止的部分進行分析。可確認幾點結果，概述如下：與旭烈兀兀魯思相關的資訊醒目；確實掌握了構成蒙古帝國的宗主國大元兀魯思以及旭烈兀兀魯思、朮赤兀魯思、察合台兀魯思等；從主要地名可以推測該地圖以一三一三年至一三一四年左右的資訊為主；包含製作該地圖的亞拉岡聯合王國在內，真切地描繪出進入十四世紀後急速活化的地中海海域和歐亞大陸東半部陸上、海上貿易的模樣。

## ◎從兩張地圖看見的東西方

兩張各自描繪東西方歷史的地圖都是蒙古時代的資料，這是無庸置疑的；更驚人的發現是，兩張地圖幾乎以同時期的資訊為主體繪成。如探討《史集》時所言，自一三〇四年蒙古帝國東西整合開始，蒙古時代的歐亞非大陸掀起空前的交流和貿易浪潮。

過去歐美史家根據不經意、輕率類推而稱之為「蒙古和平」（Pax Mongolica）或「韃靼和平」（Pax Tatarica）的東西方一體化的現象，其實與兩地圖所顯示的時期和狀況相符。例如，過去常認為地中海海域自十一世紀以後，因為十字軍持續襲擊中東而導致交通與各種交流變得活躍，然而這幾乎是出自純潔心態的誤解和主觀認定。事實上，地中海到了十三世紀都還是近乎封閉的海域，很難從事有組織性的航海。

地理知識和航海技術於十三世紀末急速提升，到了十四世紀後狀況完全改變。出現所謂的波特蘭型海圖（Portolan chart），現實的知識和技術受到重視，逐漸在此合理的心態下認識世界。《加泰隆尼亞地圖》正是歐洲世界轉變的象徵，東方世界的樣貌也在圖中以不同於過去的水準現身。另一方面，東方的《混一圖》說到底不過是流傳於民間、以中

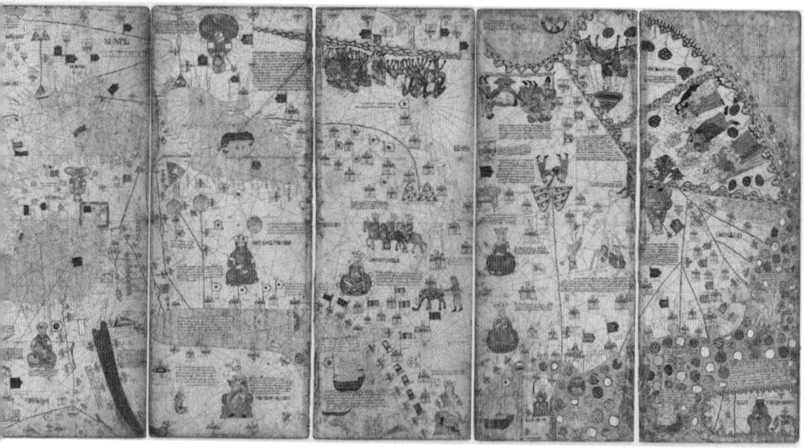

華為本位的地圖，雖然與當時為政者蒙古所持的地圖（應也存有世界地圖）完全不同等級，但作為流傳至今的地圖，仍擁有突出的內容。像是描繪大海圍繞的非洲等等，《混一圖》輕易地顛覆了既有以歐洲為中心的史觀。東西方兩地圖描繪出的新地平線，便是蒙古時代後半世界的樣貌。

## ◎失落的下一個時代

人類史在蒙古時代發生了一次大轉變。在此首次出現了登上世界史的階梯，這原本應是提早宣告了下一個時代的來臨——例如從一三七一年至一三七五年製作的《加泰隆尼亞地圖》中可明顯看出，位在非洲西北方海上的加那利群島已經在亞拉岡海上勢力的手

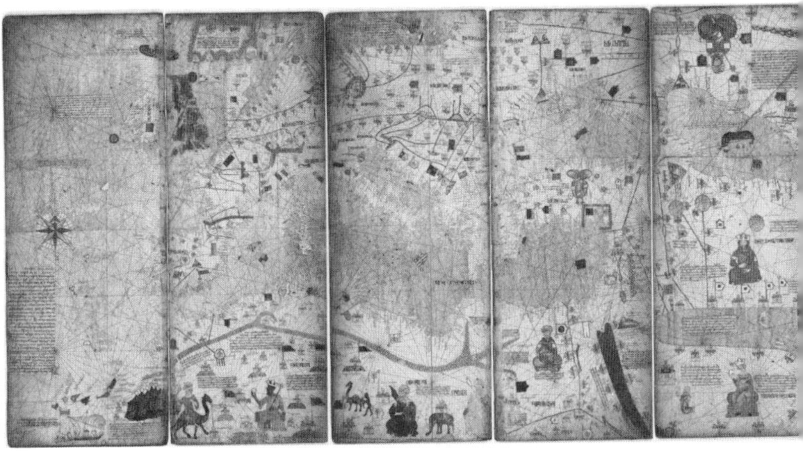
《加泰隆尼亞地圖》　法國國家圖書館收藏。

中。伊比利亞半島上的人們所開創的「地理大發現時代」其實已經近在眼前。

然而，該地圖出現之後的歐洲反而倒退、沉淪。如《加泰隆尼亞地圖》之後的世界地圖所示，至哥倫布為止的一百二十年間，歐洲發展陷入停滯，有如冬眠一般。同樣地，東方也自《混一圖》之後，大致喪失了放眼西方的雄心。近年，以中華人民共和國和台灣為中心，對鄭和下西洋賦予異常高度的評價以及荒唐的想像。但鄭和下西洋本身不過是蒙古時代的承襲和遺產，反而是自此之後，中華和亞洲東方急速失去有組織性的海上發展，這一點更為重要。

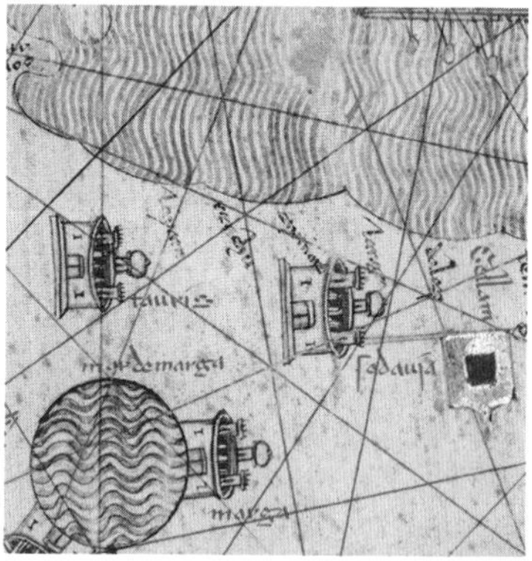
**《加泰隆尼亞地圖》的部分放大**　靠近裏海的地方可以看到馬拉蓋（Marga）、大不里士（Tauriz）的地名。

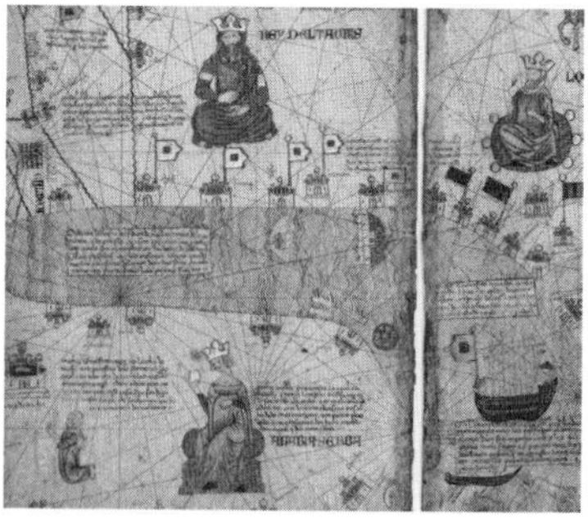
**波斯灣周邊**　海上船隻高掛的是旭烈兀兀魯思的旗幟，同樣的旗幟也掛在灣岸的城市。從描繪的巨大船隻可以看出，船隻航行在印度洋連接起了東西方。

關於十四世紀末之後「東西衰退」的歷史背景，因為蒙古解體而導致「歐亞非」交流圈的倒退應是第一要因。例如橫跨歐亞大陸東西方的陸上交通隨著蒙古的解體而逐漸消失，在經過很長一段時間後、實際上直到蘇聯解體後的最近才逐漸恢復。另外，印度洋航線的東西海上交通，也是到了十六世紀葡萄牙前進東方的時候，才逐漸恢復至蒙古時代後半的水準。

## ◎對「地理大發現時代」的質疑

儘管日本的西洋史家將葡萄牙和西班牙的海洋發展稱為「大航海時代」的說法，本身就含有重大的疑義。但姑且不論這一點，關於葡萄牙和西班牙的海洋發展，真的只能以歐洲世界才有可能辦到為前提來探討嗎？至少自古以來阿拉伯和伊朗的船隻往來中國和非洲之間的印度洋上的航線，已在蒙古時代由國家介入，逐漸將航海組織化和體系化，只是蒙古之後的亞洲東方自己將此放棄了。在經過將近百年的「空白」時期之後，小小的葡萄牙才出現在東方。他們依靠的是阿拉伯、伊朗的船隻和航海技術，這一點眾所周知。順道一提，西班牙之所以能統治南北美洲大陸，也因為是這一塊土地是美洲，才有可能辦到。過分高談葡萄牙和西班牙的海上發展，讓人感到質疑。

作為本章的總結，我想要闡述以下二點。西方人所說的「地理大發現時代」是由葡萄牙和西班牙開啟。在此前夕，卡斯提亞女王伊莎貝拉一世（Isabel I de Castilla）完成政治聯盟的結果，將阿拉伯人、猶太人、非洲人趕出了伊比利半島這個長久以來由多人種混居所形成的多文化和多元社會，進行所謂的「民族淨化」。伊比利亞人在幸運獲得的新大陸上，有如「神」一般地降臨。人類史上曾出現過多次種族歧視的例子，但從未如「地理大發現時代」之後歐美人的種族歧視這般激烈不堪且罪孽深重。當時的影子仍殘留至今。

另一點是雖然改稱「大航海時代」尚可接受，但不可否認當中有許多無法忽視的陷阱。除了上述的問題點之外，像是被認為是新時代推手的航海家恩里克王子（Infante Dom Henrique），他的真面目幾乎不為人所知，現在大家所知道的形象幾乎都是十九世紀刻意吹捧的結果，且英國甚至比葡萄牙更積極。當中是否包含英法吸取葡萄牙和西班牙「果實」所做的「歷史創作」成分？

另外，大英帝國論者喜歡的「大航海時代之後，因『海進』而推進全球化」的理論，當中大幅缺少了陸上的觀點和知識。舉例來說，十六世紀中期莫斯科帝國出現，並接著形成俄羅斯帝國、之後直至二十世紀末，這一段漫長的「陸進」可說是世界史上的一大現象。僅以

「海洋理論」論述世界史，不僅麥金德質疑，原本就是很奇怪的論點。

如前所述，目前尚未創造出人類共通的世界史。也因此，創造人類共通世界史的志向，以及為此所做出的努力，是所有歷史學家應完成的工作。

1　本書中文版此處引文的翻譯是根據：余大鈞、周建奇譯，《史集》第一卷第一分冊（北京：商務印書館，1983），頁125-126，並參考作者日文翻譯略作調整。

# 第三章

# 大蒙古和開啟世界之人

《史集》描繪的追趕敵軍的蒙古騎兵樣貌

# 成吉思汗的歷史故事

## ◎跨越八百年的紀念活動

一二〇六年春，在源自肯特山的鄂嫩河畔、現今被稱作蒙古高原的中央地區，一波接著一波的人馬湧現於廣大土地的新綠當中，巨大的宮帳群最後也出現了。這代表著在歷史上記下深刻一筆的「忽里勒台」集會，即將召開。

回顧遙遠的過去，九世紀中回鶻游牧國家因異常的自然環境災害，被黠戛斯（吉爾吉斯）逮到可乘之機而遭到瓦解，此後超過約三個半世紀，高原上群雄割據。十世紀初，以高原東南邊一角為根據地的契丹族崛起，形成農牧複合型的「帝國」，與繼承華北突厥系沙陀政權的北宋、南宋並存。這個帝國被中華地區和當時的日本國寫作「契丹」，有時也會根據情形、以中華王朝式的稱呼寫作「大遼」。契丹帝國也曾出兵北邊的蒙古之地，但僅止於間接統治。

進入十二世紀，同時打倒契丹和北宋的女真大金國十分警戒蒙古高原上的遊牧戰士，為了操控掌握勢力的部族集團，時常上演對立、反目、衝突的戲碼，若有必要甚至大舉北伐。此外，大金國還建造了被稱作界壕的壕溝、土壘，並在交通要衝集中設置城塞和堡壘，建構了一條很長的防衛線。若將這條防衛線與「長城」比擬，則算是自秦始皇以來最北邊的防線，部分甚至深入蒙古高原內部。

如此在蒙古出現之前，過程中多少還是有出現意圖整合高原遊牧世界的動向。然而，每次這樣的新芽剛冒出來就被摘除。不甘心的執念在遊牧民的心中傳頌著，不斷傳承到下一代。

到了十二世紀末，鐵木真開始嶄露頭角。當時的蒙古高原好比日本的戰國亂世，要是發生「下剋上」也不稀奇。鐵木真稱霸之路的最主要對手是突厥克烈部族長王汗，擊敗王汗之後，成吉思汗統一高原東部；接著他又打倒握有高原西部、阿爾泰山霸權的乃蠻聯盟首長太陽汗，幾乎盡將高原納入手中。

值得注意的是，無論是克烈或乃蠻，都是擁有多個領袖的聯合王國。在世界綜合史《史集》中的〈成吉思汗紀〉，竟然將克烈王王汗和乃蠻王太陽汗以「Pādshāh」的稱號稱之。「Pādshāh」也可譯作「帝王」，像是蒙古世界帝國的西方旭烈兀兀魯思第七代中興之主合贊，便是稱自己為「Pādshāh-i Islām」，也就是伊斯蘭帝王之意。

蒙古帝國的皇帝稱作「可汗」，各兀魯思的君主不過是「汗」。然而，改宗伊斯蘭的合贊使用擁有特別意義的「Pādshāh」一詞，而合贊又是下令編纂成為《史集》基礎的《合贊祝福史》的人，近似於實際上的作者，不僅熟知蒙古創業英主成吉思汗稱霸的故事，更有可能親自口述。那麼，為何他會認可克烈王王汗和乃蠻王太陽汗使用與自己相同的「Pādshāh」稱號呢？

此用語不僅是蒙古時代，甚至也貫穿之後的後蒙古時代，藏著重大的歷史關鍵。關於這一點，第七章將有更詳細的說明。簡言之，掌控蒙古高原中央部的克烈聯盟和掌握高原西部阿爾泰方面、甚至到所謂準噶爾盆地間廣大區域的乃蠻聯盟，這兩個聯盟想必在合贊眼中是遠超過一般王國的強大政權。正因為《史集》以歐亞大陸為範疇，因此才能看到《蒙古秘史》所看不到的樣貌，這樣的例子層出不窮。

再來看到鄂嫩河。經過長期分裂，終於在政治上統合絕大部分高原的鐵木真，持九游的大旗——也就是九支以氂牛尾為裝飾的大旗（漢字寫作「纛」），舉行即位儀式，自稱「成吉思汗」。同時，聚集在他旗幟之下的突厥、蒙古系遊牧民聯盟，取自己出身部族的名稱，稱作「也克・蒙古・兀魯思」，亦即「大蒙古國」，這是這個國家的正式起點。擁有各種起源和來歷的眾多遊牧民從此時開始，認知到自己是「大蒙古」中「兀魯思」的一員。這是最重要的一點，可說是蒙古遊牧民最值得紀念的重大時刻。一切都從此時開始。

時間來到二〇〇六年，自從成吉思汗創立蒙古國之後已經過了八百年，世界各地舉行了各式各樣的紀念活動。例如德國在此兩年前起，便在政府特別經費的資助之下，舉辦名為「成吉思汗及其遺產」的盛大展覽會和國際論壇，聚集了與蒙古帝國相關的眾多遺物、文獻、文書、美術品，當中也包括收藏於日本東大寺、載錄蒙古入侵日本時所送的著名國書的原本。德國一直以來無論是國家、政權或是國民都對東方擁有特別的關心和抱負，現在也負責發掘和調查蒙古帝國故都哈剌和林的遺跡。除了德

**哈剌和林的發掘**　以德國研究學者為主，在過去帝國的首都進行發掘調查。成吉思汗展圖錄。出自 *DSCHINGIS KHAN UND SEINE ERBEN*, 2005。

國，日本也有許多相關的出版品、活動、影片等。

位於歐亞內側，北有俄羅斯聯邦，東、南、西三面被中華人民共和國這個巨大勢力完全包圍的蒙古國也舉國歡騰，大肆慶祝「大蒙古建國八百周年紀念」。除了建造高三十公尺的巨大成吉思汗銅像，紙幣也印上成吉思汗肖像，國際機場也改名為成吉思汗，到處都可以看到成吉思汗的身影。大多數人平日裡打從心底就敬愛成吉思汗，尊崇他為聖人。但我也聽聞有些人因如此喧鬧、大張旗鼓的狀況，而感到遺憾或難受。

另一方面，在戈壁以南的中國內蒙古自治區也舉行了慶祝活動。雖然與歷史上的蒙古相關的人們廣布於新疆、東北三省、甘肅、河北、四川、雲南等地，然而，由於現狀居於中華人民共和國的架構之下，因此無法摘下成吉思汗已是「中華民族」英雄的立場。另外，在俄羅斯聯邦之內，包括布里亞特、圖瓦、哈卡斯、阿爾泰、韃靼斯坦、巴什科爾托斯坦、卡爾梅克等等，各共和國皆直接或間接與蒙古相關。甚至，獨立的舊蘇聯中亞五國，以及擁有石油和天然氣資源的哈薩克，國家的身分認同也與蒙古帝國重疊。這些地方對待蒙古帝國，尤其是對待成吉思汗的態度和做法，成為了反映該國或地區的一面鏡子。

蘇聯尚未解體時，當時的蒙古人民共和國想要為「成吉思汗誕生八百年紀念」舉行盛大的慶祝活動，然而面對蘇聯的強大壓力，政治家和相關人士受到打壓，處境艱難。將成吉思汗視為殘暴的侵略者，是自俄羅斯帝國以來的一貫態度，這是以沙皇為神聖的救世主、進而正當化自己統治權的手段，但這不過是俄羅斯帝國和其後繼者蘇聯等愚者所上演的愚蠢戲碼。這是發生在一九六二年的事。

之後的一段時間，蒙古國的人們只能將對成吉思汗的敬念藏在心底。二〇〇六年「大蒙古建國八百周年」的盛大慶祝表示不僅是蒙古國，也代表著俄羅斯聯邦和歐亞大陸發生了巨大變化。作為測量時代和政治情勢的風向儀，成吉思汗超越歷史，至今依舊鮮明地活在我們眼前。

## ◎謎樣的成吉思汗

那麼，成吉思汗究竟是何等人物？首先，他的五官、神情、輪廓如何呢？

台灣的故宮博物院藏有原屬於大清帝國內務府、名為《中國歷代帝后像》的畫像圖冊，當中也包括成吉思汗的肖像。事實上，成吉思汗的肖像可說只有這一幅，非常有名且經常被使用。蒙古國建國八百年紀念所立的銅像和紙幣，基本上都是根據這幅畫像製成，電影和電視劇也大多是依照這個形象描繪。然而，這幅畫像本身的可信度高嗎？

實際上不太值得信任。《中國歷代帝后像》收錄的皇帝和皇后像都有一定程度的根據，或者就是原圖像，總之並非全是天馬行空。然而成吉思汗像就算有參考的原圖像，想必也是在忽必烈成立大元兀魯思（一二六〇年）之後繪製而成——也就是說，終究還是屬於想像的畫像。除此之外，畫像的風格屬於中華式畫風，在這一層意義上，筆觸很明顯經過「聖化」。

值得注意的是，與成吉思汗的孫子忽必烈的肖像相比，兩人面貌雖然完全不同，但輪廓

**非常相似的兩幅畫像**　上圖是成吉思汗，下圖是忽必烈。由於成吉思汗真實的面貌不明，因此推測是後來根據「大帝」忽必烈的容貌繪製而成。皆出自《中國歷代帝后像》。台北國立故宮博物院藏。

其實相同。忽必烈圓潤的臉頰和樣貌，包括著名的劉貫道所繪的畫像在內，所有畫像都一樣，想必這便是他真實的樣貌。有一段著名的故事是，成吉思汗看到剛出生的孫子忽必烈時說道：「長得好像漢人。」換句話說，包括成吉思汗在內，其他人的樣貌與「長得像漢人」的忽必烈相當不同。

如此說來，畫像中的成吉思汗會和忽必烈的輪廓相同，應是參考了忽必烈的肖像畫，並以此為基礎描繪所致。在大元兀魯思治下，創造帝國大業的成吉思汗與中興的忽必烈是並列的兩位「大帝」，正因如此，才會將無法確定的成吉思汗樣貌，疊上了忽必烈的影子。順道一提，《史集》巴黎寫本當中的幾幅成吉思汗細密畫插畫，繪畫本身雖然精美，但成吉思汗所占畫面不大，故稱不上是肖像畫。

不知為何，關於成吉思汗英姿的記錄非常少，東西方僅兩則記錄引人注目。其一是南宋的趙珙於一二二一年出使蒙古治下中都（現北京市街西南地區附近）時所寫的見聞錄《蒙韃備錄》，是關於成吉思汗遠征中亞的傳聞記錄。當中寫道：「其身魁偉而廣顙長髯，人物雄壯，所以異也。」說他身材魁武，額頭寬廣而留有長鬚，人物勇壯，與眾不同。另一則記錄則是過去曾事奉古爾王朝的朮茲札尼（Minhāj al-Dīn Jūzjanī）以波斯語寫下，記錄了曾經在成吉思汗遠征中亞時看見過他樣貌的人的說法，據說成吉思汗六十五歲，身高異於常人，身體健壯，有一雙貓眼，頭上灰髮極少。兩則記錄都受到前述俄羅斯學者巴托爾德的關注。

當時蒙古遊牧民的身材似乎都比較嬌小，因此身高異於常人是一大重點。包括在草原和戰場上的指揮在內，身材高大可說是領袖的第一要件。另外，「貓眼」指的也許是他的眼珠與一般人烏黑的眼珠不同。簡言之，成吉思汗看起來就不是普通人。另一方面，《中國歷代帝后像》中的成吉思汗畫像，似乎欠缺了一點魁武、異於常人、健壯的樣貌，真正的成吉思汗應該更有草原遊牧王者的風範。東西方與成吉思汗同時代的主要文獻完全沒有提及他的長相，明明大多數的文獻都是成吉思汗的子孫命人編纂，卻沒有相關記載，不得不讓人懷疑，關於他的外表描繪，說不定是某種「禁忌」。

## ◎僅為傳說的前半生

無法確切掌握的不只是成吉思汗的樣貌。他的人生和事蹟當中——特別是他的前半生、或者說在他打倒克烈部王汗之前，好像蒙上一層薄紗，看不清實際的面貌。在鐵木真成為成吉思汗之前的奮鬥時代，這些有血有肉的故事正是蒙漢合璧的《蒙古秘史》所記述的主題。然而，當中記述的是遊牧民心中的形象，究竟有多少是事實就不得而知。關於這一點，學界已經有許多討論，不在此詳細論述；但在蒙古這個國家和其巨大領土變得理所當然的時期，壯闊訴說的「歷史故事」想必與真正的歷史有一段相當的距離。

過去有著以《蒙古秘史》為主軸、結合漢文的《元史．太祖本紀》和《聖武親征錄》等，當成一個故事來理解的做法，儘管內容精妙且合理，但愈是如此，愈讓人覺得是編造出來的。此外還有一點，至今在理解成吉思汗的時候，沒有確實使用

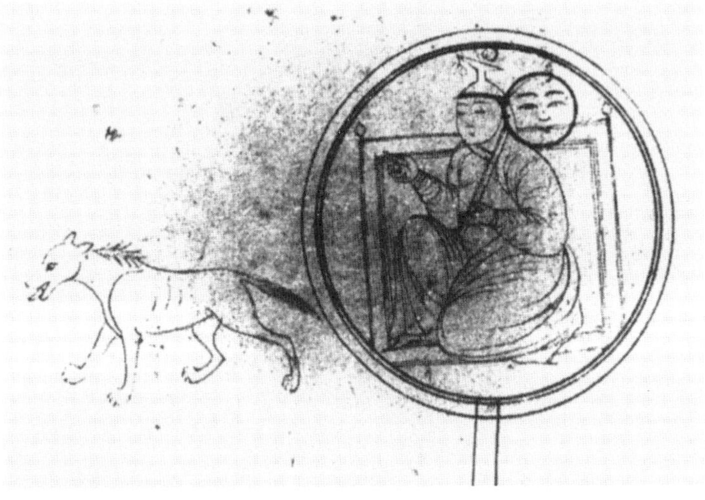

**蒼狼和阿蘭豁阿傳說**　寡婦阿蘭豁阿據說是在感受到一陣光之後受孕並生下了成吉思汗祖先。圖中以圓臉代表光。出自帖木兒時代的《拜宋豁兒畫冊》。托普卡匹皇宮博物館收藏。

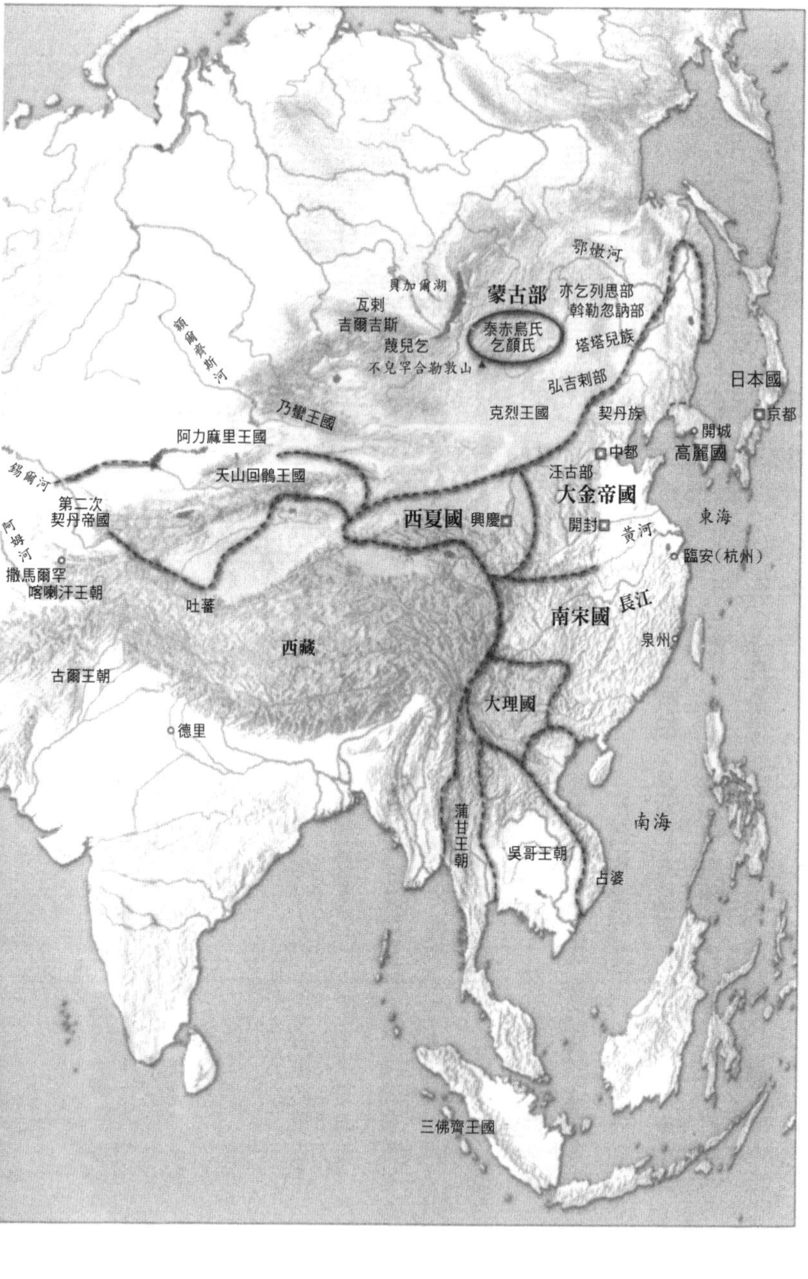
鄂嫩河
貝加爾湖
蒙古部
亦乞列思部
瓦剌
吉爾吉斯
斡勒忽訥部
泰赤烏氏
乞顏氏
額爾齊斯河
蔑兒乞
塔塔兒族
不兒罕合勒敦山
弘吉剌部
日本國
乃蠻王國
克烈王國
契丹族
京都
開城
阿力麻里王國
中都
高麗國
錫爾河
天山回鶻王國
汪古部
大金帝國
第二次
契丹帝國
西夏國
興慶
東海
阿姆河
開封
黃河
臨安（杭州）
撒馬爾罕
喀喇汗王朝
吐蕃
南宋國
長江
泉州
西藏
古爾王朝
大理國
德里
南海
蒲甘王朝
吳哥王朝
占婆
三佛齊王國

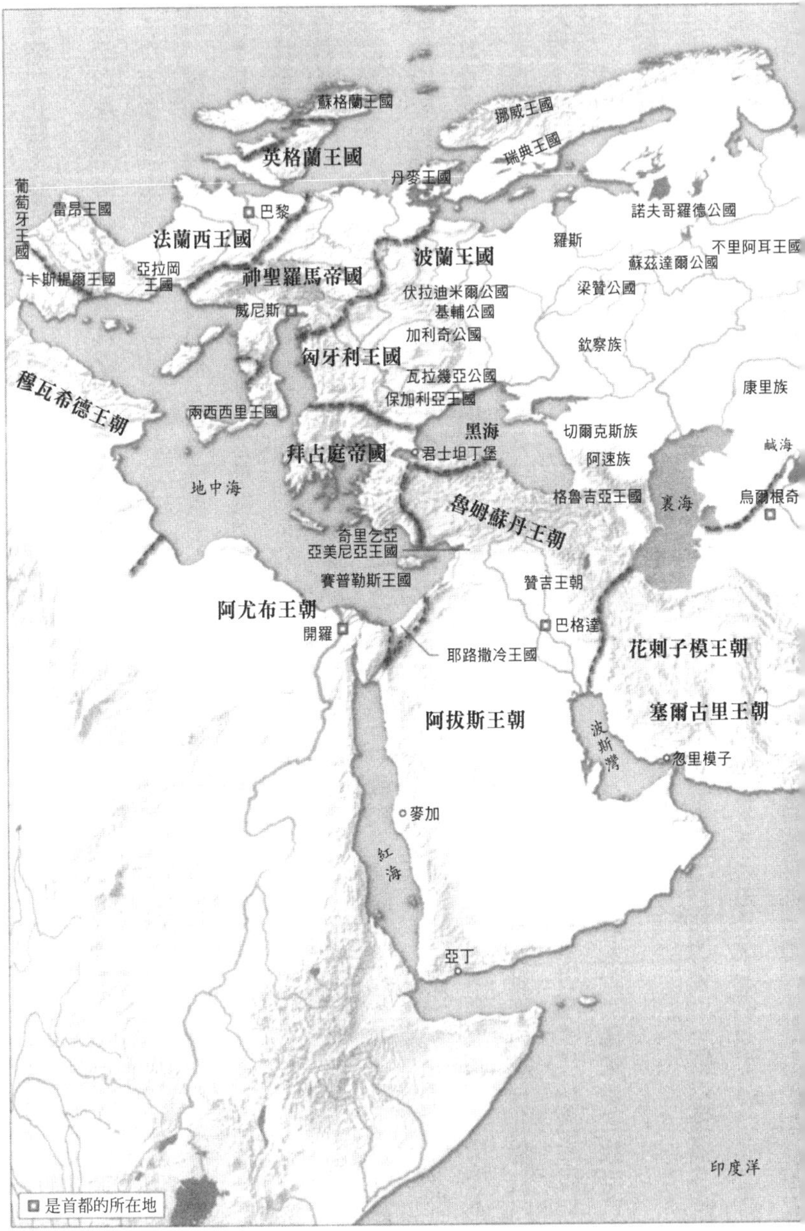

成吉思汗以前的歐亞大陸（12 世紀）

包括《史集》在內的波斯語史料，因此特別須要從《史集》寫本開始，仔細掌握其內容。

世界各國以成吉思汗為主題的敘述和著作為數眾多，尤其最近正值大蒙古建國八百周年紀念（本書初版於二〇〇八年），國內外有相當多的書籍出版。然而，這些出版品依舊侷限於某種模式當中。在徹底比較東西方文獻的基礎之上，更有必要以冷靜和客觀的態度重新審視鐵木真的奮鬥時代和成吉思汗的君主時代，並各自以不同的方式排除「神聖化」和「傳說化」的要素。而這正是因為名為史料的文獻本身在成吉思汗踏上不應碰觸的「神化」之路後，將身為「人」的成吉思汗視為「博格德·額真」、也就是「聖主」的緣故。

## ◎年老的蒼狼

可以這樣說，成吉思汗是在一二〇六年的大集會上稱為「成吉思汗」之後，才開始捕捉到接近其真實面貌的姿態。由遊牧民聯盟組成的大蒙古，帶給周邊諸國和諸勢力非比尋常的威脅，其出現堪稱一大事件，周遭都在注視著這個新興國家。因為他們知道當遊牧民的戰士以十萬為單位組織化的時候，究竟擁有多強大的威力。

位於南中國的南宋曾於一二〇六年突如其來地出兵，攻打大蒙古兀魯思南側的大金國。當時，大金國被認為是亞洲東方最大且最強的國家，但因為連續的天災而衰弱，再加上北方的高原終於遭到成吉思汗統合，大金國面臨了前所未有的危機。南宋非常清楚這樣的情勢，單方面背棄與金唇齒相依的關係，跨越淮水北伐。此態度的突然轉變雖與宋學強調階級秩序的名分論背道而馳，但由此可見遊牧民世界的統合和新勢力出現的消息確實傳到了南中國。大金國雖說衰弱，但在全力反擊之下，仍舊擊退了各地的南宋北伐軍。南宋只能交出政府高官的腦袋，好不容易才得與大金國講和。

大蒙古出現的消息讓擁有現在寧夏、甘肅一帶的西夏國緊張萬分。在對抗蒙古最前線的亦集乃地區[1]，即便是沙漠當中的綠洲區，但包括黑水城在內的防衛要塞皆進入了最高度的警戒狀態。

另外，西夏以西包括天山回鶻王國、天山葛邏祿王國，

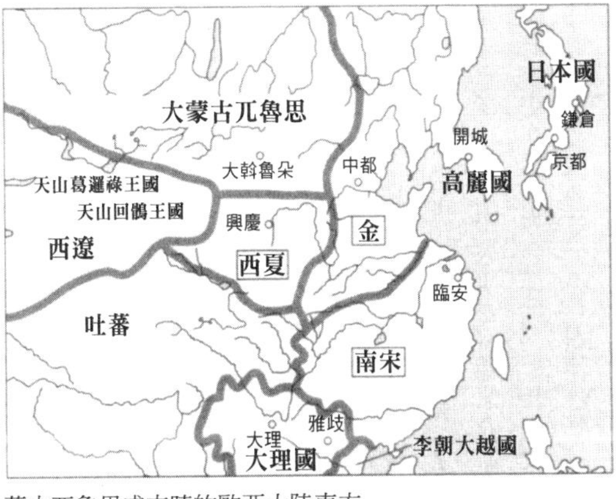

蒙古兀魯思成立時的歐亞大陸東方

以及他們隸屬的第二次契丹帝國，都視高原的新勢力為一大威脅。（與北宋一起遭到大金國滅亡的第一次契丹帝國，在王室一族耶律大石的帶領之下以橫跨中亞東西方的形式重建。將這個國家稱作喀剌契丹或中華世界所稱的西遼，其實都不恰當。契丹國家總計存在了三百年，國祚幾乎與名為北宋、南宋的第一次、第二次宋朝相同，且轉移領域和重心之後重建的這一點也非常相似。若以這樣的觀點重新審視契丹國家和宋朝，便能夠進一步理解十世紀至十三世紀歐亞東方的構圖。）再往西方，於西土耳其斯坦逐漸形成的花剌子模王國，也預測到了蒙古國家的形成終將為自己帶來災難。

簡言之，大蒙古兀魯思從一開始建國就備受矚目，其國家和其領袖成吉思汗開始受到其他國家的注意，並留下記錄。正因如此，關於大蒙古的記錄和歷史也變得較為客觀，從僅憑遊牧民口耳相傳等內部記憶的世界，轉變為兼具外在多元視角和述作的世界。

成吉思汗自此不斷地東西征戰，直到一二二七年進攻西夏的時候，在西夏國都興慶開城前三日死去。不過關於成吉思汗去世的日期，東西方文獻的記載不同，這一點頗令人介意。針對此細節，除了質疑作為歷史記錄的準確性之外，更重要的是也關係到歐亞大陸東西方通用的曆年、曆月、曆日該如何確定。

自從蒙古時代以後，人們才能夠從客觀的時間軸當中，同時看待歐亞大陸東西方。在此之前，東是東，西是西，不僅月、日，就算年分有些許的誤差，其實也不太在意。那是因為過去放眼東西方，所有事情幾乎都不是「即時」發展。在研究蒙古史的時候，這反而成了一大問題。蒙古帝國在不得不這麼做的狀態下，創造了東西共通的統一曆。曆、曆學、天文學、數學的東西方統合是蒙古時代的革新之一。雖然稍微偏離主題，但我想在此明確指出，世界史是在跨越時間和曆法障礙的蒙古時代之後才成立的。

總而言之，自一二〇六年起至一二二七年止的二十一年間，我們能夠在某種程度的準確性之下了解成吉思汗。這段期間是他作為君主和王者的歲月，對於成吉思汗自己而言，也是他逐漸邁向老年的歲月。

眾所周知，關於成吉思汗出生的年分，共有一一五五年、一一六二年、一一六七年等不同的說法。這是因為依據的東西方史料不同。關於這一點不在此詳細探討，無論是哪一種說法，在一二〇六年人生巔峰的時候，成吉思汗至少已經四十歲。遊牧民的老化速度很快，世代的交替也很早。成吉思汗雖然依舊是一匹威風凜凜的狼，但已經不是壯年的狼。

成吉思汗在此之後的二十一年，幾乎都過著軍旅生活，這本身就是一件不容易的事。接連的征戰和移動，成吉思汗之下所謂「蒙古」的團結性和整體性已經無法撼動，蒙古可說是與成吉思汗共存。在他逝世之後，大蒙古這個國家覆蓋了歐亞大陸中央的大部分地區，急速打開望向「世界」的視野。

年老的蒼狼——成吉思汗……。這是探討成吉思汗時的一大重點。

## 成為史上最大帝國的原因

### ◎蒙古強大嗎？

說起成吉思汗和蒙古的時候，總是給人一種非常「強大」的印象。然而，真的是這樣嗎？說到底，蒙古騎馬軍團終究只是普通人，他們雖然很有耐力，但騎的是跑不快的小馬，在馬上使用的是還算飛得遠的短弓和短箭。當然，他們也使用長弓和各式大小的弩，也有在馬上操槍的部隊，但簡單說，不過就是使用馬和弓箭的軍團，破壞力其實有限，甚至也沒有機關槍和手槍。因此，將蒙古說成是前所未有的強大暴力集團，這是錯誤的。

在東西方的記錄當中有相同的敘述，那就是蒙古遊牧民非常純樸、勇敢，而且遵守命令和規律。就算是極端蔑視遊牧民的漢文史料，也口徑一致地說他們淳良、忠厚。

然而當時無論在大金國或是南宋、西夏，將帥、士兵的內鬨成為常態，戰場上臨陣脫逃、觀望、背叛也屢見不鮮。根據伊斯蘭史書的記載，類似的事情也經常發生在中亞伊斯蘭地區。後面會提到的名為羅斯的俄羅斯，就算身處歐洲，情況也差不多。部將間的不和、嫉妒、扯後腿是家常便飯，就算好不容易得到勝利，也常因戰利品的分配和報酬的金額而發生爭執。戰爭中獲勝的一方反而因此衰弱，也不是什麼新鮮事。

此種情形的另一個背景是中華地區不僅對士兵充滿輕蔑、歧視、不信任，更有許多將兵被大金國僱為「傭兵」。尤其是在中亞和中東，經常可以看到僱用多個出身、來歷、種族皆不同的傭兵部隊，這

**蒙古騎兵的戰鬥**　出自伊斯坦堡寫本《史集》。托普卡匹皇宮博物館收藏。

些傭兵部隊扮演決定戰爭勝負的重要角色。真可謂是有錢能使鬼推磨，這在背叛已成常態的當時，也是無可奈何的事。南宋也僱用了回鶻的傭兵。另外，沒有加入成吉思汗的高原整合，或是以結果論而言遭到排除在外的人們，遂在歐亞各地成為重要的傭兵戰鬥力，經常與蒙古軍交戰。

部隊內耗過兇成了歐亞地區的常態，相比之下，成吉思汗與其一族所統領的蒙古軍可說是非常有紀律和組織。如後所述，一二〇六年之後一段時間，成吉思汗推動國家體制和軍事組織的重整，成為國家基礎。歷史上找不到另一個如此嚴格且貫徹的金字塔式結構。

這些全部都是由成吉思汗和他的近親，以及由他親自選拔、編制的多人種、多語言、多文化的領導階層所建構完成。「蒙古」的成員們以與成吉思汗一族「共享富貴」為口號，聽從領袖們的指令。出征時使用的馬、武器、武具、裝備、糧食等，基本上都是自備。這已經可以說是「蒙古共同體」——蒙古最大的優勢就是他們的組織力和團結力。

## ◎「不作戰軍隊」的強大

此外，作戰計畫的縝密周到也令人印象深刻。在外征之前，成吉思汗和其周邊親信會先對自家軍隊進行徹底的準備和意志統一，對敵軍則會進行徹底的調查和謀略工作，兩者皆會花費二年左右的時間。如果可能的話，盡量用計讓敵軍在交戰前瓦解或歸順。在前置工作大致完成之後，遠征軍只需前進即可。實際上，幾乎都是這樣的情況。而若是針對敵方的準備工作或當地事前的疏通不周全，一旦在此時遭遇敵軍，就容易敗陣。

蒙古軍的能力和機動性皆高，是不怕苦戰苦鬥的傑出戰鬥集團，但基本上與歐亞其他遊牧民軍團的特徵和戰法沒有太大差別。如果敵人的騎馬部隊團結起來發動攻勢，勝負將難定論。

既是優點也是缺點的這個特徵，尤其展現於一二一九年至一二二五年，所謂「成吉思汗西征」的時候。西征前半段是針對花剌子模王國核心地區的攻略戰，蒙古軍以令人難以置信的速度，短時間得到了極大成果——彷彿熟知所有國境線上的要塞城市一般，蒙古軍確實地一一攻陷，河中地區（Mā-warā' an-Nahr，中亞錫爾河和阿姆河流域）的二大城市布哈拉和撒馬爾罕也開城投降，接著，花剌子模王國內部自行崩壞，開戰後僅一年半，這個被認為是伊斯蘭世界最強的大國在實質上消滅。這就是蒙古軍事前極為周到的調查、準備、疏通所帶來的成果。

然而，越過阿姆河，踏入今日阿富汗的領土時，進展卻完全不順利。伊朗東部的呼羅珊是自帕提亞、薩珊王朝以來的文化中心地，像是巴爾赫、木鹿、內沙布爾、赫拉特等城市，自古以來便非常繁榮。蒙古軍以追趕花剌子模軍的形式進入呼羅珊，卻遭遇各城市的抵抗，戰果不如已意，反覆展開的無意義戰鬥使得蒙古軍損失慘重。為了報復，蒙古軍因此殺害了部分民眾。後世將此舉擴大解釋，將其冠上「破壞者蒙古」的形象。過去經常有人提及呼羅珊的衰弱是拜成吉思汗所賜，但之後無論是在蒙古時代或帖木兒帝國統治之下，原呼羅珊各城市依舊健在；到了近代，由於交通體系和產業結構的變化，這些城市因此逐漸衰退，這才是真相。

花剌子模王國竟然輕易被瓦解，應該出乎蒙古軍的意料；阿姆河以南的戰事慘烈，事實上就是沒有做好充分事前調查和準備的結果。然而，長者成吉思汗所下的判斷，在這裡也發揮了作用——他在一二二二年為阿富汗作戰畫上句點，下令全軍返回。而且是花費長時間、

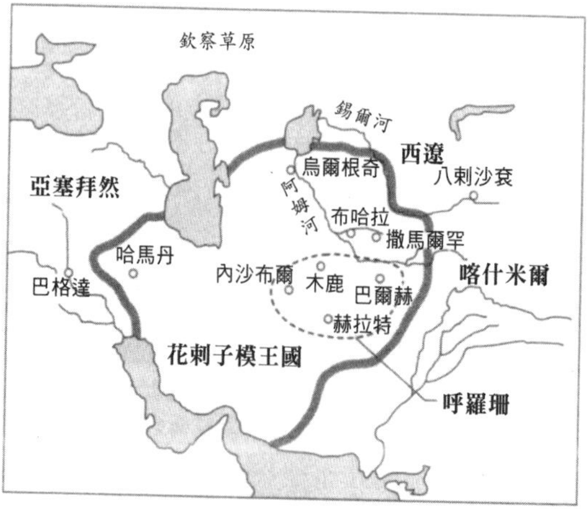

花剌子模王國作戰關係圖

慎重撤退。確保不會失去任何一個新得到的人、城市或領土。

成吉思汗有著放棄的果決和就算跌倒也不為所動的冷靜，他不是像亞歷山大大帝一般盲目前進的戰場勇者，他是沉著、冷靜的組織者，也是戰略眼光精準的老練指導者。質樸、順從，且善於騎射的機動軍團由運用自如的成吉思汗領導，便是蒙古的強大之處。

**花剌子模國王之死**　《史集》巴黎寫本中描繪摩訶末蘇丹死亡時的悲傷情景。

再補充說明，蒙古從成吉思汗統一高原的時候開始，就已經是不怎麼打仗的軍隊。只因率軍對陣就認為發生戰爭，這個結論未免下得太早。領袖間的論戰與講和，乃至有人從中調停，又或是一方一口氣投靠另一方等，都是遊牧民的常態。相反地，也因此避免了許多人命的犧牲。《蒙古秘史》中歌頌的勇猛牧民戰爭，有人認為是血肉模糊的流血場面，但其實是屬於口耳相傳的英雄敘事詩的世界。心中的想像可以無限翱翔，但如果每當發生紛爭、對立、對陣，就把敵人的勢力全部殺光，高原的遊牧民早就消失了。

應該說，整合高原時的經驗和方針也可以用在外征之時。那便是——重視情報戰和組織戰，盡量避免實戰。世間對於大屠殺和恐怖的無敵軍團的印象，其實是蒙古本身故意演出、並加以煽動的戰略。成吉思汗一貫採取的這種做法也由後來的蒙古繼承，成為傳統。

## ◎敞開的帝國

蒙古擴展的關鍵還有一點：同時代詳細記述蒙古帝國情勢的波斯語史書，在描述蒙古吸收或接納敵方的人民、集團、部族、城市、國家的時候，會寫作「成為『伊利』（il／el）」。「伊利」原本是突厥語，蒙古語也使用相同的詞彙，原意是「人類集團」，後來又從「同集團、同族、同類」之義衍伸出代表「夥伴」的意思。

因此，「成為伊利」也就是「成為夥伴」。過去這個詞彙經常被譯作「征服」或「使其投降」、「使其臣屬」等，這樣的翻譯方式實際上沒有考慮到「伊利」的意思，而是擅自加入自己的想像，根據「近代觀念」翻譯的創作。原本突厥語的「伊利」與蒙古語的「兀魯思」完全同義：人類群體或集團，也就是所謂的「國」。無論是誰，只要成為自己的「夥伴」，便不存在敵友關係，而是同一個「伊利」或「兀魯思」，亦即屬於同一個群體，同一個國家。這可真是靈活的國家觀念，或者該說是豁達至極的集團觀念，非常符合遊牧民的思考方式，這正是蒙古能夠以驚人速度擴張的關鍵。

此處最該注意的是，蒙古非常重視蒙古人的性命這一點。與近代和現代不斷出現大量戰死傷者的「野蠻時代」不同，令人吃驚的是，在重視每個人生死的中世紀和近世，蒙古軍將人命視為國家的支柱，貫徹了盡量避免自軍出現戰死者的態度。蒙古人深刻知道，若看輕「蒙古人」的性命，則組織將會瓦解。因此，在蒙古人的統治之下，出現了甚少執行死刑的現象。

另一方面，蒙古和其國家也孕育出對伙伴異常友好的傳統。無論如何，蒙古帝國幾乎沒有明顯的種族歧視。能力、實力、力量、智慧、技術、見識、人脈、文才等等，只要有過人之處就會受到重用。單就這層意義來看，蒙古時期也可說是暢通無阻的時代，蒙古是各種人群共生的「敞開的帝國」。

## ◎「蒙古」是人種、民族還是政治集團？

在研究蒙古的時候還有一項重點，那就是以何為基準，判定「蒙古」一詞究竟是什麼的這個問題。

一般而言，「蒙古人」或「蒙古族」等用語會讓人以為存在一個明確的人種或民族。另外，現在實際上在戈壁北側、所謂的外蒙地區有一個蒙古國，南側的內蒙地區則有在中華人民共和國架構之下的內蒙古自治區。如前所述，包括中國和俄羅斯的領域在內，歐亞大陸各地也都有蒙古及其後裔。或許「以為自古以來就有一個名為蒙古的人種或民族」也是無可厚非的事，然而不得不說，這是錯覺，或者說是誤解。這一點，可以從過去和現在來說明。

現在被稱作「蒙古」的人，毋庸置疑就是過去世界帝國時代的「蒙古」人，或至少是其部分後代。不過這裡想提出的問題是，在蒙古帝國時代，所謂「蒙古」指的究竟是哪些人？

再次強調在成吉思汗統整遊牧民之前，高原上有許多大小集團割據。當中除了前述的克烈、乃蠻之外，韃靼、蔑兒乞、弘吉剌、汪古等都是實力堅強的集團。當時，名為蒙古的集團稱不上特別強大，且當中還有許多分支。儘管蒙古這個名稱最早便出現在唐代的漢文文獻當中，但長久以來少有顯眼之處；蒙古部至多是從十二世紀才開始浮上檯面，從原本只是一個群體的蒙古，成為了新興勢力。

在成吉思汗統整高原之後，蒙古成為整體遊牧民的名稱，可以說這時候的「蒙古」指的是集結在成吉思汗之下的政治組織體。也就是蒙古此時已作為國家的名稱，而不是人種或民族。就算被囊括在「蒙古」這個名稱之內，每一個人的長相、語言、習慣都各不相同。

其中一個指標事件是，忽必烈創建的大元兀魯思失去中華本土，構成大元兀魯思政權核心的各種身分的人們，許多都將根據地移往北邊的高原，這才使「蒙古」踏上近代用語所說的「民族」之路。當中，其實也有相當多的漢族人在大元兀魯思的宮廷內當差；另外也有原本來自羅斯或欽察草原的人，或是以高加索山脈北麓為故鄉的阿速族軍人。各式各樣的成員面貌恰恰符合蒙古這個世界帝國的稱號。

這些新加入的人和從以前就被安置在高原與其周邊的人們成為蒙古主體，開啟了新的時代。若借用中國史的區別方式，即所謂的明代蒙古。明帝國害怕來自北方的「蒙古」侵略，在大地上刻畫下現在所見的「萬里長城」。這道堅固的人工國境線將高原和中華劃分為「不同的世界」，清楚做出區別，成為蒙古走向「民族」之路的明確台階。

至此之後，歐亞世界草原中，廣布範圍最大且最優良的這個高原，成為了名副其實的蒙古高原，在此生活的人逐漸轉變成被稱作蒙古人或蒙古民族也無礙的實體。然而，之後的蒙古在大清國時代與滿洲有著密切且多樣的關聯，依舊過著極為鬆散的生活，並在大清帝國消滅後，被捲入近代化的浪潮和歐亞強權政治的風暴當中。也就是說，蒙古現在的樣貌是二十世紀這個驚滔駭浪時代下的產物。

## ◎各種各樣的人類群體

在成吉思汗命名大蒙古之後，隨著國土的擴張，「蒙古」的範圍也逐漸擴大，最終歐亞各地出現各種自稱為「蒙古」的人們。這些到底是什麼人呢？根據時期和地域的不同，「蒙古」集結了各式各樣的人類群體，其整體形成巨大同心圓狀的漩渦。

首先，第一種群體是以成吉思汗王室為中心、原本就屬於蒙古部的人們——可說是蒙古中的蒙古，只是其中也有在鐵木真嶄露頭角之初，與他爭奪內部權力的人。有別於舊有的部族和親族關係，鐵木真將個人的主從關係當作是邁向權力的踏板，除了少數成吉思汗親近的王族之外，即便是蒙古部的人，也不見得就會受到特別優待。第二種群體是一二〇六年國家草創時期被認為屬於「蒙古兀魯思」的大量牧民。像是札剌亦兒、弘吉剌、巴阿隣、阿兒剌、巴魯剌思等等，各自擁有固有的部族名稱，但另一方面又屬於「蒙古」，有著雙重的歸屬意識。

第一和第二種群體加起來的總數，根據《蒙古秘史》的記載共有九十五個千人隊。千人隊是自匈奴國家以來，突厥系、蒙古系、西藏系等一連串內陸國家採用的體制。十人隊、百人隊、千人隊、萬人隊，像這樣計算的十進位法體系的軍事、行政、社會組織，是平日發揮機能的最大單位；也可想成是數百至一千人的騎馬戰士和其家族的集合體。

一般而言，談到十三、十四世紀，「蒙古」、「蒙古人」、「蒙古軍」都是以這兩類的人類集團為前提；然而，還有一群適用此「蒙古」的人群，那就是遊牧契丹族。過去是契丹帝國核心的契丹族，分為歸屬於東邊大金國治下，以及歸屬西邊第二次契丹帝國治下的二派。第一次契丹帝國經歷二百年的歲月，在許多方面都已經城市貴族化，但也有許多人依舊保留濃厚的遊牧武人色彩。對於新興的蒙古國家而言，契丹族出身於遊牧民，且過去曾建立多種族混合的大型國家，現在依舊在中亞保持個別的權力政體，可說是獨一無二的歷史先驅。而且，他們的長相、語言、風俗、習慣等，都與第一、第二群的「蒙古」非常相似。

在大金國的統治之下負責守衛北方國境地帶的內蒙古草原和首都中都的遊牧契丹軍團，在一二一一年成吉思汗進攻金國的時候，一舉倒向蒙古，為作戰的成功和合併內蒙古與中都地區立下功勞。蒙古因此首度真正完成橫跨戈壁南北的高原統整。順道一提，至一二一五年為止的對金國之戰，蒙古軍踏遍了華北之地，且包圍成為孤城的中都，在自軍幾乎無損的情況下獲得豐碩的戰果，將亞洲東方最強的大金國趕到黃河之南，得手內蒙、滿洲、華北北半邊等農牧複合地帶。一舉開啟了新興大蒙古國充滿前途的未來。

接下來，在進攻花剌子模王國之前，成吉思汗幾乎不費吹灰之力，就接收了遭到乃蠻王子屈出律篡奪的中亞第二次契丹帝國。雖然無法判定契丹軍的規模，但也同時吸收了其統治之下的諸族軍隊。也就是說，一二一一年起至一二一八年之間，東西方的契丹軍團原封不動地加入蒙古國家，受到「大蒙古」成員的待遇。這便是第三群的蒙古。

## ◎結合的重點是「成為伊利」

根據《史集》記載，一二二七年成吉思汗去世時，全蒙古的「哈扎拉」——即千人隊，共有一百二十九個，比起《蒙古秘史》所記載的九十五個還多，推測新增加的千人隊當中，包含相當多新近加入的契丹族。納入了遊牧契丹族等各種人群、且領域東起滿洲、華北直到中亞，膨脹了約兩倍的「蒙古兀魯思」便是成吉思汗時代的大蒙古。《史集》所說的一百二十九個千人隊正是「蒙古的基幹部隊」，各個集團被認為是承襲始祖成吉思汗的名門，作為世界帝國蒙古核心之中的核心，之後也備受尊崇。

在成吉思汗時代，蒙古已經是擁有多重構造的複合體，但隨著蒙古的擴大，其多重性和複合性更為提升。歐亞各地突厥系的人們，一一被納入蒙古體系之中。另外，無論是東方的女真族、唐兀族（党項）、漢族等，還是西方穆斯林的在地勢力和羅斯、格魯吉亞、亞美尼亞等基督教勢力，身為王侯、君長、軍閥、土豪、宗教領袖等有力人士，只要歸屬蒙古、被承認是其中一員，就會受到「蒙古」的待遇。例如相當於華北在地軍閥代表的史天澤和張柔，在蒙古大汗的敕命之下獲得「巴圖魯」，即代表勇者的稱號，便被正式承認是「蒙古」的一員。接收南宋之後，舊南宋人之中其實也有被認定為是「蒙古」一員的人。

蒙古明顯的特徵是甚少以人種、民族、文化、語言、宗教的差異來區別人們，幾乎沒有根據特定文明觀、價值觀所形成的偏見。總之，只要有用或有益即可。在這一層意義上，可說是政治性特別突出的國家。

「成為伊利」或「當作伊利」——這是蒙古在吸收其他人、團體、地區、國家時一定會說的話。這正是蒙古得以超越「文明圈」的框架，建立巨大人類集體的重要關鍵。

## ◎「開啟世界之人」的系譜

如第二章所述，成吉思汗在一二〇六年發表「大蒙古宣言」後不久，趁者千人隊的重新改編，將所有蒙古軍團分為左翼和右翼，中央則有直屬的牧民、畜群所組成的宮帳群——也就是所謂的「斡魯朵」，並分置於四處。蒙古高原東有大興安嶺，西有阿爾泰山，擁有巨大的天然屏障；若站在高原中央面向南邊，則左為東，右為西。成吉思汗根據這樣的地形建

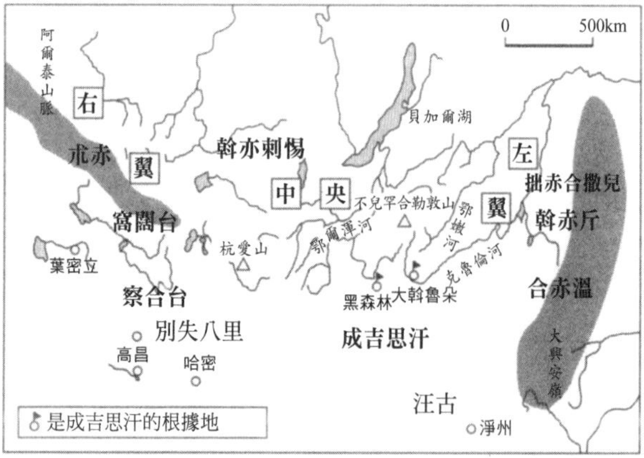

成吉思汗初期蒙古國家的左右兩翼構造

構國家，若以圖示則如右圖。

最外側東部有三個弟弟的兀魯思，西部則有三個兒子的兀魯思，中央兀魯思則是統轄左右兩翼軍隊，並隨著成吉思汗移動的宮廷和政府。這成了之後蒙古世界帝國一貫承襲的所有原型，尤其是左、中、右的三大分割體制不僅應用於軍團編制和對外遠征，從實際的戰鬥隊形到帳幕的設置、宮廷內的儀式等，都是依照這樣的形式。因成吉思汗的「分封」而出現的成吉思汗一族的兀魯思，隨著帝國的擴大而成長，開始與直屬蒙古大汗的中央兀魯思有所不同，擁有各自的獨特性。

簡言之，名為「蒙古」的集體不僅擁有多重構造，體制上也是由大汗的中央兀魯思和其他一族的兀魯思所組成的多元複合體。此外，其他一族的兀魯思又各自擁有彷彿複製帝國一般的構造。蒙古整體在多元多重的結構之下所擴張的結果，便形成了「蒙古」這個世界帝國。

一切的原點和原貌幾乎都在成吉思汗這一代就已經定下。也使得大蒙古和成吉思汗成為超越時代、難以否定的巨大存在，留下的各種傳說至今仍深植人心。

成吉思汗留下的巨大遺產由他的子子孫孫所繼承，並隨著時間發展逐漸世界化。

一二五二年時，伊朗的文人行政官阿塔・蔑力克・志費尼（Ala-al-Dīn'Ata-Malik Juwai-nī）前往高原的帝都哈剌和林，謁見在此之前即位第四代蒙古大汗的新皇帝蒙哥。當時已經統治大部分歐亞地區的蒙古帝國，在英氣煥發的蒙哥汗帶領之下重整體制，準備遠征剩下的南中國和中東以西之地，明顯地放眼全世界。

二十七歲的志費尼停留在哈剌和林的期間，下定決心撰寫這個改變人類史的帝國歷史，並以波斯語寫成《*Tārīkh-i Jahāngushāy*》。「Tārīkh-i」是歷史之意，「Jahān」是世界，「gushāy」則是開啟。《開啟世界之人的歷史》是第一本關於蒙古帝國的歷史書，屬於完全同時代的著作。

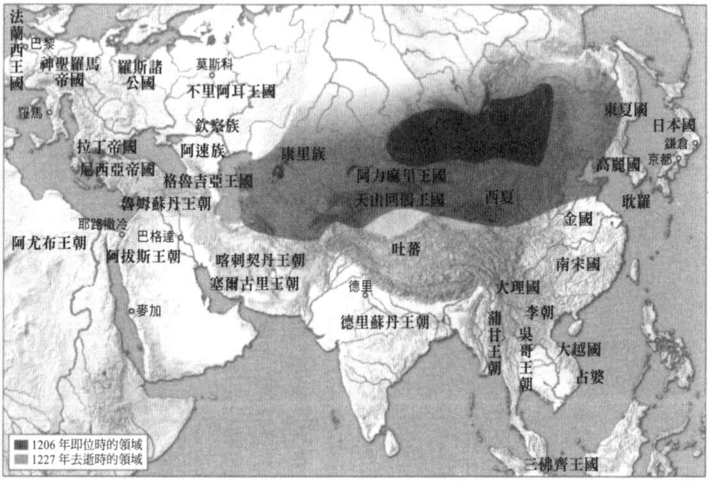


成吉思汗時代的大蒙古國

志費尼的重點放在最接近世界帝王的現任皇帝蒙哥，然而，標題「開啟世界之人」指的除了蒙哥，也兼指他的祖父——即開創大蒙古、打開邁向世界大門的成吉思汗。因此，志費尼所著的蒙古史是從成吉思汗開始至蒙哥為止的歷史。另外，旭烈兀治下由國家編纂而成的《史集》，是在很久之後才完成。而成為《蒙古秘史》草稿的口傳歷史故事，也是在這之後才踏上文字化的道路。

志費尼書寫的時間點，正是大蒙古出現四十六年、成吉思汗逝去二十五年之時，他以身在同一時代的證言，將始自成吉思汗的驚人歷史傳諸後世。其中的關鍵字正是「Jahāngushāy」——開啟世界，所有一切都在這個字當中。志費尼認識到自己所生的時代是前所未有的特殊時代，因此寫下這本史書。

成吉思汗本身以及之後延續的系譜的確都是「開啟世界之人」。過去英語將「Jahāngushāy」翻譯作「World Conqueror」，此歷史書的標題也被譯作《世界征服者的歷史》，但不得不說這是似是而非的翻譯，直譯寫作「開啟世界之人」才更能傳達波斯語原本的意義。

1 亦集乃：西夏党項語意為「黑水」。原為西夏黑水城，為西夏西北部軍事重鎮，轄境約當今內蒙古自治區額濟納旗。

# 第四章 蒙古與俄羅斯

萊格尼察戰役　15 世紀歐洲描繪的圖畫。該戰役的史實令人質疑。

# 西北歐亞大陸的大進攻

## ◎放眼世界的明確意識

一二三五年，蒙古在第二代大汗窩闊台的帶領之下，準備進入下一個階段。在此之前的一二二九年，繼承成吉思汗的窩闊台在二哥察合台的強力支持之下，於翌年向保有黃河南側的大金國出兵，從東、北、西方加以包圍。一二三二年的陰曆正月，在敵人的首都、開封西南近郊鈞州的三峰山，趁寒流來襲時展開決戰，擊潰金軍主力。這一戰決定了大金國的命運，金的末代皇帝輾轉逃亡，最後於一二三四年，殘餘金軍在靠近南宋國境的蔡州被蒙古和南宋的聯軍消滅。自第一代完顏阿骨打於滿洲之地崛起以來，一百二十年的歷史在此落幕。

窩闊台政權的起步非常成功，他向國內外展示了大蒙古這個上升的太陽就算沒有成吉思汗也依舊耀眼。此外，三峰山的英雄、也就是窩闊台的么弟拖雷，雖然繼承了成吉思汗的中央兀魯思，但他將蒙古國家繼承人的寶座讓給了三哥窩闊台。然而決戰勝利之後，拖雷卻在與兄長窩闊台的主力部隊北返的路上離奇死亡，種下了之後動搖蒙古帝國紛爭的種子。

無論如何，除去大金國和蒙古實力最堅強的拖雷，沒了內外兩大障礙的窩闊台不僅稱「汗」，更成為唯一至上權力的擁有者，而稱「可汗」。窩闊台以叔父斡赤斤為東方（左翼）代表，兄長察合台為西方（右翼）代表，建立三頭馬車的統治體制。充滿自信的他之後又開始構想新的戰略：首先是一二三五年，於蒙古高原的中央部興建哈剌和林都城。建立意味著「黑色砂礫」的草原之都，是延續過去回鶻遊牧帝國興建遊牧城市「窩魯朵八里」（宮殿之城）的傳統，且窩魯朵八里的遺跡就在當時哈剌和林新城附近。

在哈剌和林中央政府之下，蒙古開始進行從舊金國領地華北至中亞、伊朗方面的軍事、徵稅、行政等組織化的工作。同時，將大可汗的命令和指令以蒙古語和當地語言的雙語文書化的傳遞系統也準備就緒。對於窩闊台而言，察合台既是後盾也是盟友，藉由設置連接察合台的根據地天山和伊犁溪谷之

**窩闊台**　成吉思的第3子，第2代皇帝。出自《中國歷代帝后像》。

間的「jam／djam」（突厥語稱 yam，即驛站），進一步建立起從草原大城市到領內各地的聯絡和交通網——名實相符的「帝國」就是在這個時候形成。此外，蒙古本身並未使用相當於「帝國」的用語，自始至終都是「大蒙古兀魯思」。如同其他許多近代以前的國家，「帝國」二字是後世的我們為了方便而擅自使用的稱呼。

在開始興建新都哈剌和林的一二三五年，蒙古帝室和諸將在廣布郊外的野營地上，召開了多次忽里勒台集會。議題之一就是大金國消滅之後對華北的戰後處理，另一個議題則是向東西方的大遠征。

往東方的遠征是帝國東部各勢力都參加的南宋遠征。總司令官是窩闊台的第三子闊出，他以漢語所稱的「皇太子」、波斯語所稱的「Walī al-Ahd」（或 Ahd Walī），即「統治者代理人」的身分出征。然而，開戰不久後，闊出便離奇身亡，大軍因此分崩離析而以失敗告終。

另一方面，西征的主將是朮赤家的次子拔都。自古以來，這場世界史上數一數二、著名的陸上長距離入侵戰爭，被認為是使俄羅斯乃至歐洲陷入恐怖深淵的「蠻族入侵」；尤其在俄羅斯，伴隨著普丁政權試圖「恢復國家威望」，與「何謂俄羅斯」的問題一起成為近年來受到熱議的主題。總而言之，一二三五年當時，窩闊台和蒙古已經明確意識到了「世界」之意，並在此意識之下展開東西兩方的作戰，可謂在現實上也準備「開啟世界」，成為「Jahāngushāy」（開啟世界之人）。

## ◎遠征俄羅斯和東歐的稱呼

拔都的西征一般被稱作「遠征俄羅斯和東歐」。然而，這樣的稱呼是否適當？我對此稍感疑問。對於蒙古而言，西征的首要目標是壓制當時被國際語言波斯語稱作「Dasht-I Qipchaq」的廣大欽察草原：包括裏海、高加索、黑海北側，西至多瑙河口一帶，這裡也就是自過去的斯基泰國家起，各種遊牧勢力的根據地。此處是歐亞大地上的「另一片大草原」，與蒙古高原和其周邊並列。蒙古雖然已經有了綠洲地帶和農牧地帶，

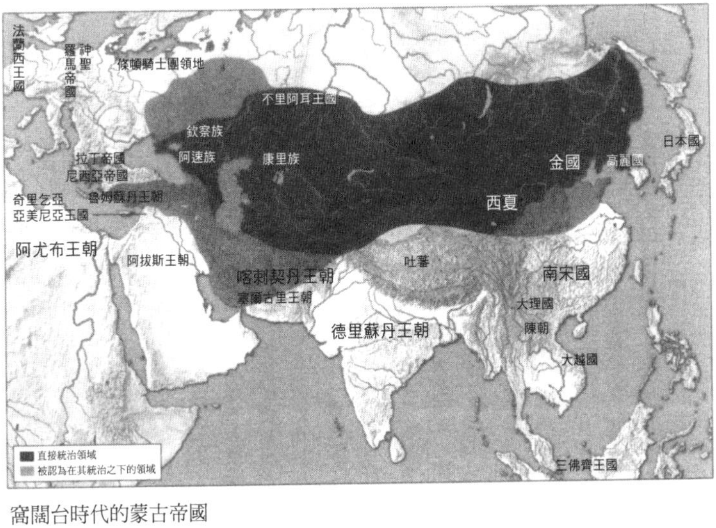


窩闊台時代的蒙古帝國

但既然以遊牧民聯合體為立國之根本，那麼掌握欽察草原便是一件至關重要的事。

反過來看，拔都西征究竟有多大的成分將俄羅斯（當時稱為羅斯）當作「目的地」？這一點實在有再探討的必要。後面也會提及，羅斯並非是非常重要的地區。以現在的想法來看過去，其實是一件非常危險的事，包括現在談的這一點也是，更不用說東歐和其西方，當初是否在遠征的計畫之內，都值得商榷。

俄羅斯擁有強烈的被害人意識，認為自己在歷史上曾深受蒙古荼毒，並藉由此事將自己正當化，進而提振國家和國民主題意識。因此，會特別強調「俄羅斯和東歐」也不是不可理解的事。然而不只有「俄羅斯和東歐」，說得好像歐洲整體都陷入危機一般，這是歐美學者最擅長的事，又或者可說是一種習慣。說起來，這終究是一直以來以西洋史的觀念和想法去創作世界史所造成的結果。

事實上，蒙古的目的非常明確。那就是在確實掌握鄰近伏爾加河中、下游之後，得手欽察大草原。同時，再加上貫穿歐亞大陸東西部的「草原帶」西半部，將所有的遊牧民當作「蒙古」的一員，有效地組織化，併入蒙古國家——也就是說，蒙古的目的是建立跨越東西方的遊牧民大聯盟。如此一來，離他們所構想的「世界」也就不遠了。

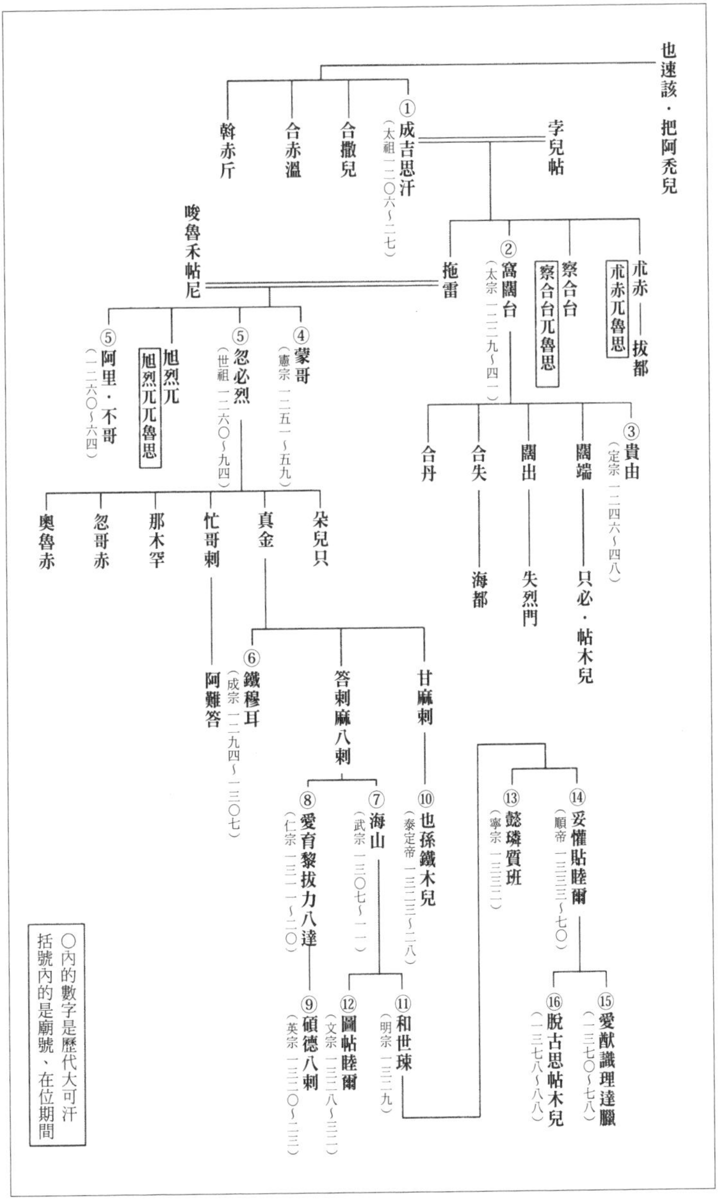
也速該・把阿禿兒
孛兒帖
①成吉思汗（太祖 一二〇六～二七）
合撒兒
合赤溫
斡赤斤
朮赤
朮赤兀魯思
拔都
察合台
察合台兀魯思
②窩闊台（太宗 一二二九～四一）
拖雷
唆魯禾帖尼
③貴由（定宗 一二四六～四八）
闊端
只必・帖木兒
闊出
失烈門
合失
海都
合丹
④蒙哥（憲宗 一二五一～五九）
⑤忽必烈（世祖 一二六〇～九四）
旭烈兀
旭烈兀兀魯思
⑤阿里・不哥（一二六〇～六四）
朵兒只
真金
忙哥剌
阿難答
那木罕
忽哥赤
奧魯赤
甘麻剌
⑩也孫鐵木兒（泰定帝 一三二三～二八）
答剌麻八剌
⑦海山（武宗 一三〇七～一一）
⑧愛育黎拔力八達（仁宗 一三一一～二〇）
⑨碩德八剌（英宗 一三二〇～二三）
⑥鐵穆耳（成宗 一二九四～一三〇七）
⑪和世瑓（明宗 一三二九）
⑫圖帖睦爾（文宗 一三二八～三二）
⑬懿璘質班（寧宗 一三三二）
⑭妥懽貼睦爾（順帝 一三三三～七〇）
⑮愛猷識理達臘（一三七〇～七八）
⑯脫古思帖木兒（一三七八～八八）
○內的數字是歷代大可汗
括號內的是廟號、在位期間

成吉思家的系譜

由於首要目標是將位於歐亞西部的牧民和其軍事力量收入掌中，一旦成功，其他一切都是為了完成這個目標，或是由於事情發展過於順利，順勢而為的結果。有些說法認為蒙古一開始就以俄羅斯、東歐、歐洲全境為目標，其實更接近「文明」的歷史創作。因為十三世紀的天主教和希臘正教也是強烈地以自我為中心，遇到一點事情就會小題大作、造成恐慌，這樣的情況非常頻繁。而蒙古無論是對大金國或是花剌子模王國，一切的行事都非常謹慎，他們不願損耗自軍，盡量避免無謂的強攻而採取必勝戰略。

如後所述，蒙古軍至多進攻到匈牙利。因拔都已無餘力，客觀情勢也不允許。蒙古語稱拔都為「賽因汗」，也就是傑出君王之意，受到國內外的尊崇。他十分聰明，知道什麼時候該進，什麼時候該退，在其一生中展現出傑出的處事手腕。將他在西征時所採取的實際行動視為是當時的現實，不會有太大的出入。

## ◎邁向欽察草原之路——朮赤北行之謎

在亞伊克河（現烏拉爾河）和阿的爾河（現伏爾加河）川流不息的遠方，包括哈薩克大草原在內，平坦開闊的大平原一直連接到欽察草原，這片區域在成吉思汗的構想之中，計畫全部交給長子朮赤打理。過去在創設東西六個成吉思汗一族兀魯思的時候，便在蒙古高原西方的阿爾泰山一帶設置了作為諸子兀魯思的右翼三王家，從北開始依序是：朮赤、窩闊台、察合台。這個配置決定了之後朮赤兀魯思、窩闊台兀魯思、察合台兀魯思往西的擴張和發展。

三王家之中，從朮赤的遊牧領地被分配到西北額爾齊斯河上游開始，就已經注定他將前進哈薩克大草原以西的命運。關於這點，還有另一條有力的線索：在始於一二一九年的進攻花剌子模王國的計畫當中，由察合台和窩闊台二人指揮的第一軍，著手進攻國境的要衝訛答剌。另一方面，朮赤率領的第二軍沿著北側的錫爾河，前進下游地帶。這很明顯是根據三人封地位置所規畫的軍團編制和負責地區。

朮赤從錫爾河口一帶開始，首先南下協助掃蕩和平定花剌子模大本營，之後便一口氣轉向鹹海北方，那裡是突厥系遊牧民康里族的根據地。分成多個群體和支族的康里族實際上是花剌子模王國軍事力量的主體，這是必須留意的一大重點。

被成吉思汗打倒的花剌子模國王摩訶末二世，其母親圖兒干合敦出身康里族的名門，花剌子模的勢力之所以能在他的時代急速崛起，也是仰仗他母親和康里軍團的關係。然而，康里軍是一把兩刃劍，他們仗著武力和功績，每個集團都在花剌子模國內橫行，所到之處皆引起紛爭。不僅如此，集團之間彼此不和，難以約束。這導致了摩訶末二世的兵力無法有效回擊蒙古的攻勢，只能個別散開、專心防衛。為何摩訶末二世的兵力無法有效回擊？這是因為若將到處生事的康里兵集中，恐將引發政變，陷入另一種危機。花剌子模之所以兵敗如山倒，此背景因素也造成極大的影響。

事實上，康里部隊有許多人早已暗通蒙古，或是輕易投降。在這樣的情況之下，朮赤軍轉向北方，一方面是為了壓制花剌子模王國，另一方面是為了掌控康里族的根據地。還有一點也值得注意：作為康里軍的友軍，西方欽察族的一部分也是花剌子模的傭兵。可以說要確實掌握現今的哈薩克大草原，必得壓制康里和欽察聯軍，無論是對蒙古整體或是朮赤一門而言，都是不可欠缺的一環。

至於朮赤在鹹海北方草原的軍事活動如何進行，對此幾乎沒有留下資料可供判斷。他與父親成吉思汗之下的蒙古主力軍分頭行動，也沒有一起返回蒙古本土，對於比成吉思汗更早死去的朮赤，他的過去只能任憑想像。北行之謎、與父親成吉思汗不和、死亡的悲劇等，的確是充滿引人遐想的小說和故事題材。

然而，我認為絕非如此。理由有二：其一，關於朮赤的封地，他的長子斡兒答確實守護了「遺領」，完全看不出有因為與成吉思汗不和、對立、反抗，而有所動搖或變動。其二，一二三六年起以朮赤次子拔都為主將的西征當中，完全看不出他在壓制鹹海北域和今日哈薩克大草原的時候有遭遇困難。

這時距離一二二七年朮赤死去已經過了九年，斡兒答和拔都這些下一代的努力想必有了成果。話雖如此，拔都的西征是在完成朮赤以來的「西方拓疆」後才開始計畫，這樣的看法基本無誤。關於朮赤英年早逝的原因，與康里之戰的辛勞、負傷、病歿、戰死都有可能。僅憑為數不多的朮赤軍，與人數想必是自己數倍的敵人作戰，肯定不是一件容易的事。

## ◎哲別和速不台的連續攻擊

關於拔都的西征之路，還有一點必須闡明。那就是成吉思汗在對花剌子模作戰的時候，為了迅速追擊逃亡的摩訶末二世，派出哲別和速不台二將，從伊朗本土到亞塞拜然，又跨越高加索抵達黑海北岸，與羅斯諸侯和欽察族的聯軍交戰，且逐一擊破。比起不明之處甚多的朮赤軍北轉，這裡進攻之快速可說是痛快，連戰連勝，自古以來便是相當有名的戰事。

一二二〇年三月，率領蒙古軍主力的成吉思汗與么子拖雷，得知摩訶末二世從布哈拉至撒馬爾罕的遁逃路線，於是下令信任且辦事得力的二名驍將徹底追擊。蒙古語稱為「掇里班・那孩」——也就是名列為「成吉思汗四犬」的兩位將軍，確實是身經百戰的勇將。如前所述，哲別追擊逃向第二次契丹帝國的乃蠻王子屈出律，不僅成功討滅，更開啟了之後進攻花剌子模的道路。另外，速不台在窩闊台時代包圍大金國的首都開封，且在拔都西征時擔任副將、參謀，以豐富老道的經驗協助年輕的蒙古王子們。兩人的命運可說是一直站在最前線，作為成吉思汗家最忠實的犬而奮鬥著。

二將率領兩個「土曼」（也就是兩個萬戶），自呼羅珊出發，進入裏海南岸的馬贊德蘭。幾乎孤身一人的摩訶末二世逃往裏海的額別思寬島，一二二〇年十二月死在島上。然而，哲別和速不台不知此事，繼續向伊朗西北的亞塞拜然前進，制伏了控制該地、出身欽察族的烏茲別克。接著在一二二一年進軍格魯吉亞，一度折返掠奪大不里士、馬拉蓋、哈馬丹、阿爾達比勒等城市，北上經過希爾凡地方的謝馬哈，攻擊裏海西岸控制南北往來的要衝傑爾賓特後，繼續前進抵達高加索北麓。當地的遊牧民阿速族和切爾克斯族（circassians）

與他們應戰，但蒙古軍收買與其合作的欽察兵，加以擊破。

一二二二年，欽察諸族大舉向西或西北方緊急避難。當中，進入羅斯故鄉基輔的欽察分族之王闊天汗（Köten Khan），說服妻子的父親加利奇王公，組織欽察羅斯聯軍，渡過聶伯河向東，在亞速海北岸的迦勒迦河畔與蒙古軍交戰。此時是一二二三年五月三十一日。聯軍在蒙古軍靈活的用兵和計謀下大敗，羅斯王侯中有三人投降。

如果認為羅斯屬於歐洲，那麼這場戰爭便是蒙古與歐洲最初的衝突。只是，這裡所說的歐洲幾乎不具有任何意義。如前所述，傳統上歐洲的東邊被認為是漫長的塔奈斯河、也就是頓河。如果依照這種說法，則位於當時羅斯中心位置的伏拉迪米爾・蘇茲達爾大公國和其周邊東北方的羅斯屬於亞洲，而過去的首都基輔和其西南邊的羅斯則屬於歐洲。說穿了，這不過是無意義的區別。不管如何，歷史都是發生在歐亞大陸這個現實的舞台上。

哲別和速不台的軍隊實際不過一萬二千或一萬三千人，且經歷長途跋涉，每到一處便有不少的損耗。就算如此，他們還是展開令人震驚的連續攻擊。若說這是經過組織化的遊牧騎馬軍團本來就有的破壞力的話，確實是如此；姑且不論羅斯軍，欽察兵團也同樣是遊牧戰士，卻未能得到相同戰果。

簡言之除了蒙古軍之外，其他個別的軍團都很鬆散，幾乎可說是沒有組織，背叛、逃離戰線、內鬨、扯後腿等事情層出不窮。老實說，與其說蒙古強大，不如說其他的軍團過於鬆散。我們在觀察過去的歷史時，必須好好地認清當時的現實。

迦勒迦河畔之戰後，哲別和速不台的蒙古軍追趕逃亡的敵軍而稍微往西推進，從羅斯的南部進入克里米亞，掠奪自斯基泰、希臘以來就是國際貿易港的蘇達克。然後又轉向東，抵達伏爾加河畔的不里阿耳，但當地的反抗力量強大，於是選擇向東繞道，在額爾齊斯河與踏上歸途的成吉思汗大軍會合。然而，如風一般吹來、又如風一般離去的恐怖軍團的傳言和記憶就此越過羅斯，傳到西方，套上了「塔塔兒」（Tartar）之名——亦即認為他們是來自塔耳塔洛斯（相當於希臘語的「地獄」）之民。在蒙古出現之前，被稱作「韃靼」（Tatar）的強勢集團，其稱呼也被認為源自於此。事實上，基督教會和宗教人士完全不在蒙古開啟的世界裡，煽動恐怖形象對於他們而言不僅是藉口，也能帶來現實的利益。因為他們可以藉此操控掌權者和民眾，又或者說，教會本身就是最大的掌權者。至於蒙古軍團下次再度大舉出現在羅斯，則是在十四年之後。

## ◎伏爾加河的彼方

一二三五年忽里勒台集會上決定的西征軍，除了拔都率領的朮赤家王子們，察合台、窩闊台、拖雷等諸王家也各派出長子或與其相當的王族參加。之後成為蒙古皇帝的窩闊台家庶長子貴由，以及拖雷家的長子蒙哥也加入其中。在這當中，擁有帝國最多牧民的蒙哥是最重要的人物。若沒有拖雷家的協助，政權的運轉將會非常困難，於是窩闊台大可汗即位後便立刻表明給予蒙哥相當於自己兒子的特別待遇，蒙哥於是率大軍參戰。

對於主將拔都而言，蒙哥像是他的盟友。不僅蒙哥對這個被

**拖雷的9個兒子**　推測上排中央是蒙哥，上排右是忽必烈，左是旭烈兀。出自巴黎寫本《史集》。

排除在窩闊台和察合台主掌的政權中樞之外的朮赤家領袖表示敬意，拔都對實質上被束之高閣的拖雷家總帥蒙哥也有心意相通之處；再加上二人的母親皆是克烈王家的王女，屬於姊妹關係。也就是說，拔都和蒙哥、忽必烈、旭烈兀、阿里不哥四兄弟不僅在父方屬於堂兄弟，在母方也屬於表兄弟。在重視生母血統的蒙古，拔都和蒙哥在成吉思汗的孫輩當中出類拔萃。

進一步來說，二人在能力、見識、器量方面也很傑出。二人皆精通多種語言，具備大將之風，也非常有人望。且蒙哥在四年前，曾追隨亡父拖雷親身經歷三峰山的苦戰，這樣的經驗也與朮赤死去後受盡艱辛的拔都相通。說到底，士兵的歸趨僅有毫釐之差。當時深受皇帝窩闊台期待的次子闊端、三子闊出負責的是東方的南宋遠征，而全西征軍中就屬拔都和蒙哥最

拔都西征

為突出。

事實上，二人可說都是主將。貴由雖然是窩闊台的長子，但庶出的身分便低拔都、蒙哥一等。三人之間微妙的關係不但影響了西征軍，也讓之後蒙古帝國的發展蒙上複雜的陰影。至於察合台家，自中亞遠征以來接連遭遇不幸，缺乏堪當大任的下一代人才，只能派出察合台么子貝達兒和孫子不里參戰。

一二三六年，拔都旗下的蒙古西征軍終於啟程，兵分二路朝著現今的哈薩克前進。拔都親自率領的本軍前往伏爾加河畔的不里阿耳和巴什基爾，他認為過去讓哲別和速不台陷入苦戰的不里阿耳族是一大關鍵，因此首要目標就是壓制他們。伏爾加河從上游至下游，流域非常寬廣，不里阿耳族控制的居住地位在中游，是現今韃靼斯坦共和國一帶；東邊是突厥系遊牧民巴什基爾族的領域，相當於現在的巴什科爾托斯坦共和國。在這層意義上，從十三世紀當時到現在，此方面的配置和關係基本上沒有改變，就這樣經過了八百年的歲月。

另一方面，以蒙哥為主將的另一支軍隊則為了壓制馬里和摩爾多瓦之民，以及部分欽察族和阿速族而略微往西與南前進，也就是相當於現在的馬里埃爾共和國、楚瓦什共和國、摩爾多瓦共和國，以及欽察草原北邊之地。順道一提，在距離俄羅斯帝國／蘇聯／俄羅斯聯邦的權力中心莫斯科不遠的東側一帶，包括上述的馬里埃爾與楚瓦什兩個共和國在內，還與多個共和國的「異族之地」相連。尤其是韃靼斯坦共和國和巴什科爾托斯坦共和國，一直以來「自立」的色彩非常濃厚。如果他們各走各路，俄羅斯聯邦將很難維持。我們必須回顧歷史，才能思考這件事所代表的意義。

不管怎樣，蒙古兩軍的作戰行動皆在一二三七年告一個段落。

伏爾加河中游一帶順利落入蒙古手中，也壓制了這一帶的遊牧民。尤其是打敗了眾多分族的欽察中最有實力的首長八赤蠻，對蒙古來說特別重要。原本就沒有整合的欽察各族之後更缺乏凝聚力，各走各路。

掌握羅斯東側一帶廣大地區的蒙古兩軍再度會合。一般認為，有一定數量的欽察、不里阿耳、巴什基爾、阿速等遊牧民在此時被編入蒙古之中，造成蒙古軍的士兵人數因而增加。

於是，這時出現在蒙古眼前的，便是分成數個中小型諸侯國的羅斯。

## 朮赤兀魯思與羅斯的愛恨情仇

### ◎入侵羅斯是認真還是順便？

蒙古軍入侵羅斯是從伏爾加河上游、所謂的東北羅斯地區開始，這是西征的第二階段。蒙古軍首先進入東北羅斯南部的梁贊，在掠奪普龍斯克（Pronsk）等聚落之後，於一二三七年十二月進攻梁贊；接著前往科洛姆納，擊敗由伏拉迪米爾大公的長子所率領的軍隊。一二三八年一月二十日，莫斯科投降。這時的莫斯科不過是座小小的木寨邊堡，究竟有多少人住在這裡？又或者是幾乎沒有人？然而，因為此次進攻，蒙古經常被說在此大肆破壞和屠殺。不僅如此，許多俄羅斯的史學家從古至今都非常熱衷於以這種論調敘述這段故事，讓我很難不去想究竟什麼才是真正的歷史。

一二三九年二月，在嚴冬中進軍的蒙古軍來到了羅斯首都伏拉迪米爾。可說是羅斯最大城市的伏拉迪米爾，恐怕讓蒙古軍的將兵大失所望。四周僅圍繞土壘，只在上面建有粗糙的木柵欄，外圍的壕溝大致算有一定的寬度和深度。要說大金國的首都中都，甚至是末期的首都開封，也絕不可能是這等模樣。伏拉迪米爾據說周長七公里，與華北的城廓都市相比，規模至多是個州城——也就是說，這樣的城市在中華地區多不勝數，且城牆一般都用磚頭覆蓋表面，再築上牆垛，險要之處立有高樓，設有馬面的城門也是高聳的樓閣，威風凜凜，壕溝也十分壯觀。無論是防禦能力、堅固程度、壯觀程度，完全都不是羅斯可以比擬。更別說花剌子模王國和其周邊的中亞諸城市，包括以巨大城牆、牆垛、高塔防守的亞爾克（arq）或卡勒亞（qal'a，相當於衛城的要塞）在內，許多圍繞街區的外城都比中華的外城更雄偉。這樣的城廓都市不是只有布哈拉、撒馬爾罕等自古以來著名的大都城，而是到處可見。如前所述，蒙古軍全力攻擊的呼羅珊諸城也非常堅固，沒有那麼容易攻下。

相較之下，羅斯諸城市無論是土壘、木柵、壕溝等，都顯得非常粗劣。以歐亞大陸的範圍來看，蒙古入侵時期的羅斯想來非常樸素，至少物質文化方面十分缺乏。

一直以來大家都有羅斯屬於歐洲的刻板印象，又被灌輸了羅斯是「文明地區」，而草原是「未開化社會」的觀念。這與貶低東方、推崇西方的「思考模式」想必都是十九世紀所留下的負面遺產。在此想要提議的做法是，比較並探討貫穿東西方的客觀資料，如此一來，對每個地區的都市和城廓的綜合掌握，就可以成為簡單明瞭的基準和參考。活動範圍橫跨歐亞大陸東西方的蒙古究竟在哪裡、遭遇多大程度的苦戰？這才是比較「文明」時應有的觀點。

## ◎西征的真正目的

蒙古軍在抵達伕拉迪米爾之後，不費吹灰之力地只花五日就擊破羅斯最強的大城市。這就是現實。之後，蒙古軍分為多個部隊散開，每個小隊快速攻陷各城市，猶如暴風一般席捲羅斯。捨棄伕拉迪米爾逃走的尤里大公於一二三八年三月，在西蒂河遭到蒙古的其中一支部隊俘虜，總數一萬人的大公軍隊瞬間瓦解。若單看事實，不得不說羅斯軍脆弱不堪。

然而，俄羅斯的史家們卻毫無根據地說蒙古軍陷入了苦戰，且認為既有所謂的「席捲」，便表示軍隊有一定程度的消耗、損失、戰力下降；另外還有人說，拔都大軍入侵當時共有七萬人，在這個時候損失了三萬至三萬五千人。這些數字都不過是單純的推測，只是，包括「席捲」的意思在內，事實真的是如此嗎？

在身為大公、又是羅斯全體代表和關鍵人物的尤里戰死之後，拔都旗下的蒙古軍從東北羅斯大舉轉往南邊，進入欽察大草原。直到一二四〇年秋天為止的二年半之間，幾乎沒有再入侵羅斯。俄羅斯的史學家提出這是蒙古軍企圖從損耗和戰傷中恢復，並著眼在蒙古軍是趁這段時間休養生息的看法。但無論是哪一種意見，都是以羅斯為中心的思考，屬於定居民的觀點。然而事實卻完全不同。

蒙古軍不但沒有休養生息，反而在高加索方面至克里米亞一帶的廣大平原，對遊牧民的各勢力展開大規模軍事活動。屬於大族的欽察系各集團就不用說，蒙古軍也依序制伏靠近黑海的切爾克斯族和克里木族；之後又繼續前往高加索山脈北麓進攻阿速族的大本營，攻陷其據點蔑怯思城，掌握屬於南北交通要衝的傑爾賓特一帶，簡直是一刻都不得閒。經過這一連串的攻擊，欽察草原幾乎完全落入蒙古之手。這才是蒙古西征真正的目的。

換個角度來看，關於東北羅斯，蒙古在從最初攻下的不里阿耳方面開始展開攻勢時，為了讓接下來的欽察草原作戰計畫沒有「後顧之憂」，所以才會擺出威嚇的態度快速通過。也就是說，「席捲」原本就是計畫中的行動。而「入侵」東北羅斯，則是順勢而為。此外，蒙古軍明顯早已知曉羅斯諸城市沒有做好真正攻城戰的準備，輕易就可以攻下。會這麼說是因為，如果羅斯諸城市非常強大，那麼蒙古必會帶上各種攻城的工具和負責攻城的工兵隊。

蒙古軍對華北方面，在成吉思汗的時代就展開大規模攻擊，由此知道攻城不是一件容易的事，因此在中亞作戰時便活用當時的經驗，善用攻城部隊。此外，在進攻西夏和窩闊台時代打倒大金國的作戰當中，反而應用了在中亞和伊朗地區學到的各種兵器、攻城工具以及攻城戰術。西征的時候，蒙古軍已經大致學會東西雙方的軍事技術。再加上前面提及的，蒙古在遠征之前都會對敵方展開周全的調查、策反、偵查。因此針對羅斯，蒙古有十足的時間和國力可以做好萬全準備。

總之蒙古判斷對付羅斯，不需要使用特殊的攻城用具或攻城部隊。實際上，僅靠騎兵部隊就能輕易攻下羅斯諸城市。幾乎都是土壘或木寨建成的簡陋建築，只要一把火就可以燒得精光。首先可以確定的是，羅斯對於蒙古而言魅力不大，它的土壤貧瘠、人口稀少，財富和經濟能力也不及華北、唐兀地方、畏吾兒斯坦、河中地區、呼羅珊、伊朗本土等地。蒙古對於羅斯，一直滿足於非常寬鬆的間接統治。因為羅斯的重要性僅止如此，所以這樣的治理方式就已經綽綽有餘。

## ◎俄羅斯「愛國主義」的創作

俄羅斯史學家們的愛國主義非常激進。主要都只關注俄羅斯，不考慮其他要素、狀況、資料。老實說，稍嫌缺乏歷史意識。因此，他們的主張很多都不適當且欠缺說服力。

其根本問題在於囫圇吞棗似地盡信後世的俄羅斯編年史，且以此為史料根據所造成的結果。最近，栗生澤猛夫滿腹誠意的著作從正面分析了這個問題。如同他的分析所示，關於十三世紀當時的羅斯編年史只留下極少數的記載，且幾乎沒有提及蒙古的破壞和屠殺。然而，隨著時代演進，羅斯的受害程度卻變得愈來愈「嚴重」，蒙古也大幅變身成天神派遣的惡魔。這樣的作法有其意義，因為俄羅斯一方要這麼做才高興。

這些都是以希臘正教和俄羅斯沙皇主義之名而有的創作，把這些有問題的東西當成基礎史料，敘說羅斯的不幸和蒙古的惡逆已逐漸成為常態。蒙古被認為是導致俄羅斯「落後」的罪魁禍首，將俄羅斯從災難之中拯救出來的是沙皇之後的掌權者和宗教者，他們則是神聖的存在。對於俄羅斯民眾而言，蒙古自始至終都是惡魔，成為了掌權者正當化自己權力的毒品。

這與客觀的歷史樣貌相距甚遠。知識的虛構既是歷史的虛構，也是展現政治權力的大戲。自俄羅斯帝國以來，歷經蘇聯，直到現在為止，蒙古是俄羅斯點燃愛國之心最方便的手段之一。

## ◎萊格尼察戰役的真相為何？

總而言之，蒙古與俄羅斯兩方的觀點和感受完全不同。允許我再度重複，對於蒙古軍而言，比起羅斯，遊牧民集團還比較可怕，且更有吸引力。

另外還有一點，那就是關於羅斯的攻擊。蒙古西征軍最頭痛的是欽察諸族，他們與羅斯諸侯自古以來可說是共生關係，促使蒙古軍極力想要切斷這層關係。長久以來四分五裂的各個羅斯諸侯國單獨擁有的軍事力量薄弱，一有什麼事情，只能依賴住在草原的遊牧民，相互保障彼此的安全，因此產生了傭兵與雇主的模式——這與花剌子模王國和康里欽察人的關係類似——前述一二二三年的迦勒迦河之戰就是最典型的例子。

當時主導欽察與羅斯聯軍的闊天汗，十六年後又以關鍵人的身分登場。在多數欽察族都被編入蒙古軍時，只有闊天汗頑強抵抗，率領四萬帳的龐大集團前往西方的匈牙利。為了追趕闊天汗，蒙古軍於是朝向西南羅斯前進，這便是「俄羅斯・東歐遠征」的由來。

其實稍早之前，在同一年的一二三九年，蒙古軍營裡發生了一件大事。窩闊台的長子貴由、察合台家的不里，與主將拔都不和，消息傳回哈剌和林後，窩闊台大可汗震怒，下令召回二人，同時要求拖雷家的蒙哥護送二人返回。在最初占有欽察草原的目的幾乎達成的這個時候，蒙古西征軍被迫站在關鍵的十字路口。

結果，可說是第二主將的蒙哥隨著拖雷家的大部隊東返，導致除了察合台家的貝達兒、窩闊台家的合丹等庶子之外，拔都麾下只剩朮赤家的人。「純蒙古」的將兵在此數量減半。繼續留在欽察草原的拔都，在他面前有兩條路，一條是穩固西征的成果，另一條則是西進追擊闊天汗。

因此，一二四〇年發起的軍事行動事實上是以朮赤家為主體，經過重新編制、由多種族混成的「新蒙古」騎馬軍團。從羅斯的故鄉基輔開始，席捲西南羅斯的拔都軍，越過喀爾巴阡山脈向匈牙利前進。一二四一年四月十一日，在紹約河畔擊敗由貝拉四世所率領、當時歐洲一流強國匈牙利的大軍。拔都大軍直接駐紮在匈牙利潘諾尼亞平原，一方面派遣一支小隊往日耳曼和亞得里亞海方面前進，一方面也靜觀情勢變化。一二四二年三月，拔都得到皇帝窩闊台駕崩的消息和西征軍返還的命令，於是慢慢折返。無所得也無所失，拔都在沒有損兵折將的情況下完美退兵。

拔都最後並沒有返回蒙古本土，他將帳幕的大本營設在伏爾加河下游靠近裏海一帶，與朮赤家瓜分東起阿爾泰山、西至多瑙河口的廣大領域。朮赤兀魯思一直都是以草原為根據地的牧民複合體，包括錫爾河下游的占的與養吉干在內，花剌子模地方、傑爾賓特、克里米亞，以及東北和西南羅斯地方，都不過是在間接統治之下的屬地，總之並沒有特別重視羅斯。

回顧其過程，蒙古軍在攻打西南羅斯的弗拉基米爾—沃倫斯基之後，拔都主力軍分出一小隊前進波蘭。一二四一年四月九日，被認為在萊格尼察（Legnica）平原擊敗由西利西亞公爵亨利二世所率領的波蘭和條頓騎士團聯軍。包括主將亨利二世在內，有人說聯軍共有數千至數萬人戰死，而蒙古軍也損失慘重。另外，德語將這場戰役稱作「死屍城之戰」（Schlacht bei Wahlstatt），會這樣稱呼是因為這裡之後建造的城鎮（statt）中發現了許多屍體（wahl）。總而言之，西洋史學家誇大說這是留名世界史的大事件已成了慣例。

然而，這場戰役有許多地方令人存疑。首先，原本找不到同時代記錄此役的像樣文獻，到了十五世紀卻突然受到大肆宣揚，這件事本身就非常不自然。再加上當時的波蘭沒有統一，亨利二世的力量也很薄弱，雖說是與條頓騎士團聯軍，但條頓騎士團至多也就動員了一百人左右。幸好目前已經大致可以判斷出騎士團的具體成員，只是在這場戰役前後，成員並沒有特別的變化。

不過還有一點，作為羅馬教皇依諾增爵四世（Innocentius IV）的使節造訪蒙古本土的柏朗嘉賓（Giovanni da Pian del Carpine），在往返的時候經過東歐和羅斯，留下了著名的記錄《柏朗嘉賓蒙古行記》。然而，原本應該是記錄一二四五到四六年間見聞的報告書，當中卻有許多的謊言、造假、誇大，有時甚至若無其事地記錄怪物的真實存在等等，實在很難令人信服，且關於萊格尼察戰役的記錄也是如此。

## ◎德國創造的「歷史幻影」

另一方面，從蒙古的角度來看又是如何的呢？在波蘭的記錄中，將蒙古部隊的主將寫作是名為「Péta」的王，被認為指的是察合台家的貝達兒；同記錄中也記載到，這支軍隊的數量遠超過波德聯軍。然而，就算貝達兒的確有留在拔都麾下，但貝達兒只是察合台的庶子，直屬於他的蒙古兵至多最多一個千人隊，就算重新編制的欽察族也由他統帥，究竟能有多大規模呢？

根據俄羅斯的記錄，拔都西征軍的整體規模約四十萬或五十萬，學者的意見則是三萬至十五萬不等。然而同時期，貴由正在與南宋作戰，皇帝窩闊台的宮廷、政府、中央軍隊都還留在蒙古本土；東方三王家的中心斡赤斤和鎮守天山方面的察合台之下，也有相當多的軍隊；伊朗方面，最少也派遣了二萬的部隊駐守。

回頭看《史集》當中記述，在成吉思汗死去的時候，蒙古軍共有一百二十九個千人隊。雖然不可能計算出正確的數字，但想必拔都開始西征的時候，能領兵三萬就已經算多了。因此一二四〇年以後概算大約是開始時的一半，但還加了新編入的「新蒙古軍」，推測這些新蒙古軍大多數歸屬在前進匈牙利的拔都本隊。由或許是貝達兒的其他將領所率的軍隊，最多就是一支游擊部隊。如果是這樣的話，就算真的曾經發生過萊格尼察戰役，也只是一場很小的戰爭。

然而，這樣的議論也是枉然。因為也有記錄記述到亨利二世帶著家族和親信二十人在前往避難的途中，遭到數名蒙古軍襲擊，因此喪命。也就是說，萊格尼察戰役本身有如五里霧一般讓人摸不清。問題因此出在後世。

在所謂的近世、現代，亨利二世成為無論是對波蘭或德國而言都非常重要的人物。從波羅的海的條頓騎士團領地開始，經過普魯士前身布蘭登堡的形成和發展等，波蘭和德國有著複雜的利害交葛。據說曾指揮波蘭和日耳曼聯軍的亨利二世，既是波蘭統合的象徵，也可以是德國併吞波蘭的象徵。從德國將可說是一切源頭的萊格尼察戰役改稱為「死屍城之戰」開始，就可以察覺其荒謬性。不得不說，對此荒謬而無所聞問的歷史家們究竟在想什麼？

日後，吞併波蘭的希特勒將沒有頭顱的亨利二世遺骸運到柏林。最終希特勒在柏林迎來末日之時，也與亨利二世的遺骸一起在世界上消失。此二人可謂是命途多舛。世界史上大書特書的「死屍城之戰」，是德國擴張主義所創造出的歷史幻影。

從真正客觀的事實來看，拔都與貝拉四世激戰的紹約河之役才有意義。貝拉四世在拔都撤退之後，仿效蒙古，鞏固國家體制。然而，他納入的欽察遊牧民成了四處作亂的流亡集團，宛如巨大的負面遺產。

## ◎亞歷山大・涅夫斯基和韃靼枷鎖

說到俄羅斯史上的英雄，根據時間順序，首先是亞歷山大・涅夫斯基，接下來是伊凡四世（雷帝），然後是彼得大帝。對於羅斯或俄羅斯而言，他們扭轉時代和局勢，並開創了新時代。若談到與蒙古的關聯，前二人分別代表的是「起始」與「逆轉」，意義重大。

亞歷山大・雅羅斯拉維奇・涅夫斯基（Alexander Nevsky）被認為不僅保護羅斯免於受到德國、瑞典、立陶宛等西方的威脅，在遭遇蒙古到來和統治的苦難之時，以伏拉迪米爾大公爵（一二五二年～一二六三年）的身分統整羅斯諸侯，透過巧妙的交涉和手段，與拔都之下的朮赤兀魯思維持穩定的關係，因此沒有發生毀滅性的事態。包括他死後不久編纂完成的《亞歷山大・涅夫斯基傳》在內，從過去到現在，一直都被當成神聖的英雄而受人景仰。然而，他實際的樣子卻充滿矛盾。在蒙古與俄羅斯之間相互發生關係的「起始」，不僅拔都和蒙古，羅斯諸侯也大多受到後世謾罵和責難，只有他備受讚美，這一點可說是非常奇妙。

不僅在俄羅斯，關於亞歷山大・涅夫斯基的著作和論述非常多，在此只是最低限度的介紹。他的名字是為了紀念一二四〇年擔任大諾夫哥羅德公爵時，於涅瓦河擊敗瑞典軍而來。

代表「涅瓦的」（形容詞）之意的「涅夫斯基」成為了他的武勳和榮光。但是必須一起考慮的是，當時拔都軍正在席捲西南羅斯。

接下來在一二四二年，亞歷山大·涅夫斯基在凍結的楚德湖上擊退條頓騎士團。這兩場戰役讓他成為羅斯的救國英雄，受人歌頌。之後，他在伊凡四世的時候列聖；在史達林統治時期，由於亞歷山大·涅夫斯基曾擊敗德國，因此導演將他與同名的亞歷山大大帝相提並論，並製作相關電影。人們對他的一般印象是：神聖的亞歷山大·涅夫斯基意識到來自東方的蒙古擁有壓倒性的力量，難以對抗，為了俄羅斯偉大的將來，於是犧牲自己、投降蒙古，避免無意義的流血和荒廢。當然，這更接近於美麗的傳說。

另一方面，人們也認為，自拔都到來以後，羅斯不僅受到巨大破壞和流血的風暴襲擊，之後也一直被野蠻的蒙古榨乾血液，徹底乾涸。羅斯被套上「枷鎖」，受到控制，而有如寄生蟲一般的蒙古自以為是主人。這樣的關係和形象非常容易理解，亦即所謂的「韃靼枷鎖」。

這是在俄羅斯帝國時代所創作出來的故事，為的是正當化自己的政權。亞歷山大·涅夫斯基神話和「韃靼枷鎖」怎麼看都相互矛盾，理所當然似地強調這兩種主張當然是一件奇怪的事，但若將其視為童話或傳說，那也就不須計較。想要認真探討這方面的問題想必非常困難。

事實上，兩種說法都不正確。首先，讓亞歷山大・涅夫斯基建立名聲的兩場戰役實際上都是若有似無的小衝突。此外，亞歷山大・涅夫斯基其實是借蒙古之力驅逐叔父和弟弟，才得到大公爵位。借用英國的俄羅斯史學家約翰・芬內爾的話，「所謂的『韃靼枷鎖』並非始於拔都入侵俄羅斯，反而是從亞歷山大背叛自己的兄弟（一二五二年）開始」。筆者也非常贊同這樣的看法。

其實亞歷山大・涅夫斯基是在任何時代、地區都經常可以見到的野心家，屬於會因應現實發展的類型，因此可說是身段柔軟的政治家。對手是拔都這件事對他來說想必也是幸運的，因為拔都不僅實力在全蒙古帝國數一數二，且具備決斷能力，很容易把事情談妥。

## ◎黃金斡魯朵和莫斯科的抬頭

在朮赤兀魯思這個巨大的複合體之中，直接與羅斯地方相關的是繼承拔都血脈的「拔都兀魯思」。以蒙古的結構來說，朮赤一門屬於「右翼」。隨季節在伏爾加河南北移動的拔都家宮帳群，以黃金刺繡裝飾的大宮帳為中心，被強迫隨侍在側的羅斯諸侯們稱作「Zolotaya Orda」，也就是俄羅斯語「黃金斡魯朵」的意思。英語的「Golden Horde」與日語的「金帳汗國」——也就是拔都兀魯思之意——都是源自於此。

拔都西征之後，四散在羅斯各地擁有中小規模實力的人們，不得不視在裏海至黑海北岸一帶過著遊牧生活的拔都兀魯思為主人。北羅斯位於雨水多但土壤貧瘠的森林地帶，而蒙古則占據了雨水少但覆蓋肥沃黑土的南方草原地帶。欠缺整合、連結，充其量不過是幾個弱小勢力結合的羅斯，只能臣屬於一旦有事、富有機動性的遊牧戰士立刻就能夠以萬為單位集結和動員的拔都兀魯思。然而，也因為朮赤兀魯思的關係，羅斯不再受到來自西方的攻擊。另外，羅斯也充分受惠於蒙古帝國建立的巨大東西南北交通和通商網絡，甚至羅斯境內的「內戰」基本上也不復見。

這樣的關係維持了很長一段時間。羅斯諸侯被賦予從各自的領地納貢的義務，反過來說，藉由納貢，蒙古確保他們各自的統治權。一方用東西交換穩固的地位，另一方幾乎沒有行使權力僅接受納貢，形成了如此相互扶持的穩定結構。

羅斯各地駐有突厥語稱作「basqāq」的長官或是監視員，被認為經常做一些違法行為，因此責難和怨恨的矛頭全都指向basqāq。然而，蒙古語稱作「達魯花赤」、波斯語稱作「shahna」的官職，常設於蒙古統治下的定居地區。雖然一開始也有些衝突，但很快就穩定下來。當時羅斯雖被課予所得十分之一的稅，但其他地區也有相同的制度，卻不如羅斯這般大聲抗議。

蒙古的統治無論在哪個地區，基本上都很寬鬆，稅率也比其他時代低。人們擁有信教的自由，又或者說蒙古最大的特徵正是「約束少」。即使是蒙古治下的羅斯，宗教也完全自由，但是俄羅斯的史學家卻沒有提到這一點。因為關於羅斯的記錄幾乎都是後世寫下的，因此傾向誇張，且多以受害者的口吻記述。

其中一個重點是匯集羅斯諸侯的徵稅和納貢，並送交給蒙古的人物。從一開始，擔任這個角色的人便是亞歷山大・涅夫斯基。他成為羅斯諸侯的代表，巧妙地與蒙古周旋，控制羅斯地區。他是一個擁有兩副面孔的人。之後繼承亞歷山大・涅夫斯基操作模式的正是莫斯科。

原本不過是東北羅斯一個不起眼地方的莫斯科，因為接下了負責幫蒙古徵稅、納貢的工作才逐漸抬頭。也就是說，莫斯科一直以來自願成為蒙古的代理人，其興起可說是拜蒙古所賜。但就算如此，莫斯科也是經過了漫長的歲月才慢慢興起。雖然計算的方式各有不同，但總而言之，蒙古與羅斯大約共存了兩百數十年，蒙古的統治已經轉化成為了一種系統架構。

構成蒙古世界帝國的四個兀魯思當中，朮赤兀魯思最長命，雖逐漸鬆弛而慢慢解體，但依舊存續了很長一段時間。作為亞歷山大・涅夫斯基的繼承人，成為蒙古夥伴的莫斯科，是在十六世紀中伊凡雷帝在位時才反擊蒙古，正式邁向新的階段。至於歐亞國家的崛起和關係的逆轉，還要很久之後才會發生。

# 第五章
# 蒙古與中東

蒙古軍進攻巴格達　伊朗的細密畫。

## 未完的中東作戰

### ◎西征的目的何在

一二四一年第二代大汗窩闊台死去後，蒙古的帝位竟然由貴由繼承——在欽察草原，他因與拔都不合而被召回蒙古本土，反而是一種幸運。事實上，關於窩闊台的驟逝和察合台的病死，皆很有可能是遭到毒殺，下手的人也許是在窩闊台身邊卻懷才不遇的耶律楚材。只是，在背後唆使的人則很有可能是帝國東方的掌權者斡赤斤或貴由的母后脫列哥那。

無論如何，在窩闊台死去之後，不過是第六可敦（皇后）的脫列哥那掌握了遊牧宮廷大斡魯朵的實權。從記錄當中我們無從得知大可敦孛剌合真之下其他后妃的動靜——這很明顯是有人刻意為之。脫列哥那花了很長的時間運作，才好不容易獲得多數派支持。然而窩闊台的第二子闊端反對貴由即位，他是在貴由的弟弟闊出死後接受「東宮皇太子之寶」的舊唐兀（西夏）領的主人，不過因為他疾病纏身，無法阻止貴由即位。於是，在窩闊台駕崩後四年八個月的一二四六年八月，貴由即位成為第三代大汗。

然而，貴由的政權非常短命。貴由敵視拔都，二人原本就不合，拔都又因為西征成功而成為全蒙古帝國屈指可數的掌權者，被貴由視為大汗權力的阻礙。貴由在對外表明將遠征中東後，於隔年八月派遣老將燕只吉台前往伊朗地區，同時，又宣稱翌年春天要回到自己在西方的舊領地，即葉密立和霍博之地。相對於此，拔都也從伏爾加河畔的大本營出發，率大軍向東前進。將蒙古帝國一分為二的東西決戰迫在眉睫。不過，事情卻突然間有了轉機。一二四八年四月，貴由在中亞的橫相乙兒之地猝死，被認為是遭到拔都派出的刺客所殺。

局面急速轉變。結果，一二五一年，在拔都強力的後援之下，拖雷家的總帥蒙哥即位成為第四代大汗。新皇帝蒙哥一方面鎮壓窩闊台和察合台的反對派，另一方面派遣小七歲的二弟忽必烈前往南宋等所在的東方，又派遣小九歲的三弟旭烈兀西征伊朗，更命令么弟阿里不哥統領廣大的拖雷家領地。做好所有配置後，自己則在此之上俯瞰整個帝國和世界。蒙哥兄弟的政權因為與拔都率領的朮赤兀魯思有密切的信賴關係，以強大的配置派出遠征軍隊，可謂正是志費尼所說的「Pādshāh Jahān」，也就是世界的帝王。

這是蒙古第二次展開東西兩面作戰。第一次在窩闊台的時候首度有了「世界」的意識，而這次的作戰明顯是企圖征服世界。負責東征的忽必烈借鏡貴由的失敗，採取了非常慎重的方針。他在帝國左翼的東方三王家和五投下的協助之下，不直接攻擊南宋，而是先進攻雲南和大理，做好長期戰的準備。然而此舉引起意氣風發的兄長蒙哥的不信任。兩人在經過對立之後，換成皇帝蒙哥親征，但最終蒙哥卻意外身亡。忽必烈反而在帝國紛亂之中浮上檯面。

另一方面，以旭烈兀為主將的西征則有帝國右翼勢力的協助。只是他們的目的地究竟是哪裡呢？過去的拔都西征被稱作「俄羅斯．東歐遠征」，此稱呼乃是包含誤解在內的結果論，而旭烈兀的西征則有人說是為了壓制伊朗，或是為了消滅巴格達的阿拔斯王朝，甚至是掌控至埃及為止的中東。這些也都是結果論。至少自窩闊台時代起便已派遣綽兒馬罕到伊朗和安那托利亞一帶，之後又派遣拜住率領被稱作探馬軍（或稱探馬赤軍）的駐屯軍，威攝伊朗、乃至全中東。更不用說旭烈兀兀魯思這個「新國家」樹立的原因，也不過是將偶然產生的情勢如實維持住的結果。

旭烈兀　伊朗的細密畫。手握弓和鞭飲酒的名將風采。大英博物館藏。

蒙哥確實將眼光放諸中東以西的地區，旭烈兀西征軍的最終目的實際上是埃及以西之地，換句話說就是要壓制歐洲。蒙哥的構想是藉由東邊的忽必烈和西邊的旭烈兀，達到名副其實的征服世界。這時，拔都的朮赤兀魯思軍隊原本應該要根據情況發展，呼應旭烈兀的西進，但他卻沒有這麼做。

雖然以結果來說，並沒有出現征服世界的局面。然而考慮到當時蒙古帝國和世界的情勢，以及蒙哥政權設想周到的安排，不得不做如此推測。如果當初的構想得以實現，不知道之後的世界會變得如何？

## ◎伊斯瑪儀教團的消滅

一二五三年，旭烈兀率領著從蒙古各部族的軍隊當中選出的新軍團，從蒙古高原出發，這個新軍團可說是蒙古聯盟的縮小版。

旭烈兀進軍的速度異常之慢，大軍應該是先通過窩闊台諸系的領地，接著又過境天山、伊犁溪谷的察合台家根據地阿力麻里，接收他們提供的士兵。此外，朮赤家的援軍也前來會合，陣容逐漸變大，軍備、軍糧等逐漸準備妥當。在一二五五年十一月，遠征軍於河中地區的竭石受到伊朗總督阿魯渾的迎接。旭烈兀進軍緩慢的原因大約有二，一則是需要在路上確認剛遭到蒙哥打壓的窩闊台家和察合台家的動向和忠誠，另外也是以鞏固中亞地區的安定為首要目的。這件事想必是與兄長蒙哥商議的結果。

在渡過阿姆河之前，旭烈兀向即將進軍的伊朗、亞塞拜然、格魯吉亞、安那托利亞等地的掌權者大聲呼籲，要求他們表態，是要當蒙古的「亞基」（yaghi，即敵人），或是「伊利」（il，即夥伴）。如果是後者，則對蒙古提供協助、兵力和補給。結果，除了伊斯瑪儀教團王國之外，其他幾乎所有勢力都歸順蒙古，各地的首長陸續來到旭烈兀的陣營。就

旭烈兀西征

這樣，自遠征之初，旭烈兀充分發揮了自始祖成吉思汗以來蒙古擅長的事前調查和疏通，以厲害的手腕和沉著冷靜的態度，站穩腳跟，做好必勝的萬全準備。

眼前的敵人只剩下伊斯瑪儀教團。伊斯瑪儀教團原本是伊斯蘭什葉派的分支，十世紀於北非建立法提瑪王朝。當中尼札爾派的領袖哈桑．沙巴，以十一世紀末於伊朗北部建立的阿拉穆特城堡為根據地，將教派的勢力擴展至東起阿富汗、西至敘利亞一帶。這個教派被認為是擅長以暗殺的方式打倒政敵，連「十字軍」也聞風喪膽。據說他們使用「ḥašīš」（大麻）進行暗殺，因此這個字成為「assassin」（暗殺者）的語源。雖然這種暗殺方式給人手段陰險的印象，但隨著教團在各地建築山城，廣受伊朗民眾的支持，形成了實質上的宗教王國。

一二五六年一月一日，選擇這個象徵性的吉日，旭烈兀西征軍渡過阿姆河進入伊朗。自古代波斯以來的觀念，以阿姆河為界，北邊和東邊屬於異族「圖蘭」的勢力範圍，南邊和西邊，至埃及為止，則屬於文明之地「伊朗札米」（Īrān-zamīn）。

一切都按照計畫進行。完美的準備和安排、讓對手焦躁不安的進軍方式帶來有形和無形的壓力，竟然引發意想不到的反應：一二五五年十二月，敵人伊斯瑪儀教團發生政變，第七代教主穆罕默德三世遭到親信殺害。政變發生在旭烈兀為了消滅伊斯瑪儀教團而準備發動總攻擊之際，故被認為是穆罕默德之子魯克丁．胡爾夏為選擇與蒙古和平共處、以求生存而暗殺父親。

在胡爾夏帶領之下，伊斯瑪儀教團反蒙古的態度變得軟化。胡爾夏經由交涉一點一點地提出條件，藉此迴避蒙古銳利的攻勢。而旭烈兀雖然表面交涉，實則步步進逼，縮小包圍網。無論是誰都知道，伊斯瑪儀教團堅固的山城以鎖鏈狀的形式散開分布，想要一個一個地攻下非常困難。

最終，伊斯瑪儀教團的大本營阿拉穆特遭到完全封鎖，原本固守各個山城不出的教團，其凝聚力逐漸瓦解。胡爾夏等待的雪沒有降下，一二五六年十一月十九日，他居住的城堡麥孟地茲打開城門。在胡爾夏的呼籲之下，諸城陸續開城，遭到破壞。這個以伊朗為中心、一百六十六年來令中東和「十字軍」聞風喪膽的最強勢力不到一年就被消滅，而蒙古軍幾乎無損。此後，蒙古軍的名聲伴隨著人們的恐懼一同傳開。

胡爾夏故事的尾聲是：他千里迢迢前往蒙古哈剌和林的宮廷，請求晉見，但蒙哥因惱怒於教團過去曾威脅自己的性命而拒見；胡爾夏在歸途中遭到殺害。順道一提，在印度次大陸等地現在依舊有許多伊斯瑪儀派的信徒。尤其是阿迦汗四世（Aga Khan IV），他既是精神上的領袖，同時又展開各種國際活動，據說是被蒙古消滅的教主的後裔。

## ◎巴格達開城

旭烈兀在處理完戰後事宜和軍隊休整結束後，再度重整陣勢向西前進，從哈馬丹的市鎮一口氣進攻至巴格達，並於一二五八年配置隊形，從北方包圍巴格達。蒙古的調查和事前運作做得非常徹底，沒有人可以救援遭到包圍的巴格達阿拔斯王朝的哈里發政權。就算如此，旭烈兀仍非常謹慎，他以交涉和計謀，進一步對哈里發陣營進行策反和分化工作，盡量避免讓自家軍隊流血。

旭烈兀反間計的成果，是阿拔斯王朝的第三十七代哈里發穆斯台綏木的政權內部發生了分裂。宰相是什葉派的人物，知道不可能以武力抗戰，但想要說服自認為是所有「信徒之首」而異常自信的哈里發投降，也相當困難，他於是反過來減少守衛兵。因此巴格達開城後，這名宰相再度被任命就職。

哈里發仰賴的是聚集在中東各地的地痞流氓，這些人在阿拉伯語中稱作「惡棍」（lūṭī）或「無賴」（'ayyār），波斯語稱作「年輕男子」（javân mard，因意指年輕男性、有男子氣概的人，稱為任俠），雖然很有威嚇的架式，但沒有作戰的實力。無法發動攻擊、單方面受到蒙古壓迫卻又無計可施的哈里發於一二五八年二月無血開城。投降之後，有人說他與財寶一起被幽禁在高塔內活活餓死，也有人說他遭到蒙古處刑貴族時採用的方法，亦即包在絨毯當中被馬踩踏而亡。

歷經三十七代、總計五百年的阿拔斯王朝在此落幕。哈里發一族逃往埃及，不久後，蘇丹拜巴爾（Baibars）被馬木留克王朝擁立為正統哈里發。然而，這位哈里發雖然有助於合理化馬木留克王朝的正當性，但除了德里蘇丹國等少部分政權之外，都不承認。並非所有人都因阿拔斯王朝的消滅而感到悲傷。因此而高興的不僅是什葉派穆斯林和基督教徒，遜尼派社會也接受「沒有哈里發」的狀態。

巴格達開城之後，據說蒙古進行了掠奪和屠殺。根據某個伊朗的歷史記錄者所言，死者高達八十萬人。然而，就算是阿拔斯王朝的全盛期，巴格達的人口至多也只有五十萬左右。另外，經常被引用的是旭烈兀自己於一二六二年寫給法蘭西國王路易九世的書簡，當中記述二十萬人遭到殺害。只是很難想像當時會有這麼多的人口，這反而很有可能是蒙古慣用的散布恐慌的伎倆。

實際情況應該與十八年後的一二七六年，南宋首都杭州無血開城時相同，蒙古軍基本上沒有進入城內。旭烈兀將巴格達市街和城堡交給基督教徒管理，所謂的掠奪和屠殺，幾乎都是上述的「惡棍」們和聶思脫里派基督教徒所為——巴格達事實上也是聶思脫里派基督教卡托利科斯（Catholicos，大牧首）的法座所在。

## ◎仔細調查的蒙古與不調查的美國

在旭烈兀進攻巴格達後約七百五十年，發生了由美國主導的伊拉克戰爭，特別是在美軍控制了巴格達之後，城內的掠奪還持續了一段時間。這正可說是「惡棍」們的行徑。說實話，某些狀況與蒙古時代沒有太大的不同。

美國用盡全力想要控制巴格達和伊拉克，然而不可否認的事實是，伊拉克地區既擁有如巴格達這般近代化的都市社會，但另一方面，自「中世紀」起以部族為單位的生活結構也依舊強大。對在巴格達等地的現代都市居民而言，工作是一件非常重要的事；而在地方社會，則需要熟知部族運作的原理。

在中東許多地區，最大的問題在於貧富差距。伊斯蘭本身是在猶太教、基督教的脈絡之下誕生的社群綜合體，與其說是宗教，不如說更接近生活體系。也就是說，伊斯蘭其實相當平凡，不會因為教義的不同而產生對立，因組織或團體的利害、利權而產生的對立與矛盾，才是發生衝突的根本原因。

美國人應該再深入調查與了解伊斯蘭、伊拉克與中東地區的傳統和文明。自古以來就是中東區域核心的巴格達，既是波斯語所說的「神」（bagh）所「授予」（dād）之地，也是阿拉伯語所說的「平安之都」（Madīna al-Salām），美國若能確實鞏固這個地方，使其成為當地居民嘗到現代生活優點的範例，那麼狀況將會徹底改變吧。然而，美國為自己創造了「工作」，卻沒有為伊拉克人創造工作。另外在當地，尊重部族社會的傳統，進行間接統治，才是現實中最適當的、不具強迫性的方式。

換個角度來看，在蒙古的統治之下導致巴格達沒落的這種說法，完全是虛構。之後旭烈兀兀魯思成立的時候，巴格達一直都是其境內稅收最豐沛的重要城市。蒙古對巴格達和伊拉克的統治，基本上也都是貫徹間接統治。仔細調查的蒙古與不調查的美國，兩者的差別讓人不由得想到歷史帶給我們的智慧。

從旭烈兀西征時的伊斯瑪儀教團作戰和巴格達包圍戰可以看出，蒙古軍本身的損傷很小，就連伊朗和伊拉克地區也極少發生流血衝突。簡言之，蒙古其實並沒有那麼強大，他們自己也深知這一點。但另一方面，美國擁有人類史上突出的軍事力量，也因此充滿自信。其實就是這麼一回事：我們大致可概括成交戰的美國與不交戰的蒙古。

## ◎大可汗蒙哥的猝逝

旭烈兀麾下的蒙古軍暫時北上西北伊朗的亞塞拜然高原，讓將兵休息，牧養軍馬。亞塞拜然的乾燥高原上，擁有大小湖泊和清冽的河川，覆蓋著與蒙古高原和天山一帶相似的綠草，是一片絕好的休養之地，也是掌控歐亞大陸四方的要衝之地。當年抵抗成吉思汗西征的花剌子模王國的繼承人札蘭丁，就以此為根據地，夢想重建國家，旭烈兀的行動也可明顯看出這個企圖，構想著藉由掌握此地來經營中東。

在經過休整之後，幾乎沒有損耗的蒙古西征軍以全新的陣容再次南下，旭烈兀大舉進入了伊朗札米地區，其軍團在中東已被視為所向無敵。奇里乞亞亞美尼亞的基督教軍團、中東各地的穆斯林勢力等等，不論人種、信仰、出身，都加入旭烈兀的旗下，構成「多種族部隊」。此刻，旭烈兀指揮的大軍正向現在的敘利亞、即當時的沙姆前進。在他的眼中，已經可以看到遠大的將來。

然而無論是在哪一個時代，現實中總是會發生一些不可思議的事。此時旭烈兀出乎意料地聽到大可汗蒙哥猝逝的消息。

時間是西元一二六〇年，這是世界史轉變的一年。面對壓倒性優勢的旭烈兀大軍，留在敘利亞的阿尤布王朝的庫爾德人政權，近乎無力抵抗。大馬士革（阿拉伯語稱為Dimashq）的君主安．納昔爾．優素福（An-Nasir Yusuf）勉強出擊，但一出戰就遭到俘虜。以鐵壁般的城牆聞名的阿勒坡（Halab）、以及位於敘利亞中心的大馬士革，相繼在二月與四月淪陷。

看見這樣的情勢，位在安提阿和的黎波里（Ṭarābulus）微弱的「十字軍」勢力急忙加入蒙古軍。他們被逐出了教會，但此刻已經沒有餘力顧及和蒙古軍的宗教差異。相反地，蒙古不執著於宗教，只要出兵表示忠誠便已足夠。

關於旭烈兀率蒙古軍和同盟軍進入大馬士革城的著名場面，歐美具代表性的蒙古帝國史研究學者大衛．摩根（Morgan David）特別注意到有三位基督教徒擔任前導。三人分別是安提阿的博希蒙德、奇里乞亞亞美尼亞的海屯，以及信仰聶思脫里派的旭烈兀的先鋒部隊長、出身乃蠻族的怯的不花（阿拉伯語稱為 Kitbuqa）。這個畫面，看起來彷彿是在基督教的誕生之地，迎來了基督教的新時代。在「十字軍」陣營以及歐洲方面，無論是當時或後世，都有一種對蒙古抱持期待的論點、或者是與蒙古同盟論，認為這是收復聖地和消滅伊斯蘭的天賜良機。

從伊斯蘭的角度來看，自十一世紀以來，名為「十字軍」的法蘭克族不斷入侵。然而，無論是哪一方都欠缺最後的臨門一腳，東地中海沿岸一帶陷入奇妙的共存狀態。此時，出現了併吞、推倒一切的巨大力量，不僅擁有壓倒性的軍事力量和組織能力，還有不執著於宗教的政治權力，這些都是前所未見，似乎一下子就要進入新的時代。然而，在旭烈兀大軍的驚天駭浪，準備進攻剛從舊主阿尤布王朝奪權的馬木留克軍團所在的埃及時，大可汗蒙哥猝逝的消息傳入阿勒坡的旭烈兀大營。此時為一二六〇年四月。

皇帝蒙哥不滿二弟忽必烈太過於面面俱到的慎重態度，於是進入四川，親征南宋，他因酷暑而稍作停留後，在一二五九年八月，圍攻現在重慶市北方的釣魚山時突然去世。死因在《史集》中寫作「瓦巴」（waba），這在波斯語和阿拉伯語代表傳染病的意思，而漢文記錄則是被敵人箭傷所致。無論如何，這位可說是世界帝王的人物死在了南中國的最前線。

這個結果，讓準備南下前往鄂州（今武漢）的忽必烈和留守蒙古高原的阿里不哥之間，展開了帝位繼承的爭奪戰。四年後以忽必烈的全面勝利作結，確定成為第五代皇帝。之後，蒙古帝國巨大的版圖，就以忽必烈和其血脈擔任大汗的宗主國大元蒙古國、簡稱大元兀魯思為中心，與其他三個值得被稱作「帝國」的兀魯思，慢慢轉變為多元複合的世界聯邦狀態。蒙古帝國和歐亞世界打開了通往另一個階段的大門。

## ◎旭烈兀的回師和帝國動亂

但話說回來，從蒙哥死後至消息傳到人在敘利亞的旭烈兀耳中，中間最少有七至八個月的時間。該如何看待這件事情呢？真的可以說這樣消息延遲的情況是「客觀的」嗎？蒙古帝國的東方和西方相隔甚遠，有如親眼所見一般以「即時」的時間尺度敘述歷史，本身就令人微微發寒。在歷史研究者之名下，像事後諸葛般洋洋得意地敘述「什麼看起來最像樣」的做法，如今更讓我深切地認識到有多麼地空洞，甚至感覺到人類的膚淺。

首先，阿勒坡與當時蒙古帝國首都哈剌和林的直線距離約一萬公里以上。雖然如此，七、八個月的時間也稍嫌過久。至少留守蒙古高原、掌握首都哈剌和林情報的阿里不哥，沒有第一時間通知旭烈兀。

眾所周知，蒙古設置並維護連貫歐亞大陸東西方的驛站網絡。這個突厥語稱作「牙木」（yam）、蒙古語稱作「札木」（ǰam）的交通運輸體系，包括了所有人都可以使用的一般路線，以及僅限特定人士使用的多種交通方式、路線、設備等。尤其是蒙古語稱作「Narin ǰam」、漢語文獻音譯為「納憐站」的加急快遞，可說是支撐蒙古帝國廣域統治的關鍵。

換句話說，意指「秘密驛站」的這個系統是穿過沙漠和荒野，筆直延伸的快速道路，大可汗和中央政府需要保密的重大指令和緊急的軍事、政治情報等等，就是由被稱作「伊兒赤」（波斯語 īlčī、蒙語 elčī）的使者，帶著二、三十騎的護衛部隊，路上不斷地更換馬匹，快速地傳遞出去。目的地也延伸到遠征隊伍的最前線。所以只要有心，蒙哥逝去的消息最多不超過二個月，就應該可以傳到旭烈兀的手中。

皇帝蒙哥的死訊原本就被密不發喪。對於其他想要擁立阿里不哥為下一任大可汗的舊蒙古政府的要人們而言，人在中華地區的忽必烈就不用說，雖身在遠方但仍是有力人選的旭烈兀，也是需要特別警戒的人物。問題關鍵在一二六〇年四月，於蒙古帝國東方，忽必烈一派在他們的根據地開平府（之後的上都）召開了忽里勒台。與此相呼應，翌月，阿里不哥陣營也在哈剌和林西郊的按坦河畔召開忽里勒台，此處也有許多帝國的掌權者們參加或間接表態支持。事態急速發展成兩派的武力對決。

如此，蒙哥死後掌權的阿里不哥臨時政府，在忽必烈派的動向逐漸明朗的同年一月或二月，不得不、或是說終於派遣了使者將蒙哥的死訊傳給旭烈兀。不過話雖如此，但實際上也無法確定到底是誰將消息傳了出去。至少中亞方面的窩闊台諸派和察合台一門想必不會將消息傳給旭烈兀。另外可以確定的是，留在蒙古高原西部、家族遊牧領地的旭烈兀次子出木哈兒和其母忽推可敦，以及長子阿八哈的母親亦孫真可敦等人，也無法立刻派人前往中東的旭烈兀處報告消息。他們受到阿里不哥陣營的監視而無法輕舉妄動。

得到消息的旭烈兀不得不做出決斷。蒙哥之死和帝位繼承造成的動亂，用不了多久在中東就會廣為所知，如此旭烈兀大軍的絕對優勢可說已經瓦解。於是他決定班師回朝。

為了控制敘利亞，旭烈兀留下了怯的不花率領的先鋒部隊，並要求其他「多種族部隊」協助後，他自己則朝著亞塞拜然前進。他首先要確保亞塞拜然，在此觀察帝國動亂的變化。根據情勢發展，也可以從這裡前往蒙古高原。為此，旭烈兀必須繼續緊握住麾下的西征軍和伊朗地區，這對於他來說至關重要。但不管如何，西征在進入緊要關頭的時候，突然畫上了休止符。

## 旭烈兀兀魯思是伊斯蘭王朝嗎？

### ◎事實上的政權——旭烈兀兀魯思

名為旭烈兀的權力體是在不知不覺中發展而成的，作為既定的結果或是事實，而形成了一個實際存在的政權，也就是所謂的事實上（de facto）的政權。

然而，若說旭烈兀兀魯思是從何時開始存在，則沒有清楚的時間界限。有人認為是從一二五八年旭烈兀攻陷巴格達、消滅阿拔斯王朝的時候開始。只是這種說法很有問題。因為就算到了隔年的一二五九年或六〇年，都還算是蒙古西征軍而已。

另外，誇大阿拔斯王朝的存在，認為取而代之就象徵著新政權的誕生，這種看法非常接近中華式的王朝交替史觀。雖然阿拔斯王朝某種程度上看起來名正言順，但實際上早已名存實亡。從現實權力的角度來看，伊斯瑪儀教團王國擁有更實際的權力和統治力量。或許是因為重視這一點，也有人認為旭烈兀的西征軍橫渡阿姆河進入「伊朗札米」的一二五六年，是旭烈兀兀魯思成立之時。雖然可以理解提出此種看法的人的心情，但必須說還是過於極端。

如果是這樣的話，那麼古今東西外來者所建立的權力或政權，都會是從「入侵」的時候就成立。以上兩種說法都不甚妥當。

以常識來看，應該要從旭烈兀於一二六〇年四月軍隊迴轉、正式在亞塞拜然高原扎根開始計算。之後歷代旭烈兀兀魯思的君主都以此高原為國家的中心地，也就是蒙古式左、中、右三極構造當中的「中央兀魯思」（yool-un ulus）。旭烈兀兀魯思的左翼是伊朗東部的呼羅珊，右翼則是北部的阿蘭和傑爾賓特一帶。

亦即，自旭烈兀在一二六〇年進入亞塞拜然起，就已經確定了旭烈兀兀魯思的基本構造。如果換個說法，便是短時間內很難返回帝國中央的西征軍，不得已只好仰仗主將旭烈兀為主人，將中東的東半部當成屬於自己的天地。

正因為旭烈兀兀魯思是順應情勢變化而出現的政權，故這個政權的形成對於敘利亞以西的中東、或者對歐洲而言，其實反而是一件幸運的事。姑且不論以前因為窩闊台之死而使拔都撤軍，是否導致西歐因此得救，這次蒙哥的猝死，突然終止橫掃千軍的旭烈兀大軍繼續進擊，則是不可否認的事實。

## ◎進攻埃及的失敗

被交付鎮守敘利亞大任的怯的不花，派遣使節團前往埃及，勸馬木留克政權投降。然而，使節團被處死，馬木留克軍展現出北上的態勢，而怯的不花也立刻準備南下。怯的不花率領的蒙古騎兵共計一萬二千。他的軍隊最早從一二五二年開始便會擔任旭烈兀本隊的先鋒，之後在對伊斯瑪儀教團作戰或進攻巴格達、敘利亞時，也都是打頭陣。

因此，比起幾乎沒有參加實戰的旭烈兀本隊，怯的不花的先鋒軍在西征過程中折損嚴重，傷勢和疲勞都非同小可。在這樣的情況下，怯的不花為何還要孤軍南下呢？他其實沒有必要強出頭，統整周邊「多種族部隊」的同時，確保敘利亞才是更賢明的作法。只是根據現有資料，無法確定怯的不花單獨進攻埃及的理由。

另一方面，由蘇丹忽都思（Qutuz）率領的馬木留克軍團也進攻了埃及。首都「al-Qāhira」、也就是開羅，因難民湧入而陷入一片混亂。一二六〇年九月三日，兩軍於巴勒斯坦相遇，雙方對決的戰場在阿拉伯語中稱作「阿音札魯特」（Ayn Jālūt），意指「歌利亞之泉」。地名的由來是《舊約聖經》當中，猶太人和非利士人交戰的時候，少年大衛王甩石擊敗了敵方勇猛的巨人歌利亞而獲得勝利的故事。「巴勒斯坦」（阿拉伯語 Filasṭīn）一詞即代表非利士人之地的意思。

根據馬木留克史書的記載，蒙古軍人數有十萬、馬木留克軍十二萬。當時，軍隊人數灌水十倍是司空見慣之事。現實當中，軍隊人數大約是十分之一左右，馬木留克軍略多。戰爭結果以馬木留克軍壓倒性的勝利作結。可以想見，怯的不花軍因為一直以來累積的疲勞，再加上勉強南下踏入敵方的勢力範圍，而且又是正面交戰，會輸給為了防衛國土而同仇敵愾、士氣高昂，沒有累積疲勞的馬木留克軍，也不令人意外。

大多數的馬木留克戰士都是從欽察草原或其附近被賣到此處的人們，他們是天生的遊牧武人，馬木留克軍和蒙古軍其實非常相似。遊牧騎馬軍團交戰，決定勝負的關鍵還是在於人數多寡和疲勞程度，再來就是天命。如果雙方都是遊牧民出身，戰法不會有太大差異。有人說主將怯的不花戰死，也有人說他被俘之後遭到處刑。就這樣，蒙古位於東地中海沿岸的根據地逐一被奪，最終被趕出敘利亞。被認為是無敵的蒙古軍，瞬間威信掃地。

相反地，不像是可以長久維持的馬木留克政權反而成為長期政權，在埃及和敘利亞建立穩固的基礎。忽都思在擊敗蒙古之後，也僅有一瞬間喜悅，不久後就遭到將士們暗殺，阿音札魯特的英雄拜巴爾成為蘇丹。出身庫曼族、也就是欽察族的拜巴爾，成為實際奠定馬木留克政權基礎的人。中東於是出現了阿拉伯語稱作「al-Dawla al-Turkiyya」的政權，即阿拉伯人對「突厥人王朝」的稱呼。這個「異族建立的軍事權力」，與蒙古人的政權可說是別無二致。

如此，蒙古的西進在此終止。中東地區自旭烈兀大軍渡阿姆河起僅五年的時間，就分為東邊的蒙古和西邊的馬木留克，由二大外來政權掌握。至於在蒙古帝國，同樣耗費五年的帝位繼承之爭，也逐漸衍生出東邊的忽必烈中央政權和西邊的旭烈兀兀魯思這兩個大小不同的核心政權。世界以及蒙古帝國在十三世紀中的十年之間，轉變成了完全不同的面貌，時代也走向了新的方向。

## ◎與朮赤兀魯思對抗

旭烈兀到亞塞拜然之後，根據季節往來夏營地和冬營地，同時又以馬拉蓋和大不里士為首邑，迅速建立起國家架構。對旭烈兀來說，隨著東方帝位的塵埃落定，與北方朮赤兀魯思的關係也逐漸浮上檯面。朮赤家從以前開始就想要得到高加索以南的綠野，尤其是亞塞拜然的草原。正因為如此，他們協助旭烈兀的西征軍，也承認旭烈兀接收在朮赤家影響之下的伊朗總督府，甚至提供了多達一萬人的大軍支援。

然而沒想到，旭烈兀卻以此地為根據地，建立了新的權力體。一二五五年，拔都歿後，其子和孫也在相繼短暫繼位後死去，原本負責輔佐兄長的庶出別兒哥成為了家族之首。別兒哥在看到旭烈兀有占據伊朗的傾向後，在一二六一年至隔年，派軍南下，越過傑爾賓特進行攻擊。旭烈兀軍反擊，雙方不分勝負。

朮赤兀魯思和旭烈兀兀魯思之間隔著傑爾賓特和高加索山脈的對抗關係，成為了兩者的枷鎖。旭烈兀若想介入東方情勢，來自北方的壓力非常礙事；反之對於別兒哥而言也一樣。雖然兩者的根據地亞塞拜然和伏爾加河下游之間約距離一千一百公里，但對於擁有廣大領域的兩兀魯思而言，這樣的距離並不算遠。從遠古時代的斯基泰和哈卡曼尼斯帝國，到近現代的俄羅斯和伊朗等，歐亞大陸西半部明顯南北對立的構圖，正是適合從地政學探討的主題，也是某種歷史般的宿命，現在或今後都不得不加以承受。

這樣的情勢對於埃及的拜巴爾來說是大好的機會。別兒哥是當時蒙古人中少見的穆斯林。另一方面，欽察草原也是馬木留克政權的物資供應地之一。透過水路和海路，兩者可以結盟對抗共通的敵人旭烈兀。

這時，先前退至尼西亞（Nicaea）的拜占庭帝國於一二六一年奪回君士坦丁堡後，逐漸失去了在西亞的領土，結果開啟了北邊朮赤兀魯思與南邊馬木留克王朝建立「伏爾加—尼羅河同盟」的道路。對雙方來說，這是具有實質效應的結盟。相反地，旭烈兀兀魯思則以對抗這個結盟的形式，自己摸索與歐洲聯手的可能性。直至今日，從歐洲各地留下的、來自旭烈兀兀魯思的國書和文件當中，還可以看見這個終究沒有實現的「東西方結盟」夢想。

## ◎旭烈兀英年早逝

旭烈兀軍隊迴轉之後，沒多久就建立起某種程度完善的統治體制，這一點可說非常驚人。本來，在以呼羅珊的伊朗總督府等城市為中心，綽兒馬罕和拜住的探馬軍等體系，已經累積了近三十年有關軍政、統治、財務的經驗。當中值得注意的角色，既有在第二次契丹帝國統治之下名為真帖木兒（Chin Temür）的契丹人和名為闊兒吉斯的回鶻人，以及花剌子模系統的行政財務官僚們，也有財務部門啟用的像是志費尼家族的伊朗人。由多人種組成的實務機關，不僅支撐了旭烈兀西進——當出現像消滅伊斯瑪儀教團、或是攻下巴格達的局面時，徵稅和財務機構無疑馬上跟進擴展，在定居伊朗、形成兀魯思上也發揮了重要的作用。

另外，旭烈兀的大本營很有可能存在著當初從蒙古高原一同出發的智庫、知識分子、技術人才、學者等群體。也就是說，持續西征的旭烈兀大本營，本身就是一個移動的「知識集團」。只要遠征還在進行，那麼跨越文明和文化的「知識整合」就會持續展開。

關於此點，另一個了解的線索是知名的納西爾丁・圖西（Nasir al-Din Tusi）和圍繞在他身邊的人。圖西原本在伊斯瑪儀教團底下，一般認為是著名的天文學者；但他其實也是包括財政和外交在內，具有知識統整能力的巨人。皇帝蒙哥曾下令旭烈兀，在西征消滅伊斯瑪儀教團後，要將圖西帶回自己的身邊。蒙哥此舉是為了建造天文台——在思考如何統治世界的時候，確實需要統一東西方的「時間」，但僅是為了如此嗎？

無論是大可汗蒙哥、或是旗下的忽必烈和旭烈兀等人，「知識整合」對於他們而言是共通的課題。從結果來看，無論是蒙哥死後成為大可汗的忽必烈，在他的新帝國首都（大都）和中華中央地區的洛陽南方，還是旭烈兀在他暫時的首邑馬拉蓋，兩人各自皆建設了天文台和匯集東西方知識和人才的圖書館。

旭烈兀在進攻巴格達的時候，也帶著圖西同行。圖西消除了因哈里發宣稱攻擊他將遭受天譴的預言，而害怕不安的遜尼派的情緒，並且在旭烈兀與哈里發的折衝問答當中成為他的後盾，獲得極大的信任。在旭烈兀建於馬拉蓋的天文台裡，聚集了許多著名的穆斯林天文學家，也蒐羅了各種觀測儀器和來自巴格達的書籍。

值得一提的是，旭烈兀還從中華地區帶來學者和天文學家，特別是類似道士的著名曆學和天文學家，與圖西進行東西學術交流。當時，華中和華南尚屬於南宋的領土，因此這些道士和學者應該是華北出身。以曆學和數學為首，自一二二〇年代起已出現西學東漸的現象，華北也成立了相應的學派，例如協助蒙古統治華北的全真教，以及數個由多人種組成的學問團體。

總之，旭烈兀西征時，應該有從華北帶著各種人才同行才對。若是這樣的話，那麼特別值得關注的地區，則是太行山東側的拖雷家華北分領，或者當中屬於旭烈兀個人領地的彰德（在今天中國河南省和河北省交界一帶，一二五七年旭烈兀西征途中，彰德被正式分封給他）。

另外說到行政人員，在第一次、第二次契丹帝國、大金國，以及蒙古帝國共有三百五十多年豐富行政經驗傳承的契丹系人才，與精通多種語言、熟悉不同地區文化的回鶻系人才，在旭烈兀經營伊朗地方時也發揮了很大的作用。在河中地區的撒馬爾罕等地，契丹將軍耶律阿海的子孫以「塔兀沙．八思哈」（「八思哈」為達魯花赤的突厥語。「塔兀沙」則為「太師」的波斯語音譯）之名持續鎮守；還有在伊朗西南的克爾曼，也存在著關鍵性的契丹人地方政權。結合這些人才、及舊花剌子模系和當地的伊朗人，旭烈兀才能一邊持續西征，一邊組織權力機構；也因此在緊急回師之後，能夠迅速地建立起屬於自己的兀魯思。

軍事、政治、行政手腕卓越的旭烈兀如果活得再久一點，旭烈兀兀魯思也或許會與蒙古帝國走上不同的道路。控制帝國東半部的忽必烈呼籲旭烈兀和別兒哥召開統一的忽里勒台，結果在兩人同意不久之後的一二六五年二月八日，旭烈兀突然在冬營地的察合禿河畔死去，享年四十八歲。四個多月之後，旭烈兀的正室脫古思可敦也逝去。

《史集》沒有記載二人的死因。雅各派的主教把．赫卜烈思認為，二人皆是遭到負責財務的沙姆斯哀丁．穆罕默德．志費尼毒殺。而另一位負責財務的人正是其同名兄長志費尼，也就是描述成吉思汗至蒙哥為止的蒙古史《開啟世界之人的歷史》的作者。把．赫卜烈思如此結論，大概是身為基督信仰的擁護者，將旭烈兀和脫古思可敦視為是至高無上的存在，而憎恨穆斯林官僚之故。然而事實的真相未知。

另一方面，聽到旭烈兀死訊而準備趁亂南下的別兒哥，也在翌年突然病死於陣中。此外，在帝國動亂之中，掌控中亞的察合台家的阿魯忽也在不久後去世。就這樣，旭烈兀、別兒哥、阿魯忽，三大巨頭相繼突兀地死去。

僅忽必烈一人存活，享受了之後三十年的人生，建立以大元兀魯思為中心的蒙古世界聯邦。期間，旭烈兀兀魯思共有五位當家之主死去，傳位到第七代的合贊。忽必烈和旭烈兀兄弟年紀僅差二歲，但二人之間的際遇卻差異非常大。旭烈兀的早死使得旭烈兀兀魯思不夠成熟與完善，旭烈兀心中如有偉大的計畫，想必也與西征同樣，尚未完成就已經結束。

## ◎可汗的達魯花赤和不斷發生的政變

旭烈兀兀魯思是一個混合的集體，整合這些不同群體的人正是旭烈兀。在他死去的現在，旭烈兀兀魯思很有可能一下子就會瓦解。因此，必須盡快擁立取代旭烈兀的盟主。

旭烈兀的正室脫古思可敦出身克烈王族，為人賢明，但一直沒有子嗣。第三可敦忽推出身於有名的「后族」弘吉剌族，她除了生下旭烈兀的次子出木哈兒之外，還有帖赫申和貼古迭兒，共三子。然而，除了置身於蒙古本土旭烈兀帳幕的出木哈兒，其他二子都是在二年後才前往伊朗。跟隨旭烈兀西征的是長子阿八哈和第三子玉疏木忒，二人是出身速勒都思族的第五可敦亦孫真所生。旭烈兀生前將阿八哈安排在左翼東伊朗的呼羅珊和馬贊德蘭，玉疏木忒則被安排在右翼的傑爾賓特。

阿八哈非嫡出，而是相當於庶長子，對於視生母血緣非常嚴格的蒙古王族而言，很難說他是純正的貴族。然而，已經沒有時間猶豫。所有人一致決定，該由阿八哈繼承旭烈兀的遺志。當時的阿八哈年三十一歲，負責安排他繼位的，是掌握旭烈兀移動宮廷和政府的亦魯該和碩篤兒父子，他們出身札剌亦兒族，以及與阿八哈的母后同樣出身於速勒都思族的速溫扎克。札剌亦兒

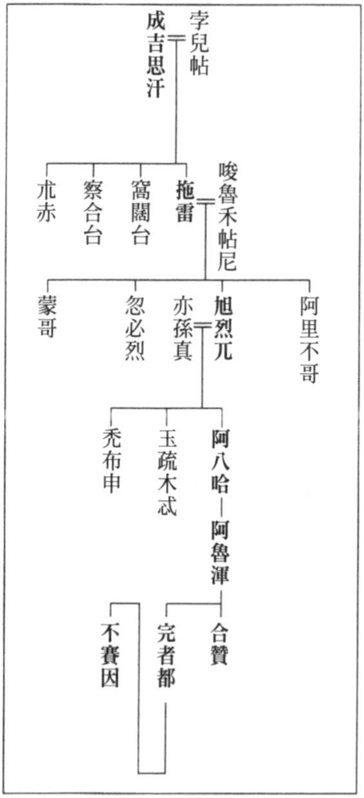


旭烈兀關聯系譜

族和速勒都思族是旭烈兀兀魯思的兩大支柱。阿八哈繼續將玉疏木忒安排在右翼，東方的左翼則由另一個弟弟禿布申負責。

翌年（一二六六年），朮赤兀魯思軍越過傑爾賓特南下。面對這個兀魯思成立後最大的危機，負責右翼的玉疏木忒奮戰，阿八哈也出擊，隔庫拉河與別兒哥的大軍對峙。經過兩週的時間，別兒哥突然去世，危機因此解除，阿八哈的權威獲得確立。阿八哈在庫拉河的北岸地區建構名為「速別」、由護城河構成的長城線，這既是一種國界線，也可以防禦來自北方的威脅。之後，旭烈兀兀魯思每當發生君主交替的時候，朮赤兀魯思軍就企圖南下，且逐漸成為一種慣例。但北方和南方兩個蒙古兀魯思的實力關係，一直都是北方占優勢。

四年後，來自東方的危機威脅旭烈兀兀魯思。從阿魯忽的遺孤手裡奪走察合台家權力的八剌，受到窩闊台家掌權者海都的唆使，召集中亞遊牧民諸勢力，渡過阿姆河往西前進。旭烈兀兀魯思受到北方朮赤兀魯思和西方馬木留克政權這個「欽察與伊斯蘭同盟」的夾擊，同時又有遊牧民大軍從東方來襲，面對這樣的事態，國家陷入一片悲愴的氛圍。無論是蒙古軍人或是伊朗當地的勢力，只要肯投降八剌，都會受到歡迎。

然而，阿八哈堅決迎擊。在呼羅珊的要衝赫拉特近郊的只涅（黑水）平原，兩軍展開了蒙古人之間少見的正面交戰。人數眾寡懸殊的阿八哈拚死一搏，擊敗了原本就是烏合之眾的八剌軍，後者被打回原形，潰敗逃走。旭烈兀兀魯思因此愈來愈穩固，反而是察合台兀魯思沒落，遭到窩闊台家的海都篡奪。

在旭烈兀兀魯思中，第一代的旭烈兀和第二代的阿八哈地位特殊。歷代的君主都以「可汗的達魯花赤」（掌印者）自居，說到底他們不過是大可汗的代理人，在使用皇帝蒙哥授予的印璽的同時，又接受忽必烈的冊封，根據其權威舉行即位儀式，並用此玉璽蓋在國書或公文書上。然而因為血統純正和年長的關係而即位的第三任君主貼古迭兒，則以阿合馬之名（改信伊斯蘭教後的名字）進行統治。此後的旭烈兀兀魯思，不斷地出現爭奪君主之位的政變。

朮赤兀魯思和旭烈兀兀魯思的對立

只要君主之位的權威沒有確立，每當遇到權位交替的時候，就會上演野心勃勃的年長者與前君主的嫡子爭奪王位的戲碼，而部眾都擁有很大的發言權。選擇經驗豐富的年長者貼古迭兒為領袖，乍看之下突兀，實際上是非常合理地回歸到蒙古原本的傳統方式；正因為政權已經形成，旭烈兀兀魯思的架構本身沒有動搖。但之後，歷代政權明爭暗鬥、背叛不斷，每當發生趕走前任而擁立新君即位的時候，就會浪費龐大的金錢。財務機構的金錢儲備問題，再加上政變不斷動搖政府結構，成為了旭烈兀兀魯思的弱點。

第一代旭烈兀英年早逝，繼任的掌權者阿八哈也與父親同樣，於四十八歲時死去，結果使得旭烈兀兀魯思的權力基礎不夠穩固。另外，雅各派、聶思脫里派的基督教徒和伊斯蘭各派不斷動搖政權和影響民眾，這一點也不可忽略。蒙古大多以樸實的騰格里（上天）信仰為基礎，雖然也受到佛教、特別是藏傳佛教的影響，但政治上承認各種信教的自由。人口占多數的伊斯蘭沒了過去的特權，非穆斯林也不再需要支付吉茲亞（人頭稅），這些情況都對政權和民眾產生影響。

就這樣，旭烈兀兀魯思——包括維持原樣的各中小型勢力在內——這個斑駁的集體，被各種不安要素所形成的烏雲包圍，陷入逐漸走向自我毀滅的狀況。這正是合贊即位之前的狀態。

## ◎合贊改宗伊斯蘭教

在旭烈兀兀魯思正處於危機的混亂情勢中，合贊於一二九五年十一月三日即位，成為第七代君主。過去經常有人以為合贊時代是旭烈兀兀魯思的全盛期或安定期，但其實這完全是誤解。

造成這種誤解的原因，是合贊在其統治時期編纂了《史集》前身的《合贊祝福史》，當中，針對之前的各代君主進行不實的批評和攻擊，藉此合理化合贊所進行的政治改革。旭烈兀兀魯思之前的混亂和危機是不可否認的事實。然而，合贊的改革也要到他的弟弟，也就是下一任君主完者都的時代，以及其子第九代君主不賽因的時候才看到成果。

合贊必須拚盡全力改革，他唯一的目標就是重新集結因為不斷上演政變和內鬥而失去統整的蒙古將兵，並重整國家，也因此才編纂了蒙古史。日本具代表性的旭烈兀兀魯思研究學者志茂碩敏認為，合贊將自己的改革決心與歷經苦難創業的英主成吉思汗，加以重疊並投射出來。這樣的看法非常正確。唯有這樣解釋，才能理解這部蒙古史的史料價值，因為當中包含許多合贊本人的口述內容，是合贊自我合理化的、極度重要的證詞。

合贊即位之前，在他的父親、第四代君主阿魯渾的時代，是鎮守東方的兀魯思左翼的呼羅珊太守。被看好是現任君主「皇太子」的人都會鎮守呼羅珊，這幾乎成為一種常規。旭烈兀時代的阿八哈、阿八哈時代的阿魯渾也都擔任呼羅珊太守。然而，無論是合贊或阿魯渾，也因此遠離了中央兀魯思的大本營亞塞拜然，在他們父親死去的緊要關頭處於下風。結果是，他們遭到貼古迭兒，以及海合都的壓制，後者透過算計和談判等方式成為多數派、有技巧地掌握了中央政局。

尤其是第五代君主海合都，為了贏得人心而送出異常多的賞賜，使國庫完全破產。海合都急速失勢，旁系的拜都趁亂掌握君主之位。合贊在軍事上也占了下風。這時，曾執掌呼羅珊伊朗總督府的阿兒渾阿加之子捏兀魯思是一個野心勃勃的人，他向合贊進言改宗伊斯蘭教。當時的蒙古已經有愈來愈多人成為穆斯林，再加上此舉有機會贏得伊朗在地勢力的支持，因此合贊接受了進言。這個賭注得到回報，他一口氣逆轉了形勢。

旭烈兀本身是佛教徒，自幼起就跟隨突厥語、蒙古語稱作「巴克什」的僧侶教師或顧問學習回鶻文字和學問。他之後成為精通多語言和諸學問的人，甚至在呼羅珊興建佛寺，信奉的是與大可汗忽必烈同系統的藏傳佛教。在這樣的背景下，合贊的改宗雖說是取得權力的手段，但無疑是一個重大的政治選擇。

之後的旭烈兀兀魯思至少表面上採取尊重伊斯蘭教的姿態和政策。而合贊鋪設的路線，由可說是「皇太子」的完者都和其子不賽因所繼承。旭烈兀兀魯思的歷史發展，因此可以分成自旭烈兀起波濤洶湧的三十五年，以及合贊之後披上伊斯蘭政權外衣的時代。

## ◎完者都與蒙古的東西融合

完者都，乳名稱作完者不花，波斯語稱作「Kharbanda」，代表拉驢的意思。另外，相當於是同一詞彙的波斯語「Khodabandeh」，也有「神的僕人」之意。由於父親阿魯渾的親歐、親基督教方針，他因此也擁有與教皇尼可拉斯四世相同的洗禮名。完者都在蒙古語中代表「有幸之人」，正如其名，比起奮鬥十年卻英年早逝的兄長合贊，他處在一個非常幸運的時代。此時旭烈兀兀魯思的國力恢復，且蒙古帝國完成睽違已久的東西整合，歐亞大陸整體也處於前所未有的和平狀態。

東西向延伸的蒙古帝國中，需要解決的最大課題是被窩闊台系和察合台系攪亂的中亞地區。窩闊台系分成東西兩大領地，作為盟主的海都統整西邊的葉密立（今新疆額敏縣一帶）和霍博（今新疆和布克賽爾蒙古自治縣）地區，以及東邊的唐兀（今甘肅寧夏一帶）之地。察合台系則是多個核心並存，內部彼此獨立又聯合，以天山北麓的海押立（今哈薩克塔爾迪庫爾干）和賽里木湖之間為根據地。海都選擇察合台系的篤哇作為統整夥伴。直到一二八〇年末期，終於以察合台各系順從海都的形式，建立起一個非常寬鬆的「集團」。波斯語史書將這個集團寫作「Mamlakat-i Qaydui」，也就是海都之國的意思。但實際上稱不上是國家，而是非常鬆散的遊牧民聯盟。

過去經常有誇大評價海都的傾向，實際上，海都從來沒有直接反抗大可汗忽必烈。然而一二九四年，八十歲高齡的皇帝忽必烈逝世，其孫鐵穆耳成為第六代大可汗之後，海都開始動作頻頻。翌年，合贊即位旭烈兀兀魯思君主。與伊朗地區的安定化同步，海都和篤哇開始朝大元兀魯思的西界進軍。一二九七年，一

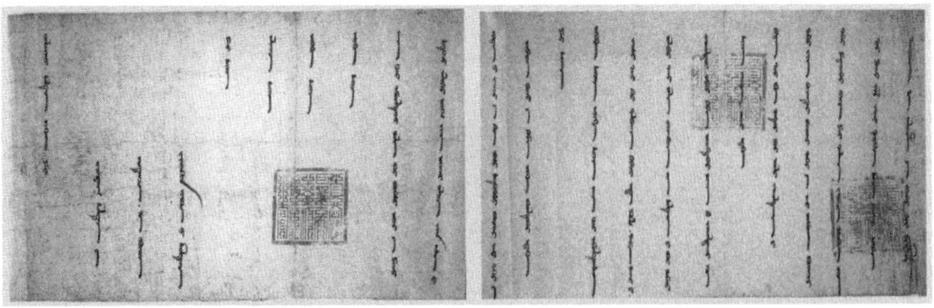

**完者都寫給腓力四世的書簡**　1305 年，寫給法蘭西國王的書簡。上下 36cm，左右 117cm。法國國家公文書館藏。

直以來倒向海都的阿里不哥遺孤，東歸回到鐵穆耳處，此時元成宗鐵穆爾繼位已經三年。年事已高的海都害怕自己對於中亞的統治崩盤，於是決定孤注一擲，於蒙古本土一決勝負。一三〇〇年起至翌年，蒙古同胞在阿爾泰山一帶交戰，海都軍一敗塗地，海都本身也於一三〇一年因傷去世。

海都去世後，情勢一口氣轉變。一直以來受到海都牽制的篤哇，除了控制住中亞之外，並率同地區的王族諸將，發誓效忠大可汗鐵穆耳。蒙古完成東西融合，一三〇四年，宣告全蒙古和平的大可汗使節團依序來到各個兀魯思。在今日收藏於巴黎國立公文書館、旭烈兀兀魯思君主完者都向當時的法蘭西王腓力四世，送交以回鶻文字寫成的蒙古語國書中，也可看見強調蒙古再度恢復協調和融合的字句。

完者都剛繼承早逝的兄長合贊的君主之位，蒙古就完成東西融合。威脅旭烈兀兀魯思的北方勢力消失，與馬木留克政權的爭端也減少。不同於過去內鬥時期，貫穿蒙古帝國的陸路交通不但保持完整，且成為比過去更加發達的交流和貿易之路。此外，從海上與宗主國大元兀魯思連接的印度洋海路也愈來愈蓬勃。尤其第四代君主阿魯渾之後，與歐洲的關係逐漸密切的旭烈兀兀魯思，此後更以決堤之勢，加深陸路與海路的連結。

歐亞非各地都進入前所未見的和平狀態，世界可說邁向了新的水平。幸運的完者都承襲兄長合贊的《合贊祝福史》，以國家之力編纂了可說是世界綜合史的《史集》，讚頌這個與蒙古帝國之下各個兀魯思的整體性名實相符的世界。

## ◎蒙古帶給中東的事物

旭烈兀兀魯思至今為止被稱作伊利汗國，或是伊斯蘭王朝式的伊利汗朝。然而，包括《史集》在內，旭烈兀兀魯思本身和周遭所編纂的歷史書和文字記錄都以波斯語寫作「Ulūs-i Hūlākū」，也就是「旭烈兀的兀魯思」之意，是直接翻譯蒙古原文而成。也許有人傾向認為名稱不重要，但事實上過去的稱呼當中有可能隱藏了誤解。

突厥語和蒙古語的「伊利汗」代表「部眾的君長」之意。「伊利汗」的稱號不僅限於旭烈兀兀魯思的君主，朮赤兀魯思也會使用。另外，「兀魯思・伊金」即「兀魯思之主」，與伊利汗幾乎同義。以「伊利汗」作為旭烈兀兀魯思的通稱或俗稱，是源自一八二四年時，法國著名的東方學者雷暮沙（Jean-Pierre Abel-Rémusat），在研究一二八九年第四代旭烈兀兀魯思君主阿魯渾以回鶻文字寫給法蘭西國王腓力四世的蒙古語國書後，發現當中使用「伊利汗」當作阿魯渾的別稱。其內容敘述旭烈兀兀魯思與法蘭西共同出兵埃及和敘利亞，且將耶路撒冷讓給了法蘭西。正因為這部分是與歐洲直接相關的內容，因此帶給後人的印象也特別強烈。

順道一提，說到一八二〇年代，正是多桑出版《蒙古人的歷史》廣受好評的時期，也正值包括法國在內的西歐列強準備正式向東方展開進一步的擴張、侵略、殖民之時。這時歐洲的學者各個氣宇不凡，例如德國的歷史學家朵伊森（Johann Gustav Droysen）於一八三六年提出「希臘化時代」（Hellenism）

**伊朗的塔克蘇里曼遺跡**　這裡是旭烈兀兀魯思的重要駐營地，也是羅馬帝國、薩珊王朝的重要遺構。出自 *DSCHINGIS KHAN UND SEINE ERBEN*, 2005。

的用語和概念，根據哲學家內山勝利的說法，這一詞彙原本僅代表正統的希臘語或尊重正統希臘語的意思，但卻發展成為遠超過於此的歷史概念。這是根據特殊案例的「誤用」。

這樣的例子層出不窮。一旦某種想法或用語普及、固定下來，便會超越對錯，創造出以此為前提的說法或印象，而且經常會加以誇大。面對這樣的情況，尤其像是伊利汗王朝的說法，很容易形成迷思，以為這是屬於伊斯蘭王朝史脈絡中的一個朝代。然而，旭烈兀兀魯思是伊斯蘭的王朝嗎？

如前所述，在旭烈兀兀魯思的統治之下，也存在大批聶思脫里派和雅各派的基督教徒。更何況當時的伊朗地區以及中東，完全不是一面倒的單純伊斯蘭世界。將中東和伊斯蘭直接重疊可說是近代主義的觀點，近年也有人對此提出否定的看法。更不用說包括旭烈兀兀魯思的君主在內，這個權力體的核心和主要角色，到底有多少人是真正的穆斯林呢？

當完者都的宮廷內發生遜尼派伊斯蘭的爭論時，蒙古軍的主帥忽都魯沙呼籲阿拉伯人與其相信古老的宗教，更應該回歸成吉思汗的札撒（軍律）和約孫（道理、法則）。更重要的是，完者都原本是佛教徒，後來也成為基督教徒，之後更在伊斯蘭教的遜尼派和什葉派之間搖擺。也就是說，大元兀魯思以下的蒙古兀魯思都是以樸實的騰格里（上天）信仰為本質的「多神教

**變成廢墟的帝都——蘇丹尼耶**　出自17世紀法國人夏丹（Jean Chardin）的遊記。

徒」，不過是將宗教看成政治和統治的手段。

合贊改宗伊斯蘭教雖然是為了防止政變，但還是營造出伊斯蘭國家的外表和樣式，這從經營國家和政權的角度來看，是很自然的。從這樣的發展脈絡當中可以充分理解合贊為何以波斯語自稱「Pādshāh-i Islām」，也就是「伊斯蘭的帝王」。「世界的帝王」無疑是蒙古的大可汗，而作為其代理人的合贊藉由自稱「伊斯蘭的帝王」，代表自己是伊斯蘭的擁護者，以身為伊朗和中東方面的「帝王」為傲。

話說回來，身為蒙古兀魯思之一的旭烈兀兀魯思帶給了中東什麼呢？若以一句話總結，那就是突厥蒙古式的軍事權力和其體系。也可說將「國家」帶進了中東。

在蒙古之前，例如塞爾柱等多個著名的外來群體都沒有完善的組織或權力，也無法統整、建立出確切的國家和社會體系。然而，蒙古一開始就擁有五十多年作為一個國家或帝國的歷史和經驗，且帶著他們的體制來到中東。權力的中樞是以君主為中心的軍事集中體制，並以左、中、右的三翼編制為基礎，建立以蒙古語稱作「ǰarliy」、突厥語和波斯語稱作「yarliq」的敕令為至高命令的文書系統。原本札撒指的是大可汗的命令，但在旭烈兀兀魯思等地，與蒙古帝國整體相關的命令以代表「諸王話語」的「Üge」稱之，直接與自己境內相關的命令則以「ǰarliy」自尊。如此的區分除了代表雙層體制的權力之外，也代表

**完者都廟**　旭烈兀兀魯思第 8 代君主完者都將擱置的新帝都蘇丹尼耶經營成多條美麗河川流淌的豐裕草原。有記錄指出他是受到大元兀魯思皇帝海山新建的中都影響。各式建築物當中，完者都廟的清真寺牆上覆蓋的是以藍色為基調的磚塊，巍然聳立的壯麗建築，帶給人莫大的衝擊，大幅改變了伊斯蘭建築。之後，取自這裡的各種色磚被當作珍貴的美術品，收藏於世界各地。

對內和對外的分別。

簡言之，自合贊之後，無條件以在蒙古帝國幾乎已經達到完善境界的軍事機構為國家權力的中心，加上由包括猶太人、伊朗人在內的多人種負責財務、行政的官僚體系，另外還有以占人口大多數的伊斯蘭為主體的各宗教和其聖職人員——以上三者成為了國家和社會的支柱。這不僅是在同時期的馬木留克王朝，之後中亞、印度以西的國家也繼承了這種方式。就算單從這一層意義來看，時代也確實發生了改變。

旭烈兀兀魯思在完者都的時候新建造了名為蘇丹尼耶的帝都。其壯麗程度，使它的名聲不僅傳遍中東，也傳遍了全世界。這裡原本是「黃忽兒玉良」，亦即代表黃金色草原之意的駐營地之一，位於亞塞拜然的東南側，是掌握伊朗東西南北交通的要衝之地。此帝都的構想於阿魯渾時代確立，但最早應始於旭烈兀時代。只是當時沒有餘力建造，只能任由時間不斷地流逝。蒙古大可汗的帝都包括哈剌和林、大都、上都、中都（海山之時）、朮赤兀魯思的兩個薩萊、旭烈兀兀魯思的蘇丹尼耶，都是象徵新權力必要的政治裝備。相比較之下，不僅塞爾柱和鄂圖曼沒有這樣的帝都，就連自蒙古以來擁有愛好建築傳統的帖木兒和蒙兀兒，也完全沒有從零開始新建帝都。

# 第六章

# 地中海、歐洲，與連結起來的東西方

站立者為旭烈兀兀魯思第四代君主阿魯渾　騎馬者為阿八哈，阿魯渾手中抱的小孩則是合贊。出自《史集》。

## 聖路易的夢想

### ◎試圖收復聖地的強大艦隊

在旭烈兀開始西征前五年的一二四八年八月二十五日，歐洲的法蘭西國王路易九世（Louis IX）從新建造的港口艾格莫爾特（Aigues-Mortes）乘船，並於三日後啟航。他的目的地是位於地中海東邊的埃及，計畫從杜姆亞特（Dumyāṭ）上岸。之所以會去埃及，是因為他們認為若想要收復聖地，鎮壓埃及至關重要。這次行動就是所謂的第七次十字軍東征。

路易九世帶著全家大小同行。從法國具代表性的歷史學家雅克・勒高夫（Jacques Le Goff）所著的《聖路易》（*Jean de Joinville*）一書中可以看出，當時路易九世麾下的將兵包括超過二千五百名的騎士、同樣數量的持盾士兵、約一萬名的步兵，以及五千名弓箭手，總計將近二萬五千名人員和馬約八千匹。裝載這些將兵和糧食的船隻約有三十八艘大型船和數百艘小型船。順道一提，大多數的大型船隻都是借自活躍於當時地中海、愛琴海、黑海的兩個義大利商業城市國家——威尼斯和熱那亞。商船和軍船之間沒有區別。總之，路易九世率領的可說是當時歐洲規模最大、陣容最讓人吃驚的大艦隊。

時間回到一二二六年，父親路易八世（獅子王）去世，年僅十二歲的路易九世繼承王位，從此之後到艦隊出發時他已經統治了法蘭西二十二年，時為三十四歲。然後，又過了二十二年後的一二七〇年，路易九世發動了自己的第二次、總計第八次的十字軍東征，而這次的目的地竟然是突尼斯。他擬定的計畫相當迂迴，認為若要收復聖地耶路撒冷，有必要先壓制埃及，而為了壓制埃及，則有必要先攻下相當於埃及腹地的突尼斯。有人認為路易九世和其身邊的人根本不了解非洲地理，某種程度上的確讓人有同感。

路易九世第二次發起的十字軍也不順利。不僅如此，抵達目的地七天後的八月二十五日，他在弟弟查理・安茹（Charles d'Anjou）到達的同時去世。這也代表十字軍運動的結束。路易九世兩次的出征恰好都經過二十二年的統治，而且第一次出發與最終結束的日期都是

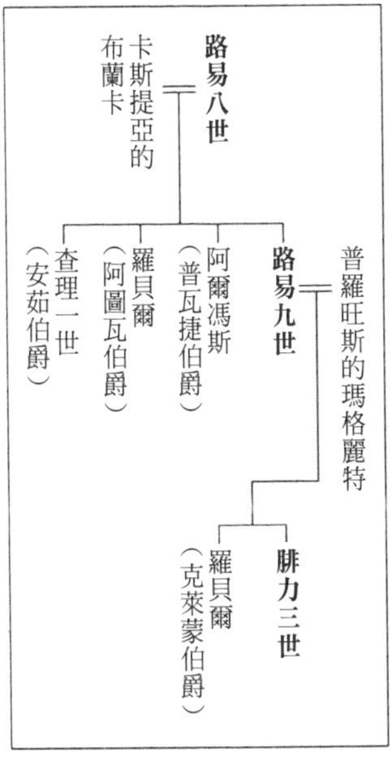


路易九世的簡略系譜

八月二十五日，不禁令人有一種命中注定的感覺。

路易九世在位的四十四年，被認為是法蘭西王國昌盛的時期之一。路易九世虔敬地為基督教信仰奉獻，一生都將熱情投注於收復聖地，死後列聖成為「聖路易」，以具有理想的君主形象而受人推崇。他的人生正好與蒙古席捲全世界的前半期重疊，而蒙古一直以來也都視法蘭西王為歐洲最強大的王。蒙古所稱的「萊達．法蘭西」指的便是法蘭西王（Roi de France）。聖路易就是生在這個驚滔駭浪的時代。

說起地中海，也許一般人會聯想到風平浪靜的航海。然而，地中海其實是非常危險的海域，這一點無庸置疑。不但海水深達四千公尺，且位於地中海中央西西里島的埃特納火山高三千三百二十三公尺，高低差可達七千公尺。例如拿破崙的故鄉科西嘉島面積不

**艾格莫爾特的城牆**　面地中海的港城。出自勒高夫《聖路易》（新評論，2001）。

大不小，卻擁有獨特的風情，巍峨壯麗的群山和陡峻的溪谷讓人屏息。若從歷史上類比，有人提出地中海與瀨戶內海相似的論調，但實際上兩者完全不同。瀨戶內海深度鮮少超過二百公尺、又平又淺；地中海則經常出現驚天的大浪和突如其來的暴風，行駛在地中海上伴隨著一定的風險。

路易九世的船艦當然也知道這樣的風險。在大多依靠風力的帆船時代，要求精準的艦隊行動簡直是如紙上談兵般不切實際。在地中海，自古以來就以同時使用帆和槳的賈列船（Galley，槳帆船）為主，到了中世紀後又導入三角帆，因為具有易於操控的細長船身而受人喜愛。然而，十三世紀時的路易艦隊還沒有這麼發達，不僅是航海圖，船隻與大型賈列船登場的十四世紀也完全不同，差距甚大。船槳雖然在出入港、以及完全沒有浪的時候有所助益，但在情況多變的地中海上的航行，很少能夠按照計畫進行。

無論如何，我們必須清楚知道，在十九世紀中出現能夠自動航行的動力船之前和之後有如「兩個世界」。希望大家能在這樣的背景之下，重新理解一八五三年培里艦隊的四艘船隻當中包括兩艘能夠動力航行的蒸汽船所代表的意義。這個在日本史上非常重要的時刻，其實在世界史上也是重要的轉捩點。

## ◎地中海艦隊的現實

路易九世朝向東方出發，踏入多數人畏懼的海洋，這件事本身就屬壯舉。然而，所有一切都不如他意。路易的艦隊首先駛向賽普勒斯島。當時，賽普勒斯自一一九一年理查一世（獅心王）占領以來就由呂西尼昂家（Lusignan）的拉丁王朝繼承，此地對於地中海東岸的拉丁系各國來說是關鍵要地。路易一行人於九月十七日登陸賽普勒斯島後，一直滯留到隔年五月底才離開。

在路易九世的十字軍遠征隊伍當中，有一位名為莊衛勒（Jean de Joinville）的年輕武將也率領了香檳伯爵（comtes de Champagne）的士兵加入。他在路易死後三十多年，口述路易九世和第七次十字軍東征的實際樣貌，因內容充滿臨場感而聞名。根據他的描述，路易本

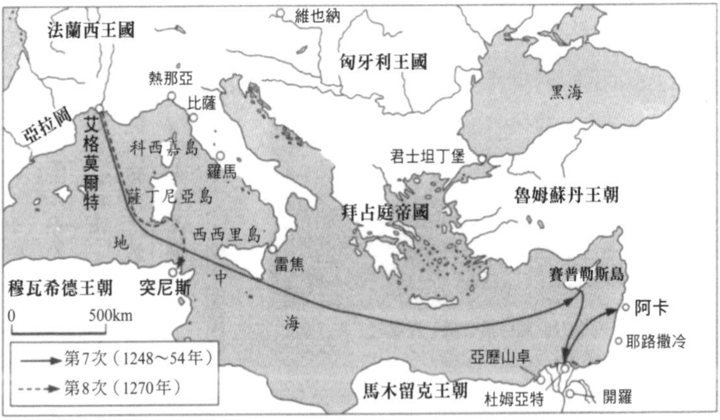


第七、八次十字軍東征路線

人在賽普勒斯時曾想要立刻出發前往埃及，但隨軍的諸侯們向他進言，請他等待尚未抵達的船艦和兵團。

這顯示出，路易的艦隊並沒有集體行動，而是三三兩兩地抵達。這一點與元寇逼近九州時，尤其是第二次入侵時的江南軍（由舊南宋軍隊組成）非常類似。仔細想想這也是無可奈何的事——這就是當時的現實。

早在兩年前開始，路易九世就將賽普勒斯島當作十字軍的作戰基地，在島上囤積葡萄酒、小麥、大麥等大量的物資。即便如此，如今仍需要再次準備增援物資與建造船艦等等事前作業，且軍團的食宿經費也逐日增加。為此，除了以前在法蘭西國內強制向聖職人員徵收、又因利息而鬧得滿城風雨，好不容易才籌得的軍資金外，路易只能向義大利的銀行業者借錢。

在賽普勒斯島上，當地的王、諸侯、居民表示願意參加，而居留在東地中海方面的騎士團和拉丁系的各勢力也加入了遠征。路易底下的主要幹部都希望盡量組成龐大的兵團，且以做好完全準備的姿態出擊，然而又發生了法蘭西人和熱那亞人之間的衝突和其他的麻煩事，再加上蒙古派使節來訪，更是完全意料之外的發展。後面將會提到，蒙古使節的來訪帶給路易莫大的期待。

同時，冬天航海過於危險，必須盡量避免。因此路易反常地在島上逗留了八個多月。總之大軍在渡過了秋、冬、春天之後，好不容易才啟航前往埃及。

## ◎幸運的登陸作戰

然而，大軍出航沒多久就發生了意外。根據莊衛勒的記載，一二四九年五月二十二日，位於賽普勒斯南岸的首邑利馬索爾附近海上，集結了包括路易搭乘的船艦在內、大小一千八百艘船隻，場面非常壯觀。隔天二十三日，在利馬索爾岬的前端，所有艦船暫時停止，除了路易以外的人都下艦舉行彌撒。不久後，突然從埃及方向吹來一陣狂風，海上剎那間颳起大浪。

路易麾下的騎士二千八百騎當中，僅留下了七百騎，其他全被吹到地中海東岸各地，久久無法歸隊。相當於戰力核心的騎士一下子只剩下了四分之一。雖然不知其他兵種減少的比例，但總而言之損失慘重。從此處也可看出地中海海域的可怕和帆船時代的現實。

路易不得已率領剩下的兵團，於翌日風停之後起帆，南下前往埃及。途中遇到了由紀堯姆五世大公爵（Guillaume V）和勃艮第公爵擁有的兵船，他們來自第四次十字軍東征後建立的惡名昭彰的「拉丁帝國」統治下的莫雷阿（希臘的伯羅奔尼撒地方）。艦船繼續隨風前進，六月四日到達尼羅河口的交通和貿易要衝杜姆亞特附近。在阿尤布王朝蘇丹權力統治下的埃及也預料到了路易將從杜姆亞特入侵，於是將大軍在海岸一字排開，等待路易的到來。

翌日（五日），路易軍果斷地在艱難的情況下從敵人面前登陸。從大船換乘登陸用的槳帆船或小船，也放下了馬匹，好不容易才上陸——對於全副武裝的騎士而言，如果掉入海裡就等於溺死。雙方當然展開了激戰，法軍折損大量將兵。

然而，這時意想不到的事情發生了。以飛鴿傳遞戰況消息的埃及軍，因得不到蘇丹薩利赫（As-Salih Ayyub）的回信指令而陷入恐慌，誤以為生重病的蘇丹已經死去。蘇丹的去世不僅會讓政權結構發生變化，還有可能發生政變。從這一點也可以看出阿尤布政權的不穩定。因為是攸關埃及

杜姆亞特登陸　路易 9 世軍輕易占領了埃及軍撤退後的杜姆亞特城。

軍將帥們命運的大事，必須立刻趕回，以騎馬為主的埃及軍，突然從杜姆亞特的戰場上撤退。

結果，不再受到埃及軍攻擊的路易軍成功挺過了危險的登陸作戰。不僅如此，杜姆亞特城牆堅固，原本應該需要花費許多精力才有可能攻下，但拜埃及軍所賜，六月六日時便在幾乎沒有遭遇任何抵抗之下順利占領。

法軍進入杜姆亞特城，以此地為大本營。想當然爾，路易軍的將兵開始分配戰利品，大肆慶祝。對登陸作戰的恐懼化為多餘的擔憂，輕易地攻下了杜姆亞特城，反而讓他們看輕了埃及的實力。

到此時為止，雖然幾經波折，但路易軍基本上是幸運的。然而，這一切不過是拜埃及軍失策所賜，但他們卻沒有認清這一點，忘了自己有幾兩重，明顯驕傲上了天。問題就是從這裡開始。

## ◎野心、災難與悲慘的毀滅

正如莊衛勒所說，之所以能夠掌握杜姆亞特，完全是靠神的恩寵。得到掐住埃及咽喉的戰略根據地，僅這一點就已經是碩大的戰果。更可以杜姆亞特作為交換條件，交涉巴勒斯坦的割讓和安全。

歐洲一方認為，不需要直接進攻被稱作巴比倫的敵人首都「al-Qāhira」（今開羅）與中途的要衝曼蘇拉，因為逐漸衰弱的埃及王權本身很有可能會先屈服。歐洲充分具備用來「談判」的各種條件。只是，即便幸運意想不到地降臨，但能夠善加利用，也是一種能力。因為幸運有時候也會帶來反效果。無論在哪一個時代，看清敵我的樣貌都是一件極為困難的事。

對於路易而言，他能夠選擇的路只有兩條：一氣呵成的短期決戰；或是固守杜姆亞特，盡量避免實戰，同時施加壓力。埃及軍錯失敵軍登陸時加以痛擊的良機，白白將杜姆亞特拱手讓人，已經暴露出政權上的弱點；再加上伊斯蘭一方當時欠缺海軍實力，相比較之下，基督教一方在艦船上占有壓倒性的優勢。路易只要動員其他歐洲勢力的船舶從海上封鎖埃及，在重裝嚴守杜姆亞特的同時，持續接受來自海上的補給，那麼埃及軍必然也就束手無策。不過，這樣的分析也許只是事後諸葛。

在占領杜姆亞特後的數月之間，路易軍沒有任何動靜，每日忙於在各處建構陣地、分派軍隊，等待作戰的時機。此舉引來許多從軍將士的不滿。但對於路易而言，他採取的是持久戰的方針，他應當是預想阿尤布政權將會動搖與崩壞，而最終也的確如此。

然而，在十月底的討論中，雖然多數人主張以海軍為出兵前提包圍亞歷山卓，亦即採取從海上封鎖的策略，但路易卻採用弟弟阿圖瓦伯爵羅貝爾的建議，決定進攻開羅，從正面武力對決。有一說認為，路易之所以會捨棄被認為是賢明的持久戰，大幅改變方針，採取以騎兵為主力、敵人占優勢的危險的平原戰，背後原因是為了擁立羅貝爾成為埃及王。開羅一方則視這樣的動向為試圖占領全埃及的行動，不得不嚴陣以待。路易捨棄安全、確定的成功，將賭注下在把埃及歸入法蘭西王國的野心。這是他的第一顆絆腳石。

另一顆絆腳石是災難襲擊了路易軍，大軍遭遇壞血病和赤痢。南進的路易軍在抵達曼蘇拉之前就歷經惡戰苦鬥，動彈不得；不僅如此，將兵們一一染上傳染病，軍隊從內部開始崩壞。此時，路易軍與杜姆亞特的聯繫遭到斷絕，無法得到充分的補給，只能悲慘地撤退。這種內外同時遭遇如此毀滅的情況可說是非常少見，法蘭西大軍急速變得殘破不堪。

埃及軍的主力是從遙遠的欽察草原和東方而來。他們是之後馬木留克軍團的原型。遊牧民獨特的機動性和擴展能力讓法軍完全招架不住，戰局轉變成任由拜巴爾率領的埃及軍擺布。

歐洲的騎士們過於倚靠體力，他們擅長的肉搏戰完全跟不上以游擊戰為主的戰術。也就是說，他們跟不上時代。事實上，他們輸得並不冤枉。從莊衛勒所道出的這場悲劇中可以看出，歐洲中世紀騎士當道的世界是一幅過度自我膨脹、偏離現實的諷刺畫。

## ◎被俘虜的王，回不去的路易

進退兩難的路易大軍投降埃及，成為俘虜，人數多達一萬二千人，可說生存下來的將兵幾乎全數受俘。這是發生在一二五〇年四月十日，或是其前後的事。關於這部分的記錄，莊衛勒寫得很模糊，恐怕是刻意裝傻。順道一提，他自己也成為了俘虜。

路易九世和旗下將兵過了一個月的俘虜生活，在交還杜姆亞特並支付二十萬里弗爾（livre）的鉅額贖款後獲得釋放。同時被迫約定在撤退至阿克里（Acre，或稱阿卡〔Akka〕）的時候，要再支付二十萬里弗爾。路易和他的將兵在被俘期間，親眼目睹了阿尤布政權的翻覆。

在杜姆亞特登陸作戰時身體惡化的蘇丹薩利赫，最終在一二四九年十一月死於曼蘇拉城。薩利赫其中一子突蘭沙（Turanshah）從王朝在美索不達米亞方面的飛地，賈茲拉地區的希弗斯卡伊法城（Hisn Kayfa，今稱哈桑凱伊夫〔Hasankeyf〕），被秘密找回繼承蘇丹之位。阿尤布王朝的阿拉伯語稱作「Dawlat al-Kkurdiyya」，也就是庫德人的王朝，從突蘭沙繼位的過程便可充分看出此名稱的由來。想當然，新蘇丹從庫德地區啟用自己的人馬，排擠過去留駐埃及、支撐政權的馬木留克將領。

馬木留克的拜巴爾等人因此感到憤慨，企圖暗殺蘇丹。暗殺事情發生在一二五〇年五月二日，屬於外來者的馬木留克軍藉此掌握了埃及。路易等人身為明日不知將會如何的階下囚，目睹了政變的部分經過。不知道此時，他心中是何種滋味。如果杜姆亞特的持久戰能夠再堅持一陣子，對於埃及發生的政變坐壁上觀，或許一切都將變得不同。與其說是路易不走運，更應該說他明顯不是將略之才。

發生政變之後，交涉釋放俘虜的對象變成了艾伯克（Aybak）、忽都思，以及拜巴爾等人。路易九世一行人和馬木留克政權在此直接照面。根據莊衛勒的說法，路易身為王者的風範和不怕死的凜然態度打動了馬木留克將官的心，對他的尊崇之情油然而生。這一點非常可以理解。路易的魅力在於身為王者的氣節和對於信仰的忠誠。就這樣在偶然的情況下，路易向馬木留克王朝的人們展現了王者應有的姿態。

五月八日，路易九世等人離開埃及，走海路進入靠近耶路撒冷的基督教勢力根據地阿克里的港口。之後將近四年，他都沒有離開聖地和其周遭。代為掌管法蘭西本國的路易母親，當然要求他盡速回國。與有勇無謀、突然出擊戰死的阿圖瓦伯爵不同，安茹伯爵查理和普瓦捷伯爵阿爾馮斯等路易九世的其他弟弟，雖然從戰事中生還，但一直堅持到見證路易被捕及獲得釋放。他們此舉被認為是為了保全路易的面子，以及展現在耶穌的聖地如耶穌一般犧牲的決心。

路易九世現在成為了最熟知埃及和中東情勢的人。在歷經賽普勒斯、埃及、巴勒斯坦總計六年與十字軍戰士們拚盡全力的團體生活，路易以其超越身分、立場的整體感提升了自己的評價。他利用以大馬士革為中心、位在敘利亞地方的阿尤布政權與埃及馬木留克政權的對立與牽制，試圖建立起新的戰略立足點。為了與路易聯手，埃及將「以色列王國」的西部讓予他。另外，路易又於一二五四年二月與敘利亞的阿尤布政權簽訂休戰

曼蘇拉之戰　1250 年，路易大軍遭到埃及大軍擊敗，路易和其將兵成為俘虜。

協定，保障了地中海東邊十字軍國家的安全。此外，路易軍團重建巴勒斯坦一帶基督教的堡壘，也在主要城市設置增援部隊。

他雖然無法成為歐洲勢力在中東的救世主，但也留下了一些成果。一二五四年四月二十五日，路易離開了巴勒斯坦。時光飛逝，從路易九世來到杜姆亞特起經過五百五十年後，拿破崙登陸埃及。而迎擊拿破崙大軍的竟是馬木留克軍團——這個軍團雖然遭到鄂圖曼帝國併吞，但依舊在埃及生存著。

然而，面對拿破崙大軍的槍砲，馬木留克的騎兵完全無用武之地。「近代」所帶來的「什麼」讓歐洲和中東出現了顯著的差距。路易九世和拿破崙，兩人同樣的夢想都是稱霸地中海。二者間的漫長歲月，象徵的正是中世紀至近代世界史發生的巨大轉換。

## ◎蒙古是敵是友？

將目光回溯到路易九世還停留於賽普勒斯的時候，曾有自稱是蒙古使節的人來訪。一二四八年十二月，當時路易的大本營從海岸移往內陸的尼克西亞，據說是蒙古大將燕只吉台派遣的兩位突厥系聶思脫里派基督教徒到訪此地。如前所述，雖然最終未能實現進攻中東的作戰，但燕只吉台因為被第三代蒙古皇帝貴由任命為先鋒大將，而駐留在東部伊朗的巴德吉斯。

兩名使節口頭報告了皇帝貴由和燕只吉台改宗了基督教，以及闡述蒙古與路易的友好關係，並遞交了燕只吉台以波斯語寫成的書簡。路易將書簡交由隸屬於道明會的修士、隆瑞莫的安德魯（Andrew of Lonjumel）翻譯成拉丁語，信中內容滿滿都是對基督教的好意。另外也寫道，蒙古是從埃及蘇丹洩漏的情報當中得知路易的遠征。

關於兩名使節和他們所說的話、帶來的書簡，過去有不同的解讀意見。有人認為，這是蒙古為了自己之後的計畫而想要利用路易的十字軍，才刻意做出的誘導行為。另外也有一種見解是，蒙古原本就想稱霸全歐洲，因此希望路易將來可以協助蒙古。的確，這些看法都有可能。然而另一方面，蒙古雖是所謂的「多神教徒」，但包括貴由在內，許多蒙古人對聶思脫里派信仰都存有善意，這也是事實。再加上貴由在此時是否有認真考慮要稱霸中東，也令人存疑。

貴由首先必須打倒拔都。另外，貴由早在使節二人拜訪路易前八個月就已經死去，且很難想像燕只吉台的書簡是在貴由死後所寫。這是因為如果貴由不在，那麼燕只吉台的行動也就失去了意義。現實上也的確如此。兩名使者嘴上所言的確誇大，但若視為這是在貴由健在

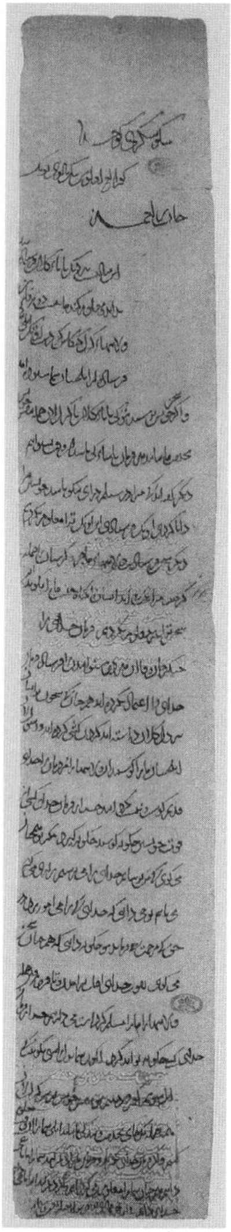

**蒙古寫給歐洲的「國書」**
1246 年貴由寫給依諾增爵四世的書簡。內容是用阿拉伯文字寫成的波斯語。

的前提下燕只吉台所佈下的局，那麼也很自然。總而言之，時間的前後關係非常微妙。關鍵還是在於情報的隱瞞和傳達的速度。

可以確定的是，此舉打動了路易的心。值得注意的是，同樣在尼克西亞，路易藉由賽普勒斯王，透過當時歸屬於蒙古的奇里乞亞亞美尼亞王國，取得了關於蒙古的詳細情報。認為路易九世隨便答應蒙古草率的邀請而做著春秋大夢的看法，未免過於臆測。反過來說，一二四五年，路易回應教皇依諾增爵四世的號召而進攻地中海的消息，除了巴基斯坦和埃及之外，也傳到了東方的伊朗方面，這樣的看法也很合理。當時歐亞大陸的東西方就是如此連動。然而，最關鍵的貴由在位僅三年就去世，路易也因此得不到他想要的結果。

知道後世如何發展的我們，應該要盡量避免站在過度全知的立場來評論歷史。當時路易對於蒙古的態度非常積極。根據茹衛勒的說法，路易九世非常禮遇使節，並指定曾與蒙古接觸過的安德魯為回禮的使節，還準備了慶祝蒙古皇帝改宗的禮物。其中有一件禮物是極盡奢華的天幕帳禮拜堂，上面繡有描繪聖母領報和基督生涯的圖案，價值不斐。

## ◎路易與蒙古擦身而過

然而，情勢急速改變。一二四九年安德魯等人抵達燕只吉台位於巴德吉斯的軍營時，蒙古帝國內風雲變色，陷入不知道由誰繼任下一任大汗的混亂之中。路易的使節只能跟隨原本屬於貴由的人馬行動。現在看來，這件事本身就非常不走運。燕只吉台別無選擇，只能將安德魯送到故主的皇后斡兀立·海迷失處。代為掌管帝國的斡兀立·海迷失不在帝都哈剌和林，而是在貴由的個人領地葉密立，路易的使節不得不踏上情非得已的旅程。

斡兀立·海迷失最初在歷史舞台上登場，就是從負面的脈絡中出現。她並不理解路易使節在政治上的意義。又或許說她的立場讓她沒有精力顧及，只能在不可言喻的不安當中，看待自己和周遭的未來，因此斡兀立·海迷失對於安德魯等人採取高壓的態度也是無可厚非。

從她的角度來說，這些人不過是來請求臣屬，只需要像平時一樣讓他們帶著口諭回去即可。

這可謂是不幸的擦身而過。一二五二年，斡兀立．海迷失遭到新皇帝蒙哥下令處刑，當時，路易自己也才剛從階下囚獲釋不久。同年安德魯等人回國，告知情形後，路易九世深深後悔派遣使者前往蒙古。這就是事情的經過，看在我們後人的眼中，真不知該說什麼才好。

就算如此，路易九世對於蒙古想必還是有某種程度的冀望。一二五三年，魯不魯乞（Guillaume de Rubrouck）以非正式使節的形式前往蒙古。他是繼一二四五年教皇依諾增爵四世派遣的若望．柏朗嘉賓之後訪問哈剌和林之人。柏朗嘉賓的記錄充滿了宣傳自己的野心，過於誇張的文章和文理接近虛構和創作，很難讓人相信。相對於此，魯不魯乞在這方面非常嚴謹，作為記錄的可信度也不是柏朗嘉賓可以比擬。整體而言，根據柏朗嘉賓的記錄提出議論是一件較危險的事。相反地，應該更善用魯不魯乞的記述。

魯不魯乞以一介修道士的身分從巴勒斯坦出發，經過拉丁帝國統治之下的君士坦丁堡，航行黑海、從克里米亞的蘇達克上岸，拔都建議他前往皇帝蒙哥處。他們不像柏朗嘉賓一行人受到特別的待遇，經過千辛萬苦，才好不容易於一二五三年十二月二十七日，在嚴寒之中抵達哈剌和林南郊的蒙哥營區。之後七個月，他一邊打探蒙哥和首都一帶的情勢，一邊也見識到當地超越宗教框架的辯論。隔年七月，他帶著蒙哥寫給路易九世的回信，在皇帝的庇護下，利用蒙古的驛站抵達拔都的宮廷後，經由高加索和小亞細亞，於一二五五年八月十五日抵達的黎波里。然而，路易這時已經離開了巴勒斯坦。因此魯不魯乞在阿克里書寫報告，向路易覆命，這就是流傳至今的《旅行記》（*Itinerarium*）。

蒙哥在信中否定斡兀立・海迷失，並明確認知路易是「法蘭克」的王。同時，蒙哥在信中充滿身為 Pādshāh Jahān——也就是世界帝王的自信。如果路易繼續留在中東，事情又會如何發展呢？一二五四年從巴勒斯坦回國的路易是否知道前年出發的旭烈兀西征？離去的人與前來的人在一二五四年至五六年間擦身而

**卡卡頌城**　南法的城市。路易 9 世看到中東伊斯瑪儀教團的堅固山城而留下深刻的印象，回國後進行大幅改建。至此之前西歐沒有發展出真正的城廓都市。

過，終究沒有能夠見面。回到法蘭西的路易，因為在中東看到伊斯瑪儀教團的堅固山城，給他留下了強烈的印象，於是他大幅改建卡卡頌城，西歐於是出現了真正的城廓都市。

## 掃馬使節團的歐洲外交

### ◎拉班・掃馬的西方旅行

接下來是在蒙古時代從東至西旅行歐亞大陸之人的故事。旅行者東起現在中華人民共和國的首都北京——當時是蒙古的世界帝都（大都）。帝王忽必烈耗費二十五年的歲月，將完全的「空地」打造成世界的中心——西則經過羅馬、巴黎，至歐亞大陸西邊的波爾多。此人的名字就是拉班・掃馬（Rabban Bar Sauma），他是聶思脫里派基督教士，以罕見的人生和旅行軌跡而聞名。

聶思脫里派是自五世紀基督教發生宗教爭議後就往東方擴展的基督教會，雖然在薩珊帝國的統治下遭受迫害，但依舊蓬勃發展，擴大至中亞、印度，甚至中華地區，被稱作景教。尤其廣為突厥・蒙古系遊牧民的統治階級接受，在克烈、乃蠻、汪古等的王族和貴族中都有許多信徒。至於教派的傳播路線尚未完全釐清，也有推測認為，許多聶思脫里的教堂後來被改為藏傳佛教或伊斯蘭的設施。

另一方面，著名的馬可波羅所記述的並非是個人的旅行軌跡，而是綜合多個異邦人的體驗和見聞而成。同樣地，遊覽歐亞非的伊本巴圖塔，他所著的遊記也被認為有許多合成的部分。（可參考本書的「重要項目解說」）相較於兩本極為著名的遊記都含有「可疑」的成分，拉班・掃馬的遊記則確實是他個人的所見所聞。

從結果來看，他成為了非常具有政治性的人物。他的形象、履歷、活動、見聞等都擁有鮮明的輪廓。他用他的人生描寫的大元兀魯思、旭烈兀兀魯思，以及歐洲的光和影，是世界史上獨一無二的記述。

拉班・掃馬的傳記收錄在以敘利亞語寫成的《大牧首雅巴拉哈三世傳》當中，最初的原文被認為是波斯語。雅巴拉哈三世（Yahballaha III）原本是拉班・掃馬的弟子馬克（Markos），後來成為聶思脫里派的卡托利科斯（大牧首）。傳記中除了兩人之間的關係，也記述了馬克至一三一七年為止擔任大牧首的事跡，因此可以判斷這本傳記至少是在一三一七年之後寫成。

不過，這本書為世人所知的時間沒有很久，直到一八八七年三月，才在中東庫德地區被發現。之後經過多人努力校訂、翻譯、注釋，一九二八年由英國的白琪（E. A. Wallis Budge）翻譯成英文，成為標準版（書名：*The Monks of Kublai Khan*，現有中文翻譯版《拉班掃馬和馬克西行記》）。一九三二年時也出版了日文版。另外值得注意的是，書中開頭出現了含有蒙古命令文當中特有語句在內的請願文或祈禱文，顯示出其撰寫的時代。

## ◎汪古部的二人

在壯觀的帝都大都出現之前，大金國的首都中都（現在北京市區西南部的前門一帶）於一二一五年向成吉思汗開城，成為蒙古經營華北的據點。城裡有一位名為昔班的聶思脫里派基督教徒。昔班雖然出身於蒙古國的重要集團汪古部的富裕名門，卻一直沒有子嗣。他不斷地向神求子，好不容易生下了一個男兒。雙親將這個男兒取名「掃馬」，代表「齋戒、斷食」之意，應是為了紀念這是齋戒祈求才得來的孩子。再加上敬稱後，這個男兒因此稱為把・掃馬。

掃馬很早就開始學習聶思脫里派的教義，之後決定將一生奉獻給信仰，在二十歲的時候不顧周遭人的反對，在獨居約七年之後，隱居在距離中都徒步一日距離的山中。順道一提，現在北京西南方靠近山林地帶的房山，以中華歷代的石經而聞名，當地的三盆山上有一個十字寺的遺址，留有兩個十字架；以研究馬可波羅而出名的慕阿德（A. C. Moule）將此事發表在一九二八年的《皇家亞洲學會雜誌》（*JRAS*）中。慕阿德認為這個十字寺是把・掃馬曾經修行的聶思脫里僧院。總之，掃馬的名聲逐漸遠播，一個從汪古王國之地、名為馬克的青年慕名來到此地，成為掃馬的弟子。馬克生於一二四五年，是汪古貴族拜尼涅爾之子。拜尼涅爾也是當地聶思脫里派副主教。

汪古部在蒙古興起之前，是以聶思脫里派基督教信仰而聞名的突厥系部族。在成吉思汗稱霸的最後階段與其結盟，屬於成吉思汗家的「古列干」，也就是蒙古語的「駙馬」之意。經過蒙古時代之後，當時以現在的內蒙古自治區呼和浩特和其周邊一帶、陰山南北至黃河一帶為根據地，維持由四支個別的王統組成的聯合軍事力量，形成接近獨立的政治、社會、文化單位。他們掌握穿越歐亞內陸的東西交通路線，這一點也不容忽視。也就是說，馬克是在廣大的蒙古領土當中，無論是文化的傳統或深度都高人一等的「汪古聯合王國」的宗教領袖。

兩人最終決定前往遙遠的西方聖地耶路撒冷朝聖。其歷史背景乃是以蒙古帝國逐漸擴展至中東為前提。然而，傳記和事實在此出現些許的出入。傳記記載兩人前往汪古的根據地，拜見可說是聯合王國代表的國王君不花（太陽的公牛之意）和愛不花（月亮的公牛之意）兄弟。兩位王熱烈歡迎二人，盛情邀請他們留在此地教化人們。但是掃馬和馬克朝聖的心意不變，兩王只好為他們餞別，並贈予騎乘的馬二匹、黃金、白銀、衣服等物品，隆重送走二人。

這個過程想必是事實。然而，既是此稀有傳記的英譯者，同時也是優秀考證學家的白琪，在此展現出極為冷靜的判斷。他判斷雖然傳記裡沒有明確記載，但大可汗忽必烈不可能與此事無關。具體而言，白琪認為兩人旅行西方，必有皇帝忽必烈給的詔書（jarliγ）和牌

**牌子**　既是帝國內交通的通行證，也是身分證明文件。分別有金、銀、銅製，上圖是銀製的牌子。長 29.5cm，寬 8.8cm。

子，保障他們這趟特殊旅行的通行安全。可證明此事的是同時代的把．赫卜烈思的證言。

身為雅各派的聖職者，在旭烈兀兀魯思與掃馬和馬克近距離接觸過的把．赫卜烈思，敘述二人是奉大可汗忽必烈的敕命前往東方的耶路撒冷。把．赫卜烈思當時居住在馬拉蓋，熟悉旭烈兀兀魯思的動向，也深知聶思脫里教會的內情，當然知道若帝王忽必烈沒有給予二人保障各種特權的牌子，他們根本不可能抵達馬拉蓋。

赫卜烈思將牌子以敘利亞語稱作「卜達拿」（Pukdane），並說這是蒙古語「ǰarliγ」的敘利亞語翻譯。無論如何，指的就是詔書。也就是說，根據他的理解，文書化的詔書和附隨的牌子是一組的，這可說是熟知蒙古制度的證言。白琪根據赫卜烈思的證言所做出的判斷非常具有說服力，筆者也十分贊同。

## ◎忽必烈時代的歐亞大陸

掃馬和馬克是在一二七六年或翌年出發。當時忽必烈已經擔任第五代蒙古大可汗數十年，逐步推進新帝國的建設，最大的障礙南宋國也在幾乎毫髮無傷的情況下剛接收、或處於

骨嵬
日本國
鎌倉
京都
開城
高麗國
遼陽
上都
大都
直沽
青島
哈剌和林
大元兀魯思
魯思
鹹海
葉密立
別失八里
阿力麻里
塔拉斯
高昌
烏爾根奇
察合台兀魯思
撒馬爾罕
黄河
開封
長江
杭州
涼州
開成
京兆
襄陽
沙布爾
赫拉特
魯思
成都
鄂州
福州
泉州
流求
拉薩
廣州
拉合爾
德里
印度河
大理
昆明
大羅
陳氏
大越國
南海
德里蘇丹王朝
勃固王朝
清邁王國
占婆
素可泰王朝
吳哥王朝
孟加拉灣
阿拉伯海
三佛齊王國
新柯沙里王國
印度洋
滿者伯夷王國

挪威王國
瑞典王國
英格蘭王國
丹麥王國
巴黎
葡萄牙王國
法蘭西王國
波蘭王國
卡斯提爾
王國
神聖羅馬
帝國
亞拉岡
王國
熱那亞
維也納
克拉科夫
羅斯諸公國
莫斯科
奈斯爾王朝
威尼斯
匈牙利王國
基輔
羅馬
塞爾維亞
保加利亞王國
拿坡里王國
薩萊
拜占庭帝國
黑海
君士坦丁堡
布爾薩
傑爾賓特
裏海
地中海
大不里士
賽普勒斯王國
摩蘇爾
大馬士革
哈馬丹
馬木留克王朝
開羅
耶路撒冷
忽里模
波斯灣
麥地那
紅海
麥加
亞丁

忽必烈時代的蒙古帝國

接收前夕。向東方擴張領土的行動，因此跨越了一個明顯的山頭。忽必烈繼續擴展海上的世界，已經可以透過印度洋上的路線聯絡旭烈兀兀魯思。

最大的問題反而是陸地上中亞方面的不安定。忽必烈的侄子阿八哈自任為「大可汗的達魯花赤」，與阿八哈在陸路上的合作，可說是忽必烈最重要的政治課題。忽必烈採取與亡兄蒙哥不同的形態，逐漸展開了更明確而且恆久的世界構想。

另一方面，我們也可以理解為何《大牧首雅巴拉哈三世傳》中沒有明確寫到忽必烈。撰寫此書的是在旭烈兀兀魯思統治之下的聶思脫里教徒，且若撰寫的時間是在一三一七年以後，則第八代君主完者都已死，由其子不賽因統治——忽必烈的意志早已是遙遠的記憶。或者應該說，每當旭烈兀兀魯思發生動亂或政變時，雅巴拉哈三世就被捲入政治的漩渦，嘗盡激烈的鬥爭和轉折。也因此在記述他的生涯時，自然會只從美好的宗教層面來撰寫。

如果出身汪古望族的掃馬和馬克沒有來到中東，無論是旭烈兀兀魯思的宗教政策，或是其統治之下的聶思脫里信徒的樣貌，想必都將大不相同。要判斷這究竟是幸還是不幸，可謂是歷史的困難之處。

## ◎大牧首雅巴拉哈三世的命運

根據記載，掃馬和馬克二人計畫從唐兀地區（大致相當於今甘肅寧夏一帶）前往和田，但蒙古王「奧科」（Oko）與忽必烈的政府軍交戰，率領殘兵到處破壞，因此行程被耽誤了六個多月。「奧科」指的應是已故貴由的三子禾忽。二人繼續經由準噶爾前往當時將帳幕設在塔拉斯河的中亞掌權者海都之處，獲得保障路上平安的符信。海都在忽必烈的敕命之下，保護並送出前往西方的二人。姑且不論海都與忽必烈在表面上的政治對立，蒙古的驛站制度依舊發揮功效。二人經過屬於旭烈兀兀魯思領地的呼羅珊抵達亞塞拜然，又為了拜見聶思脫里派大牧首馬・登哈（Mar Denha I）而計畫前往巴格達。

然而，登哈剛好來到首都馬拉蓋，二人於是在馬拉蓋拜見他，並稟告自己來自大可汗忽必烈的首都，準備前往耶路撒冷。接著二人前往從巴格達回來的旭烈兀兀魯思君主阿八哈的帳幕，帶著阿八哈授予的詔書朝耶路撒冷前進。他們從亞美尼亞、格魯吉亞採取海路，計畫經由黑海和地中海前往耶路撒冷，然而，由於格魯吉亞方面情勢非常危險而不得不放棄這條路徑；另外從敘利亞出發的路徑則被馬木留克政權掌握，也不可行。大牧首登哈在任命返回馬拉蓋的馬克為大都的總主教、掃馬為巡察總監後，準備返回東方。然而，在途經艾比爾（Arbil）附近的聖米迦勒修道院時，大牧首馬．登哈去世，時為一二八一年。人剛好在巴格達附近的馬克趕往參加葬禮，因此遭遇了後繼者的問題。

結論令人吃驚，當地的相關人士竟然一致推舉馬克為新任大牧首。他們的理由非常有政治性。出身汪古貴族、精通蒙古語的馬克，可理解蒙古為政者的方針，且又通曉蒙古的風俗習慣。雖然原本考慮到旭烈兀兀魯思掌權者的意志，但也許馬克是由大可汗忽必烈派遣而來的這一點也被列入考量。巴格達的大牧首不僅站在受旭烈兀兀魯思庇護下的教會組織的頂點，更是自古以來就廣布亞洲東方的聶思脫里信徒們的首長。這樣來看的話，很難否定旭烈兀兀魯思與蒙古帝國間相互警戒的關係。

馬克認為自己的教養和神學上的知識皆不足，又欠缺辯論之才，且不會說擔任大牧首不可缺少的敘利亞語，以自己不適任為由而固辭不受。然而眾望所歸，馬克已無法推辭，只能被掌權者說服。掃馬回到聖米迦勒修道院後，認為這是神意不可免，讓馬克立刻前往晉見旭烈兀兀魯思的君主阿八哈，聽從他的判斷，如果阿八哈欣然接受，則可宣告萬事順利。這一連串的發展顯示出聶思脫里派教會有多麼地重視與旭烈兀兀魯思宮廷的親近關係，又如何仰賴其庇護，因而直率地認為，只要獲得旭烈兀兀魯思君主的支持就可排除萬難。

抵達阿八哈位於亞塞拜然的帳幕後，阿八哈牽起馬克的手，說道：「充滿氣概、英勇的統治吧，上帝將與你同在並支持你。這也是我所祈願。」阿八哈不僅賜給他自己肩上的斗篷與自己的寶座，並授予蒙古語稱作「蘇科爾」、只有王和王族才能使用的穹廬。同時又授予新任大牧首馬克金腰牌和相當於任命狀的詔書，以及前任大牧首登哈的印璽。這三件物品的授予是蒙古帝國統治之下全區共通的形式，無論是軍事、政治、社會、文化、宗教，所有的組織和團體都被蒙古視為是

「元世祖出獵圖軸」　劉貫道所繪的著名作品，描繪了60幾歲後半的帝王忽必烈和其親信狩獵的樣子。圓潤的忽必烈看起來與其他圖像一致。摺疊攜帶穹廬氈帳的白鬚老人正是速古兒赤。除了鷹匠之外，畫面前方的人物看起來像是乘坐豹一般的野獸，也或許是犬。另外也有兩人明顯是黑人。忽必烈身邊各自擔任不同角色的近侍由不同人種組成，而他們身上的衣服是用金線縫製的五色服。忽必烈乘坐的馬是挺拔的黑馬。畫中含有豐富的情報。至元17年（1280），絹本上色182.9×104.1cm。台北國立故宮博物院藏。

政治勢力，授予其首長任命權，加以管理。這也證明了旭烈兀兀魯思也在蒙古的體制之下。

阿八哈如此的禮遇不僅可看出自旭烈兀以來親聶思脫里派的作風，身為蒙古統治階級之一的馬克成為大牧首也富含著政治上的意義。這正是聶思脫里派掌權者們的目的，也與掃馬的見解相同。想必此舉也蘊含著對大可汗忽必烈的顧慮和暗示。就這樣，馬克在三十七歲時成為第五十八代大牧首，時為一二八一年十一月。

然而，成為雅巴拉哈三世的馬克，之後的道路可說是披荊斬棘。同年冬天，阿八哈的宮廷以巴格達為冬營地。作為教會的經費，阿八哈賦予聶思脫里派每年徵收三萬第納爾（Dinar）的權限。以聶思脫里派為首，基督教看似在蒙古之下綻放。但事情卻急轉直下。結束冬營的阿八哈於一二八二年三月一日抵達哈馬丹，因為飲

拉班・掃馬和馬克的旅程

酒過度而精神錯亂，於四月一日去世。二十五天後，阿八哈的弟弟，同時也是政權支柱的蒙哥帖木兒也在摩蘇爾死去。兩人皆有可能是遭到毒殺。

如前所述，阿八哈的皇太子阿魯渾按例駐守呼羅珊，結果阿八哈的弟弟貼古迭兒即位，改稱阿赫默德，採取親伊斯蘭的姿態。旭烈兀兀魯思親基督教的政策受到壓抑，雅巴拉哈的聶思脫里教會遭到迫害，大牧首自己也遭到誹謗。二年後，阿魯渾以實力打倒阿赫默德，於一二八四年八月十一日即位為旭烈兀兀魯思第四代君主，政策走向又立刻轉回親基督教，雅巴拉哈三世也重新掌權。掃馬也在阿魯渾政權之下獲得重用。

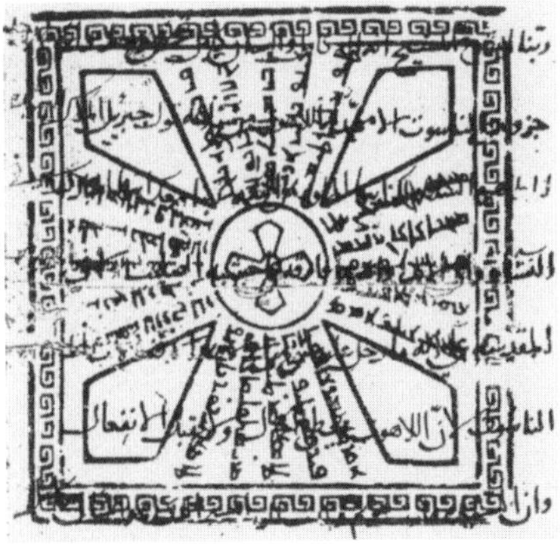

**登哈的印璽**　阿拉伯文字重疊皇帝蒙哥授予聶思脫里大牧首的金印。此印璽之後傳給了雅巴拉哈。

然而，之後每當旭烈兀兀魯思政權向伊斯蘭靠攏，雅巴拉哈三世就會嘗到苦難和危險。雅巴拉哈於一三一七年十一月十三日去世，在他三十六年間的大牧首生涯當中，歷經了從阿八哈至不賽因八代的君主交替。他嘗盡轉變和浮沉的七十三年的一生，在世界史上也很罕見。

## ◎掃馬的歐洲見聞錄

稍微往回看一點，當上旭烈兀兀魯思君主的阿魯渾，積極發展內政和外交。在財政改革方面，他起用撒都倒剌後，經濟狀況總算能喘一口氣。撒都倒剌是猶太人，原本是阿魯渾的御醫，後來受到提拔。這些改革都是合贊和完者都時代的拉希德丁的先驅。阿魯渾本身信奉藏傳佛教、控制伊斯蘭教，又如前所述極為優待基督教徒。在以上的背景之下，為了壓制敘利亞和巴勒斯坦，並驅逐馬木留克政權，於是積極尋求與基督教諸國的合作與軍事同盟。

一二八七年，阿魯渾向雅巴拉哈三世諮詢該派誰擔此大任。雅巴拉哈從語言能力和人品方面考量，推薦自己的老師拉班・掃馬。除了寫給希臘王和羅馬王，也就是拜占庭皇帝和羅馬教皇的國書和詔書（蒙古語稱作 jarliγ，突厥、波斯語稱作 yarlïq）之外，阿魯渾還準備了贈予歐洲各國君王的禮物，再交給掃馬二千米塞夸（Mathakale）的黃金（約八點六公斤）和三十匹馬，以及金腰牌。除了掃馬之外，還挑選了薩巴丁・阿爾克溫（阿爾克溫〔arkigun〕是指聶思脫里僧侶，經蒙古語轉譯為也里可溫）、阿芳斯的托馬斯（Thomas of Anfossi），以及名為烏凱托（Ughetto）的通譯等直屬大牧首的優秀人才同行。

掃馬等人從陸路出發，於黑海南岸乘船，數日後於君士坦丁堡上岸。拜占庭皇帝安德洛尼卡二世盛大歡迎一行人，帶領他們參觀包括聖索菲亞大教堂在內的各種設施和聖墓等。一行人接下來乘船向西，朝著拿坡里前進。途中，海上的一座大火山爆發，他們看見了白天吐黑煙、夜晚放光芒的景象，並聽聞由於火山熔岩，使得任何人無法靠近。傳記當中記載，這個海被稱作義大利海，是一片令人敬畏的海域，至今為止有幾千人於此航海而喪命。

此座火山是於一二八七年六月十八日在西西里島、或是第勒尼安海上爆發的斯特龍伯利火山。這段內容顯示出掃馬等人的西行和相關記述相當正確且值得信賴，且自古以來就為眾人所知。掃馬等人接下來成為了難得的歷史見證人。他們遭遇了史上著名、稱為「西西里晚禱」（Vespri siciliani）的一連串政治變動，且目睹了戰事最終決勝的場面。

## ◎「西西里晚禱」的勝負

一行人乘坐的船在差不多目睹火山爆發的時間前後經過墨西拿海峽，從拿坡里的港口上岸。傳記將以此地為首府的國王寫作「伊利德．薩爾達羅」，即聖王路易的弟弟查理．安茹。神聖羅馬帝國皇帝腓特烈二世死後，教皇與統治西西里王國的腓特烈二世之子曼弗雷迪（Manfredi）對立。在教皇的要求之下，回到法蘭西的查理南下義大利，打倒曼弗雷迪，於一二六六年成為西西里王。以拿坡里為中心的南義大利和以巴勒摩為中心的西西里，查理計劃以此二處為根據地掌握地中海中央地區，進而將視線瞄準君士坦丁堡，完成建立地中海帝國的美夢。因此，他進一步壓制這些地區，反而招致了西西里的叛亂，當時正值苦戰之中。

對於前往拿坡里王宮晉見的掃馬一行人，查理熱情款待。然而，根據傳記的記述，查理後來與「伊利德．阿爾貢」，也就是站在西西里這一邊的亞拉岡聯合王國展開海戰。查理的軍隊乘坐多艘戰艦出擊，但遭到亞拉岡大軍擊敗，查理和其士兵一萬二千人遭到殲滅，艦船也葬送海底。

這一段的記述也極為坦率。名將勞里亞的羅杰（Roger of Lauria）將戰術運用自如，從以前就讓查理吃盡苦頭，他於六月二十三日秘密進入敵軍大本營的拿坡里灣，引誘查理的次子法蘭德斯伯爵羅伯特所指揮的艦船出兵，進行海戰。羅杰充分發揮驚人的將才，他俘虜了乘坐約五千人的槳帆船四十八艘，其中包括主將法蘭德斯伯爵羅伯特、總司令官尚．德．蒙福爾、儒安維爾伯爵，以及普羅旺斯和法蘭西的許多貴族。查理的野心在此完全遭到擊潰。這是發生在六月二十四日的事。這段故事及其與西洋史相關的發展，歷史學家史蒂芬・倫西曼（Steven Runciman）的名著《西西里晚禱》（*The Sicilian Vespers*）有詳細記載。

根據掃馬的記述，這一連串的發展震驚了掃馬一行人，他們爬上宿舍的屋頂觀看海戰。他們感嘆「法蘭克人」戰鬥的英姿，尤其是不攻擊士兵以外的人這一點，更是讓他們打從心裡感到吃驚。散布在西西里的拿坡里王國一方的派遣軍在得知潰敗的消息後，立刻停止戰鬥投降。結果，一二八二年三月三十一日，以西西里巴勒摩的晚禱鐘聲為暗號的反叛，擊敗了以羅馬教廷為後盾統治地中海的查理和法蘭西人。趁勢取得西西里王位的亞拉岡聯合王國一下子崛起。掃馬等人正巧目擊了歐洲和地中海的變化。

## ◎在羅馬和熱那亞受到歡迎

掃馬一行人在偶然目睹查理戲劇性的退場之後，騎馬從陸路前往羅馬，在路上聽到教皇何諾四世去世的消息。這位作風強硬的教皇不知道拿坡里海戰和羅馬教廷潰敗的消息，已在四月三日於羅馬死去。掃馬等人抵達羅馬之後，造訪了聖伯多祿大殿和梵蒂岡。在教皇逝去後，由十二名樞機主教（Cardinal）執掌事務。在這些樞機主教正在討論下一任教皇的人選時，掃馬出現並向他們說道：「阿魯渾王和東方聶思脫里大牧首之特使到。」

之後，掃馬和樞機主教們之間展開各種問答，內容包括宗教教義上的爭論。掃馬和樞機主教們想必實際上真的展開相當激烈的討論，且對於傳記的作者而言，羅馬教廷與自己所屬的東方聶思脫里教會進行直接討論，絕對值得記錄下來，故在《大牧首雅巴拉哈三世傳》當中以慷慨激昂的筆觸撰寫。然而，羅馬教廷對於阿魯渾提出的軍事同盟並沒有做出回答。掃馬等人每日造訪羅馬市內外的教堂和修道院，聽到教廷回覆在沒有選出新教皇之前無法回答之後，離開了羅馬。

一行人向北行，經過托斯卡尼、佛羅倫斯、比薩等

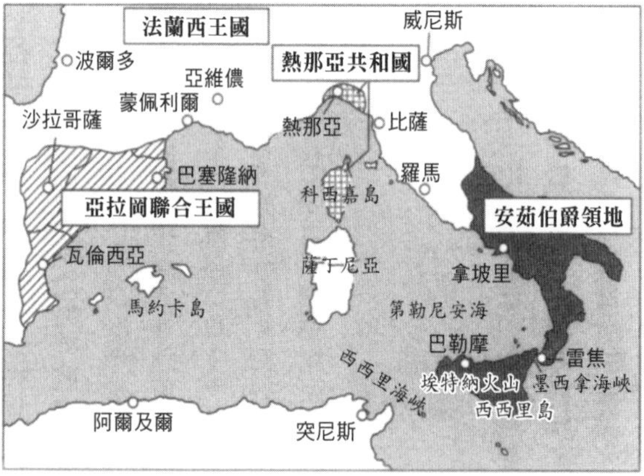


亞拉岡聯合王國和西西里的晚禱事件

地，最終抵達熱那亞。掃馬一行人造訪熱那亞並非偶然，而是為了雙方今後的布局而來表示敬意，因此受到歡迎。掃馬等人對於熱那亞沒有國王、而是選出偉人擔任領袖的制度感到驚訝，對於選舉制度也充滿興趣。

當時熱那亞和旭烈兀兀魯思已經有某種程度的連結。尤其又以名為布斯卡雷洛（Buscarello de Ghizolfi）的人最為出名。他原本是熱那亞的大商人出身，後來成為阿魯渾身邊的外交和通商顧問，且擁有擔任蒙古傳統怯薛，亦即日夜保衛君主的親衛隊豁兒赤（箭筒士）的資格。簡言之，他身處阿魯渾政權的中樞。

因此，熱那亞的人們熱烈歡迎掃馬一行人。對於想要進一步開展東方貿易的熱那亞而言，控制中東東半部且對基督教態度友善的旭烈兀兀魯思，比他們從前在黑海方面就有接觸的北方朮赤兀魯思更有魅力。

掃馬等人從熱那亞北上，訪問翁巴（倫巴底）之後，朝向法蘭西王國的首都巴黎前進。傳記中沒有特別記錄途中停留的地點和路線。順道一提，拉班．掃馬的傳記並沒有使用以波斯語寫成的「原文」，且敘利亞語版的傳記當中，包括重要內容在內，多處根據需要加以省略或簡述。因此，我們在看到現在的版本時，必須注意，應在此前提下閱讀。

## ◎從巴黎再到波爾多

傳記中明言法蘭西王國是領土廣大的國家。國王腓力四世是聖王路易的孫子，對旭烈兀魯思而言是值得樂見往來的對象。法蘭西王也派遣儀仗隊展現威儀，盛大歡迎掃馬使節團來到巴黎。他們在旅舍休息三天之後，腓力四世邀請一行人入宮，款待他們並詢問來意。

掃馬說道：「阿魯渾王和東方聶思脫里大牧首為耶路撒冷之事派我前來。」並稟告與此相關的一切事情。同時又獻上千里迢迢帶來的國書和禮物。對此，腓力四世回答道：「雖然蒙古人並非都是基督徒，卻說為了奪回耶路撒冷不惜與阿拉伯人開戰。為此我們身為基督徒當然更應全力以赴。」作為基本的方針，腓力四世並未否定與蒙古的合作與聯合。

之後，他們被允許參觀教堂和神聖的遺物，包括掃馬希望一見的珍貴寶物，同時也遊覽了巴黎市內。在長達一個多月的停留中，特別記載了當時的巴黎光是接受宗教教育的學生就高達三萬人以上。他們除了研究聖經和古典之外，還有哲學、辯論、醫術，甚至攻讀幾何學、代數、算術、天文學等等。而且，所有學費都由國王提供。此類的記述僅在巴黎出現，可見掃馬有多麼地驚訝，而特地將之記錄下來。

終於到了一行人必須離開巴黎的時候。腓力四世說道：「我會派一位貼身大艾米爾（大官）與你們同行，給阿魯渾王一個答覆。」過了二年，根據前述布斯卡雷洛來到法蘭西、向腓力四世呈上蒙古命令文格式的書簡記載，事實上在離別的時候，法蘭西王已向包括「瑪．巴．掃馬」在內的使節們約定共同出兵埃及和敘利亞。這份書簡正是雷暮沙研究的著名書簡。反過來說，這個貴重的阿魯渾書簡佐證了掃馬等人的旅行和使命。如此，腓力四世除了贈送掃馬禮物之外，還賜給了他們高價的衣物。

掃馬一行人從巴黎向法蘭西的西南領地前進，為了晉見駐營於卡索尼亞（Gasconha）、也就是加斯科涅（Gascogne）的英格蘭國王愛德華一世，在經過二十天的旅程後，抵達波爾多市。當時英格蘭王在法蘭西國內

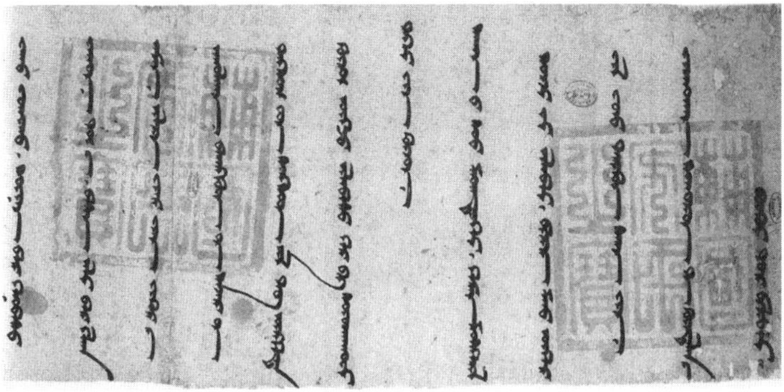

**阿魯渾寫給腓力四世的書簡**　旭烈兀兀魯思君主提議與法蘭西王一起進攻巴勒斯坦和敘利亞。內容是以回鶻式蒙古文字寫成的蒙古語。法國國家古文書館藏。

保有廣大的領土。波爾多的人們問道：「你們是什麼人。」掃馬等人回答：「我們從東方遙遠的國家越過山、川、海、荒野、沙漠而來，是受蒙古君主的派遣。」聽到回答的人稟告英格蘭國王，愛德華一世大悅，召見掃馬一行人。

掃馬依慣例獻上阿魯渾的國書和禮物，再呈上大牧首的書信，並提出對耶路撒冷問題的看法。愛德華一世說道：「阿魯渾王想我所想，讓我心更加堅定。」於是請掃馬舉行聖餐禮的大典，國王和其下眾人皆遵循儀式佇立，接著又舉辦了盛大的宴會。掃馬等人在參觀完教堂等地之後，愛德華一世賜下禮物和許多旅費，一行人又回到了遙遠的熱那亞市。必須說沒有記述返回的旅程有些不自然。熱那亞對於掃馬一行人而言想必是非常自在的地方。他們在那裡渡過了一二八七年的冬天。

## ◎旅途的終章，逐漸連結的東西方

在冬天即將結束的時候，有一位重要的大學者偶然從阿勒曼尼亞國（Almanya，即土耳其語的 Germany）來到熱那亞。這個人物在羅馬教廷擔任要職，正準備返回羅馬。關於這位大學者的身分，目前被當作是耶路撒冷的約翰（John of Jerusalem）。當時，哈布斯堡家第一代的日耳曼王魯道夫成為神聖羅馬帝國的皇帝後，為了準備加冕儀式，而於一二八六年前往日耳曼地區。談到神聖羅馬帝國和蒙古，像是拔都西征時具有歐洲代表的身分而不得不應付的腓特烈二世，以及為之後「大空位時代」（Interregnum）畫上休止符的魯道夫一世等，彼此間都有直接和間接的關係。尤其是在哈布斯堡家的歷史當中，建立起家族領地的魯道夫更是特別重要。

這位主教聽聞掃馬等人停留在熱那亞而特地來訪，並說道：「我之所以前來是因為聽聞你學識淵博、品德高尚，且你打算去羅馬。」掃馬表示謝意並告知自己的使命，回答道：「經過一年的時間，至今尚未選出教皇，回去後不知該如何稟報蒙古的王和人民。基督徒們看起來應該已放棄奪回耶路撒冷，對我置之不理，該如何是好。」主教於是和他約定，自己會盡量努力向羅馬教廷的樞機主教們轉達掃馬的意見。不過當主教抵達羅馬的時候，已經在一二八八年二月二十日選出了新教皇尼古拉四世，於是便隨即邀請掃馬前來。

一行人經過十五天的旅程抵達羅馬教廷，而新教皇就是掃馬當初前來時第一位與他交談的樞機主教。之後事情非常順利地發展，在獻上國書和禮物之後，羅馬教廷盛大款待，並給予特殊待遇，進行了東西兩教會的交流，且舉辦各種儀式等等，這些過程在傳記當中都有鉅細靡遺的記載。最終當掃馬提出回國請求的時候，尼古拉四世希望他們繼續留在羅馬，但他們表明自己有責任將這次的見聞稟告蒙古的王和人民而推辭，於是尼古拉四世賜下部分聖物，分別交付寫給大牧首雅巴拉哈三世和掃馬的教皇詔書，此外也準備了獻給阿魯渾的禮物，還給了掃馬一千五百密斯卡爾（mithqal）的黃金當作旅費。

反向走上來時的路，回到旭烈兀兀魯思的掃馬等人獻上教皇和各國君主所寫的國書、文件，以及禮物，並詳細報告所見所聞。阿魯渾大悅，慰勞一行人的辛苦，並將掃馬留在身邊。掃馬請來雅巴拉哈三世，說到若要受領羅馬教皇的禮物，那麼大牧首也要在宮廷的入口興建教堂。可以說不僅在宗教方面，阿魯渾也將掃馬當作政治和外交的智囊，而掃馬也想要明確展現出，雅巴拉哈三世率領的聶思脫里教團與阿魯渾政權擁有特別的連帶關係。

旅途的最終大致如此。筆者不禁想，現在看到的「敘利亞語版」不過是摘要版，基本上都沒有記述危險和細微的事情，明確回避掉了旭烈兀兀魯思和歐洲外交上的若干「真實之處」。若以波斯語寫成的掃馬傳「原文」有遺留下來，不知會是怎樣。

也就是說，無論場面如何，都絕不明確記錄交涉的結果。關於國家的決定，就算是眾所周知之事也不記載，這就是聶思脫里教會的立場。這也許可以看作是保護教會的「巧智」。

總而言之，名為掃馬傳的敘利亞語版的描述，實際上背負了一三一七年之後，即第九代君主不賽因的時代和其之後的「時間性」。

掃馬的旅行記與《史集》第二部世界史當中的〈法蘭克史〉同樣記錄下東方所見的歐洲，此種視角在世界史中實屬少見。兩者皆從蒙古的觀點描繪，與伊斯蘭文獻所記載的內容有相當大的差距。〈法蘭克史〉是以十三世紀名為多羅波的馬丁或馬丁內斯．波羅納斯的道明會修道士的年代為藍圖，收集了許多情報和見聞。如前所述，很難說《史集》是由穆斯林史家一手完成，主要編纂的核心人物還是合贊或完者都，這一點無庸置疑。亦即嚴格來說，〈法蘭克史〉是根據歐洲和伊斯蘭雙方的資料，以蒙古的觀點經過重新整理而成的合成物。相對於此，掃馬的遊記乃是純粹從東方、亞洲、蒙古的角度所見的歐洲。

羅馬教皇尼古拉四世交託給掃馬的多封書簡，是與掃馬使節團相關的佐證。除了作為交涉對象的旭烈兀兀魯思君主阿魯渾之外，教皇還有寫給塔塔兒的王女禿帶、即已故阿八哈的正后禿乞台，以及大牧首雅巴拉哈三世的信。這些信的日期都是一二八八年四月。

自掃馬使節團之後，阿魯渾又持續派遣使節前往歐洲。相反地，歐洲也派遣宣教團來到東方，結果阿魯渾的國書和尼古拉四世寫給大可汗忽必烈的書簡相互來往。其中，前述的布斯卡雷洛於一二八九年訪問羅馬教皇、法蘭西王、英格蘭王，翌年一月五日抵達倫敦。雙方流傳至今的國書和文件等，自古以來就是蒙古帝國史研究受歡迎的主題。

這種超越國家層級、持續的東西交涉和應對關係，可說是世界史上首見，而開啟這扇大門的是掃馬使節團，其代表的意義與過去的柏朗嘉賓、燕只吉台的使者，以及魯不魯乞等明顯不同。蒙古帝國與歐洲之後也持續加深相互理解，逐漸拉近彼此的距離。拉班・掃馬沒能看到合贊即位後旭烈兀兀魯思的變化，於一二九四年逝去，結束了堪稱縱橫歐亞的一生。然而，雅巴拉哈三世仍為合贊向伊斯蘭靠攏所苦，之後持續奮鬥了二十三年。

## ◎地圖還可以告訴我們什麼？

如第二章所述，十三世紀末起，地中海和歐洲的局勢急速發生變化。具體而言包括查理政權的衰亡、亞拉岡聯合王國的興起、旭烈兀兀魯思和歐洲的合作，以及隨之而來的商業和交通的蓬勃發展。地中海不再僅是讓人摸不清的危險海域，而逐漸開始出現以地圖表示各種現實上的見聞和知識的需求，以便讓人知道哪裡有些什麼、可以如何達到目的地。

描繪港口位置的波特蘭型海圖（Portolan chart），便出現於一三〇〇年前後這個象徵性的年分。展現神學世界觀的「TO 地圖」逐漸消失，更合理的地圖從北義大利開始流傳。這代表世界觀出現了劇烈的變化。一三〇四年蒙古帝國的東西融合，以及之後人、物、資訊的東西交流形成的歐亞非一體化，給以義大利為中心的歐洲帶來顯著的經濟、文化繁榮和自由的精神，進而醞釀出「文藝復興」。後者又一口氣促進了地圖的「進化」。

誰都可以看出，地圖表現方式的明顯改變，反映出時代和現實社會的變化。也因此，繪製於一三七一至七五年的《加泰隆尼亞地圖》，才會劃時代地出現在逐漸建立起地中海帝國的亞拉岡聯合王國統治之下的馬約卡。如前所述，相較於西方的《加泰隆尼亞地圖》是歐洲的傑作，東方的《混一疆理歷代國都之圖》，則是朝鮮王朝根據自己的需求，接合二種完全不同性質、且接近

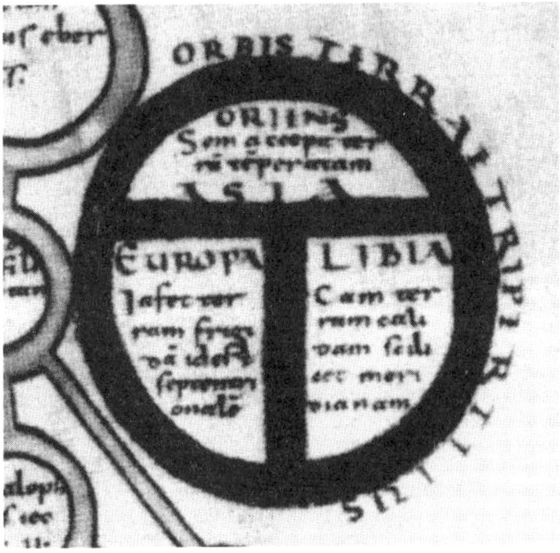


「TO 地圖」的例子　標示出歐洲、利比亞（非洲）。11 世紀。

「民間」程度的草圖所製作而成。說得更直白一點，現在流傳的一系列《混一圖》，與其說是可以確實掌握蒙古帝國的「世界地圖」，不如說是帝國最殘破的身影。

然而即便如此，當中還是隱藏了一些驚人的線索。在《混一圖》中，與亞拉岡聯合王國直接相關的伊比利半島（Iberia）有詳細的標示，這一點很容易理解，標示較少的義大利和法蘭西地區，列出了巴勒摩、拿坡里、塔蘭托、羅馬、亞維儂、巴黎等地名，不禁讓人聯想到掃馬一行人走過的路線；甚至也出現可以讀作「Almanya」的地名，以及亞奎丹的不完整標示。「Almanya」和相當於加斯科涅的亞奎丹透露出濃厚的掃馬使節團色彩。

不過這些都只是臆測。在觀看標示地名極少的義大利和法蘭西時，不知為何筆者總會不自覺地與掃馬傳的記述重疊。這樣的疑問感也許今後將會持續存在。

第七章

# 「駙馬爺」們的歐亞大陸

**帖木兒的胸像**　舊蘇聯科學院人類學研究所根據在陵墓發現的帖木兒頭蓋骨復原而成。

## 成吉思汗家超越時空的神聖血統和其記憶

### ◎為權力、權威、統治正當性背書的帝王形象

如前所述，在十三、十四世紀領有大半歐亞大陸的超廣域蒙古世界帝國，無疑在人類的歷史上開創了一個新的時代。東起日本海，西至多瑙河口、安那托利亞高原、東地中海沿岸，以成吉思汗為始祖的血脈和王統以不同的帝室和王族身分，在各地逐漸形成各種形式和程度不同的權力、政權、分領，雖然統治不同地區的時間有長短之別，但整體而言，蒙古以歐亞共通的統治階層之姿，至少君臨了兩個世紀。

蒙古這個空前絕後的廣域統治，建立了東西方共通的統治制度和蒙古語總稱「Altan urag」（黃金家族）的帝王、君主或王侯們的權力，並以此為基礎，逐漸形成對成吉思汗血脈超越時空的尊崇之念。

在蒙古統治的歲月裡，除了可見的統治制度和國權，以及共通化的文明和文化等清楚明確的歷史遺產，強烈的帝王形象和記憶，也深深烙印在歐亞各地。除了亞洲東方各地，伊

朗、中東方面，以及厭惡蒙古的俄羅斯方面，也都一脈相承。這件事本身就可說是穿越時代、世界史規模的歷史現象。

當中，在廣義的內亞或中央歐亞各地，蒙古時代以後的帝王或王者，都從蒙古帝國和其創始者成吉思汗身上尋求自己權力、權威、統治的正當性和根源。這可說是所謂「後蒙古時代」顯著的動向和潮流。

為何會出現如此動向和潮流，背後是因為「若不這麼做，則無法支撐自己的王位和權力」的政治傳統及社會架構，或者可以說，這種下意識的觀念貫穿各個地區社會，逐漸廣布中央歐亞地區。這是當時無庸置疑的現實，這樣的時代的確存在於蒙古時代的延長線上，在成為「蒙古遺產」的同時，也開創出新的發展。

## ◎不稱汗的帝國

蒙古帝國之中誕生了各式各樣的國家和政權。例如十四世紀後半以河中地區為根據地興起的帖木兒政權和其後繼者，都足以被稱為「帝國」。帖木兒帝國在後蒙古時代初期尤其興盛，之後由於無法維持西方和北方的領土而逐漸縮小，也有愈來愈多地方欠缺統合。

回顧整個蒙古世界帝國，中亞最晚建立的察合台兀魯思，其中央機構最不健全。原本應是建基者的篤哇和他為數眾多的兒子們相繼繼承王位，但又都相繼去世，因此國家逐漸失去了向心力。

在如此分立之下，禿忽魯帖木兒首先從察合台兀魯思東半部七河地區（Zhetysu）和天山、塔里木盆地一帶的蒙兀兒斯坦（意為蒙古之地）崛起，繼承了察合台家的血脈，一時之間展現了重新整合察合台兀魯思這個「集團」之姿。然而不久之後，禿忽魯帖木兒死去，他的霸權也隨之急速消失。在這樣的情況下，帖木兒從察合台西半部興起。帖木兒（Tīmūr）這個通稱來自於阿拉伯文字的標記，原本的發音應是鐵木兒（Temür）。

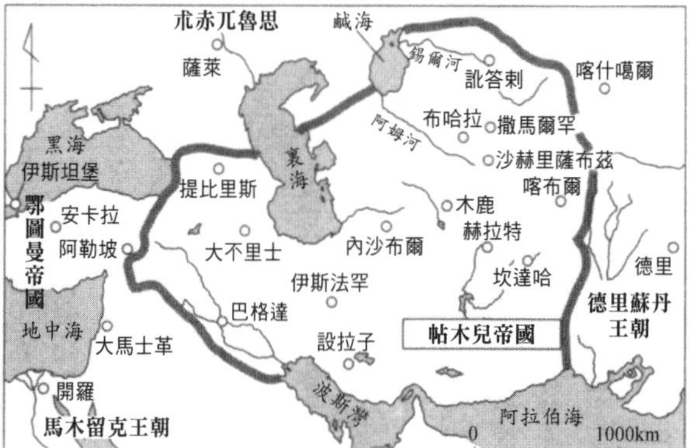

帖木兒帝國的版圖

帖木兒曾經追隨成吉思汗的後裔禿忽魯帖木兒，協助他稱霸，這個過程有助於他日後的掘

**與脫脫迷失交戰**　帖木兒與試圖重新整合朮赤兀魯思的脫脫迷失交戰（右）。親信撐著天蓋。

起。除了極早期之外，帖木兒基本上沒有踏入錫爾河以東，具體而言就是訛答剌以東之地，而是以錫爾河以南的地方為自己主要的活動範圍。在蒙古的旗幟之下，他憑藉實力，征服了陷入混亂的河中地區至呼羅珊一帶，又在旭烈兀兀魯思解體之後，從伊朗中央部進入亞塞拜然，更進一步遠征小亞細亞和敘利亞。

另一方面，帖木兒也幫助斡兒答兀魯思的首長脫脫迷失，重整逐漸失去整體性的朮赤兀魯思。脫脫迷失是成吉思汗後裔，也是朮赤兀魯思左翼部分（突厥語稱阿黑・斡魯朵，被翻譯為白帳汗國）的主人。之後，帖木兒與脫脫迷失相爭，將軍隊推進到北方的欽察草原。此外，帖木兒又繼承自察合台兀魯思時代起的南進印度政策，將手伸進了德里蘇丹政權統治之下的印度平原。一四〇二年，他又在現在的土耳其共和國的安卡拉近郊擊敗逐漸興起的鄂圖曼勢力，俘虜君主巴耶塞特，將他們逼近滅亡的深淵。就如前述，以亞洲西半部為舞台展開大範圍活動的帖木兒，可說是歐亞大陸孕育出的最後「霸王」。

然而，他一生當中不僅從未稱「可汗」，甚至連「汗」的稱號也沒有。在蒙古時代，正式來說僅有勢力覆蓋全蒙古的帝王才可以稱「可汗」（自忽必烈之後，僅限大元兀魯思的皇帝），而「汗」這個稱號，只有西北歐亞的朮赤兀魯思、中亞的察合台兀魯思、伊朗中東方面的旭烈兀兀魯思，這三大兀魯思的歷代君主可以使用。或許可以說帖木兒不稱汗是因為遵循這個傳統、觀念或框架，但現實當中的帖木兒其實是不得不遵循。

## ◎「駙馬爺」帖木兒

一三三六年出生於竭石（今沙赫里薩布茲）郊外的帖木兒，雖然語言、生活等等已經突厥化，但出身卻是屬於蒙古統治階層的部族巴魯剌思。在蒙古族祖先傳說當中，巴魯剌思家與成吉思汗家在五代前擁有共同的祖先，就是名為敦必乃、充滿假想色彩的人物。另外可以確認的是，成吉思汗在完成霸業的時候有一個名為哈剌察兒的人物，是支撐蒙古新國家的重要支柱之一，此人也是出身巴魯剌思家族。

除此之外，巴魯剌思家在成吉思汗分封兀魯思的時候，被指定成為其次子察合台之下四個千人隊（波斯語稱哈扎拉，蒙古語稱敏罕）之首。此後經過發展、分裂、再整合的複雜過程，巴魯剌思家一直都位居察合台兀魯思之首，站在門閥貴族的頂點。也就是說，在十四世紀初屬於半獨立狀態的察合台兀魯思，除了繼承成吉思汗血脈的王族之外，巴魯剌思家也是屈指可數的名門。

由此可見，帖木兒顯然是蒙古貴族的子孫，雖然沒落，但血統並非一般凡人。在媲美時代風雲人物的活躍表現背後，他擁有的是重視血統、出身、家門的蒙古價值觀，這一點不容忽視。帖木兒也尊重並沿襲蒙古的制度，例如他奉行成吉思汗訂定的札撒（軍律），重大國事要召開忽里勒台商議後才決定。不僅如此，帖木兒在各方面都遵循蒙古過去的傳統。帖木兒帝國這個政權，在其組織、營運、執行等方面可說是存在於蒙古帝國這個大的架構之下。

但他並不稱「汗」，他的後繼者也貫徹這個方針，那是因為帖木兒並沒有繼承成吉思汗家的血脈。相反地，帖木兒之後的歷代繼承者如果稱「汗」，那麼這個政權想必會出現動搖，甚至崩塌——至少這樣的擔憂和害怕非常強烈——可見成吉思汗家的血脈具有如何重大的意義。這種觀念強烈影響了中亞的人們，以至於帖木兒的後繼者對此必須非常敏感、戒慎恐懼。

那麼，帖木兒該怎麼做呢？首先，他擁立成吉思汗末流的蒙古王子昔兀兒海迷失為名義上的汗。同時自己又從成吉思汗王族當中直接繼承其血脈的察合台家，迎娶王女薩拉伊・穆爾克・汗尼姆為妻，帖木兒因此成為成吉思汗家的「kuregen」（為突厥語，蒙古語稱作古列干〔guregen〕），也就是「駙馬」的意思。他因此被稱作「埃米爾・帖木兒・古列干」（Amir Timur Gorgan）。

「埃米爾」在阿拉伯語和波斯語裡指的是「首長」，在這個時代實際上代表「武將」、「司令官」等相當於軍事領袖的「將帥」之意，廣義上也相當於「殿下」這個敬稱。換言之，帖木兒被稱作「駙馬將帥帖木兒」或「駙馬帖木兒」。

## ◎雙重王權的新方式

接下來我們看一下帖木兒政權自己編纂的波斯語系譜集《顯貴世系》（*Ansáb al-*

*Ashraf*）。《顯貴世系》有多個抄寫本，其中收藏於巴黎法國國家圖書館東方部的古文書版本，幾乎可說是在帖木兒的孫子沙哈魯統治之下編纂而成的「原稿」。接著將論述這麼說的依據。

在這個「巴黎抄寫本」當中，編纂者自豪地圖示成吉思汗家與帖木兒家的關係。根據圖示，昔兀兒海迷失「汗」繼承的雖然是成吉思汗第三子、也是第二代大可汗窩闊台的血統，但說穿了不過是旁系的旁系。但即便如此，他的父親答失蠻察在帖木兒之前，就已經被西土耳其斯坦的掌權者埃米爾加茲罕拱為察合台兀魯思的君主。也就是說，他是非常適合當作魁儡的人選。跨越兩代、且出身非察合台兀魯思「正統」的窩闊台系，正是成為魁儡的最佳條件。

這個方式並非帖木兒獨創，帖木兒其實是學合贊的作法。說實話，很難想

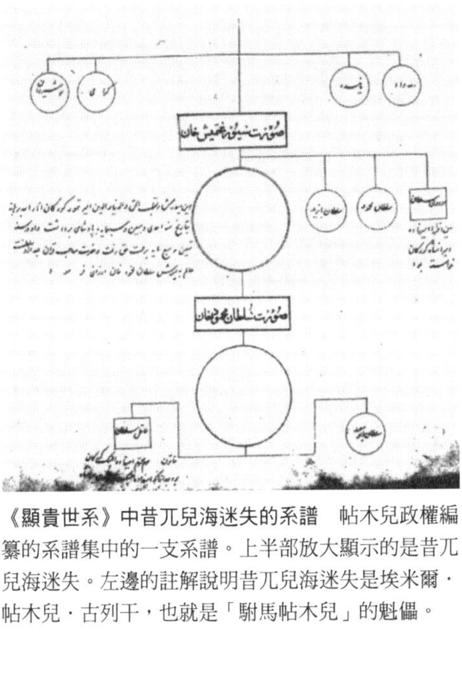

《顯貴世系》中昔兀兒海迷失的系譜　帖木兒政權編纂的系譜集中的一支系譜。上半部放大顯示的是昔兀兒海迷失。左邊的註解說明昔兀兒海迷失是埃米爾・帖木兒・古列干，也就是「駙馬帖木兒」的魁儡。

像如帖木兒這般的英雄是如此取巧或狡猾之人，反而應該是強硬剛正、武斷耿直，甚至因此而招致自己的親族背叛才對。但這些也都只不過印象而已。

回頭來看，政治上，帖木兒家在魁儡「汗」之下，僅站在第二把交椅的位置；與此同時又迎娶成吉思汗家的女性而成為「駙馬」，以這樣的形式連接成吉思汗一族的神聖血統。現實上，他則是掌權者，以表面上扮演輔佐成吉思汗家的角色，而獲得實際利益。

若對比日本史，不禁讓人聯想到天皇與將軍、或是鎌倉幕府的將軍與執權（官職名，地位僅次於將軍），甚至大致同時代的足利將軍（稱號為公方）和掌權者管領之間的關係。其實日本史上「管領」這個用語和概念本身，就是直接從蒙古時代的大陸傳入。順道一提，包括鎌倉和室町等時代的劃分在內，日本史和東洋史的分類有時會武斷地製造出莫須有的幻影，因此而產生的主觀印象會成為理解歷史的障礙，真的沒有比這個更有害無益的事了。

其實這時蒙古帝國整體上已經進入解體期，過去壓倒性的政治和軍事上的影響力急速下降。然而有趣的是，某種觀念一旦形成便會根深蒂固。史後之人看來也許會懷疑為何如此，但生在當時的人們卻覺得意義重大。人類歷史上這樣的例子不勝枚舉。現實中的蒙古帝國和成吉思汗家的權威，就這樣在不同地方繼續發展。在當時，「王」必須是繼承成吉思汗家

「血脈」的人。

這種作法當然也有許多實際上的益處。只要推舉成吉思汗家的人，在其權威和神聖的形象之下，無論是原本地位遠高於帖木兒的各王侯，或是與帖木兒平起平坐的部族首長和地方有實力者，都必須受他指揮。只要採取這樣的「手續」，任何事情都會變得更容易統整，在進攻周邊地區的時候，也可以打出重振成吉思汗家的名號。結果是，自蒙古帝國以來散居中央歐亞各地的貴冑或武人們，以及許多遊牧民集團，都追隨帖木兒的旗幟，接受他的統治和支配。

## ◎繼承兩個血統的王權

帖木兒王朝的歷代君主，也都繼承了第一代帖木兒所採取的這種方式。魁儡汗昔兀兒海迷失死後，由其子麻哈沒的算端繼承。帖木兒的後繼者們一直擁立具有成吉思汗血統的汗，同時又從母方繼承成吉思汗家的「血脈」（除了察合台系和窩闊台系之外，也有朮赤系）。根據中華式的說法，也就是維繫「駙馬爺」（皇帝的女婿）的名分。

這樣的形式不禁讓人聯想到在蒙古帝國時代擁有領地、領民、軍事力量、經濟力量，且與蒙古帝室完全一體化，共享富貴繁榮的弘吉剌、亦乞列思、汪古、瓦剌等「駙馬王家」或「駙馬王國」。這些家系大多在旭烈兀兀魯思、朮赤兀魯思、察合台兀魯思，以及大元兀魯思統治之下形成分族和分領。順道一提，忽必烈之後出現的高麗國及其王室，也可說與此類似。

這樣獨特的地位，即依附在各兀魯思政權之下的大小封王們，皆以蒙古語被稱作「古列干」。埃米爾．帖木兒．古列干的稱呼及其內涵並非獨特，不過是蒙古時代普遍化的現象。也就是說，帖木兒是自蒙古時代以來廣布各地的眾多「駙馬」之一，或者說是新面孔。

為帖木兒的「王權」背書的是成吉思汗和其血脈，而他們將自己的「王權」與蒙古「王

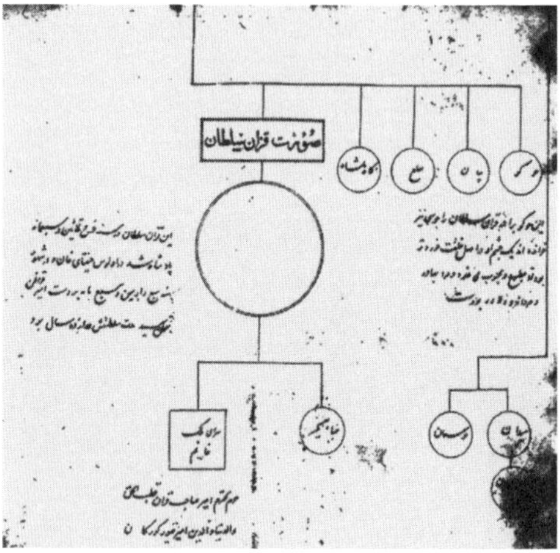

《顯貴世系》中昔兀兒海迷失夫人的系譜　圓形是察合台王家的合贊算端，左下的四方形是他的女兒薩拉伊．穆爾克．汗尼姆，並有註解說明她是埃米爾．帖木兒．古列干的夫人。

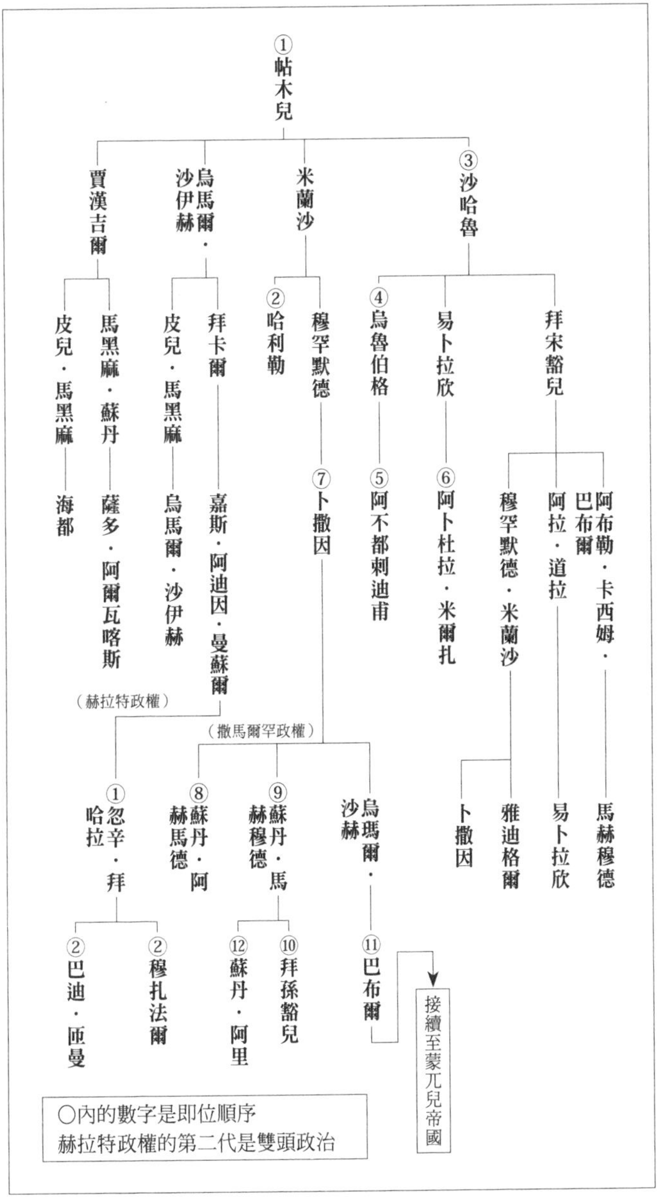

從帖木兒至巴布爾的系譜

權」視為兩個王權，前述的《顯貴世系》可作為佐證。《顯貴世系》採取前半是成吉思汗家、後半是帖木兒家的兩段式結構編纂而成，十分簡單易懂。帖木兒王朝的「王權」，不僅在現實的國家體制上，在「王」的權威和神聖性方面，以及作為支配、統治正當性的根據方面，幾乎都是與蒙古帝國和成吉思汗家並列的「雙重政權」。

另外值得注意的是，這個特殊的系譜集，除了收藏於巴黎法國國家圖書館的抄寫本之外，還有在蒙兀兒帝國統治之下於印度抄寫的三種版本。如一般所知，由帖木兒帝國最後一任君主巴布爾所建立的蒙兀兒帝國，可說是第二帖木兒帝國。在其統治之下，也曾多次抄寫該系譜集，加以維護，這是不爭的事實。且在進入蒙兀兒帝國時代之後，《顯貴世系》的印度版本出現多處反映印度方面的政治要素和勢力關係而作出的追加、改訂、刪除。

換句話說，在蒙兀兒帝國統治之下，依舊尊重、顧慮蒙古帝國和成吉思汗血統。由此可見，它所代表的重大意義實在是不容忽視。王者、君主、統治者必須擁有尊貴的血脈，即便是擴展的系譜也要與之相連，保證其血統的高貴。

也就是說，帖木兒帝國的君主和王族們同時繼承成吉思汗和帖木兒兩位「英雄」的血液，而蒙兀兒帝國的君主和王族依舊如此。第一和第二帖木兒帝國（帖木兒和蒙兀兒的王統）皆是繼承兩種血脈的王權。

## ◎蒙古和羅斯的三百年

也許有人會感到意外，但接下來要論述的與此相當類似的例子，是蒙古和俄羅斯「王權」的連動。

朮赤兀魯思對羅斯、也就是包含俄羅斯在內的西北歐亞的統治非常寬鬆，持續了約一世紀半。一三八〇年，莫斯科的德米特里·頓斯科伊（Dmitry Donskoy）所率領的俄羅斯聯軍，在頓河附近擊敗了朮赤兀魯思當中實力堅強的馬麥所率領的蒙古軍。這場戰役就是庫里科沃之戰（Battle of Kulikovo），其勝利顛覆了蒙古不敗的無敵神話。德米特里·頓斯科伊（意指頓河的德米特里）因此受到歌頌，成為俄羅斯的整合與對抗蒙古的中心。

二年後，斡兒答兀魯思的脫脫迷失擊敗馬麥，大舉西進，席捲羅斯，莫斯科不幸被火燒毀，朮赤兀魯思的間接統治在轉眼之間復活。我們固然可以理解俄羅斯史上過度強調庫里科沃之戰的心情，儘管與事實略有不符。只是，雖然莫斯科大公必須得到蒙古承認的方式不變，但羅斯對蒙古的態度自此戰之後逐漸改變。

反而是蒙古內部出現了動搖。上述的脫脫迷失在帖木兒的援助之下重新整合朮赤兀魯思，但一三八九年左右起，兩者之間的對立加深。一三九五年，脫脫迷失在捷列克河慘敗給帖木兒，逃往當時強盛的立陶宛，而帖木兒則破壞了可說是朮赤兀魯思中心地區的伏爾加河下游和首都薩萊市。這件事情成為一大分水嶺。

之後，朮赤一門的向心力減弱，在朮赤兀魯思「右翼」、過去曾是政治核心的拔都兀魯思之地，除了以正統王家任命的大斡魯朵之外，出現了紛紛脫離而獨立的現象：一四三〇年是克里米亞、一四四五年是喀山、一四六四年是阿斯特拉罕。此外，烏拉爾山南部的諾蓋斡魯朵、東邊拔都的弟弟昔班統領的 **Gök Orda**（藍帳汗國）、再加上失比爾（也稱西伯利亞汗國），這些所謂的「汗國」也注定分立，構成朮赤兀魯思的大聯合體已經失去了一個國家的型態。以結果而論，廣義上屬於「蒙古」的帖木兒，反而為羅斯帶來了幸運。

順道一提，昔班兀魯思的人們被稱作烏茲別克，自阿布海兒起至其孫穆罕默德．昔班尼，於十六世紀初打倒帖木兒帝國，在河中地區和呼羅珊建立了名為夏依班的政權（夏依班〔Shaybani〕是將突厥語和蒙古語的昔班，以波斯語和阿拉伯語發音的結果）。本書開頭所述，於一九二〇年消滅的兩個位於中亞的蒙古帝國殘影，即布哈拉汗國和希瓦汗國，都屬於烏茲別克系國家。布哈拉汗國名義上承襲自後面提到的、由阿斯特拉罕逃亡至烏茲別克的最後一任君主。

另一方面，與蒙古的變動相反，羅斯諸公國當中，莫斯科大公國逐漸確立霸權。根據過去俄羅斯一方的記述，到了伊凡三世的時候，俄羅斯從蒙古的統治當中解放出來。

的確，一四六二年，成為莫斯科大公的伊凡三世合併大諾夫哥羅德、特維爾、梁贊、羅斯托夫、普斯科夫等公國和城市。一四七二年，伊凡三世與二十年前遭到鄂圖曼帝國滅亡的拜占庭帝國最後的皇帝君士坦丁十一世之女索菲婭（佐伊·帕萊奧洛吉娜）再婚，以拜占庭帝國（也就是羅馬帝國）後繼者和希臘正教擁護者的姿態自居，是一個非常強勢的君主。然而，他依舊必須承認蒙古的「宗主權」。至今為止，我們容易將俄羅斯與蒙古看作是對立關係，但現實的狀況是蒙古和羅斯在各自分立、彼此均衡當中，在一個寬鬆的體制之下慢慢演變。莫斯科大公國的興起，事實上也是非常緩慢的變化的結果。

蒙古方名義上相當於「宗主」的大斡魯朵，在艾哈邁德的時代暫時達到鼎盛。然而一四八〇年，蒙古於烏格拉河與莫斯科大軍長期對峙，在沒有得到任何好處的情況下撤退。

有人認為這是所謂「韃靼枷鎖」的結束。不過，大斡魯朵仍一直延續到一五〇二年，首都薩萊遭到克里米亞攻陷為止。另外，已經徹底衰弱的朮赤兀魯思勢力，依舊在一五二一年擊敗莫斯科大軍，再度讓莫斯科臣服——雖然這是最後的光芒。總而言之，蒙古分裂和衰弱的色彩逐漸濃厚，到十六世紀中已經無力回天。

## ◎蒙古與俄羅斯重疊的「王權」

一舉打破這種僵局、奠定後來俄羅斯帝國基礎的人，就是著名的雷帝伊凡四世。一五三三年，他的父親伊凡三世死去，年僅三歲的伊凡四世成為莫斯科大公。經過母親葉連娜攝政五年和之後貴族統治所引起的混亂時期，在一五四七年，他十六歲時舉行了史上首度出現「沙皇」（Tsar）稱呼的加冕儀式，開始親政。五年後的一五五二年，他親率大軍進攻喀山市，殺了所有男丁，俘虜了所有婦女。

接下來一五五六年，害怕成為喀山第二的阿斯特拉罕放棄抵抗而投降。合併實力強盛的兩汗國後，控制了伏爾加河地帶，伊凡四世為俄羅斯開啟了東進的道路。不久後他又合併失比爾汗國，一口氣前進西伯利亞大地，如入無人之境。俄羅斯的歐亞化和邁向巨大帝國的道路就此展開。

大幅改變俄羅斯史的伊凡四世，其實與蒙古淵源深厚。他的母親是朮赤兀魯思掌權者馬麥的直系血親。他在加冕儀式後不久迎娶的安娜斯塔西婭於一五六〇年去世，之後迎娶的第二位妻子瑪麗亞·捷姆魯戈夫娜也擁有朮赤家王族的血統。也就是說，他的母親和妻子都出身於蒙古名門，伊凡四世本身也有一半的蒙古血統。

站在蒙古的角度來看，包括伊凡四世和他的父親在內，都是蒙古「駙馬」。這裡道出了一個事實，那就是蒙古與俄羅斯王室之間，連接著令人想起帖木兒帝國的「血脈」。此外，下面這個著名的事件也值得關注。

一五七五年，伊凡四世突如其來地退位，讓位給西美昂·貝克布拉托維奇。具體而言，他以西美昂為「全羅斯大公」，

喀山的要塞　1845 年杜蘭德（Durand）繪。出自植田樹《哥薩克的俄羅斯》（中央公論新社，2000 年）。

伊凡四世　又稱伊凡雷帝。奠定俄羅斯帝國的基礎。

**莫斯科的聖瓦西里主教座堂**　伊凡雷帝為紀念征服喀山所建的大教堂。

自己則僅居莫斯科大公。雖然隔年立即復位，但對伊凡四世這個不可思議的奇妙舉動，至今為止有許多不同的解釋。

西美昂．貝克布拉托維奇是喀山的皇子，也就是朮赤家的正宗後裔，原名薩因．布拉特。薩因．布拉特可說是西北歐亞地位最高的王子，他於一五七三年改宗基督教（俄羅斯正教），並改名西美昂。順道一提，「貝克布拉托維奇」是他的本名「布拉特」加上代表殿下的敬稱、再以俄羅斯語發音而成的結果。可見當時的俄羅斯依然尊崇成吉思汗家的權威和其「血脈」。

伊凡四世以蒙古嫡系的西美昂為名義上的君主，在其神聖威望之下以實際掌權者的身分，發揮強悍的手腕。這正是帖木兒和其一門嫻熟的做法。西美昂在翌年被迫退位之後，依舊保持巨大的影響力和權威。

一五八四年，伊凡四世在治理五十餘年後死去，害怕西美昂復位的人竟然強行逼迫他退隱，甚至這樣還不滿足，最終還害得他瞎了眼。這凸顯出蒙古汗血統的權威所代表的現實意義和對這種威望的警戒。

成吉思汗家的權威之後持續在俄羅斯地區發揮影響力。相當多效力莫斯科的大貴族，其實都以某種形式繼承蒙古王家的「血脈」。其身影又長又廣，從俄羅斯帝國時代起，甚至到了蘇聯統治時期都擁有一定的影響力。有人認為，尤其是在藝術和文化相關的特定領域，這種蒙古王家「血脈」出身的人更多——然而無法確定這種說法的真偽。

另一方面，以政治史來說，在蒙古諸汗國當中，以克里米亞為根據地的克里木汗國，長久維持與俄羅斯帝

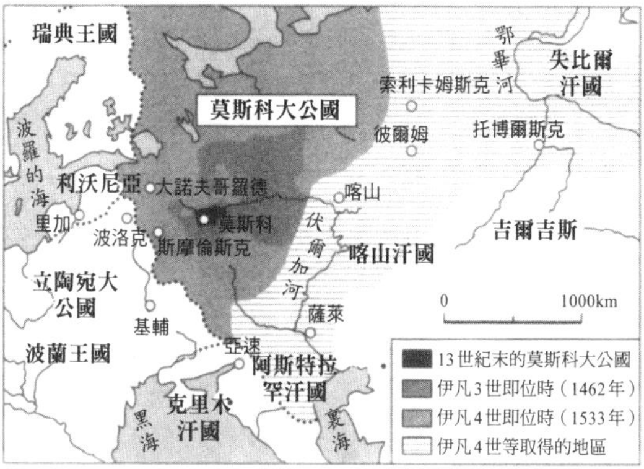

伊凡四世時代的俄羅斯

國對抗的力量。俄羅斯要等到法國大革命爆發前的一七八三年，女帝凱薩琳（葉卡捷琳娜）二世兼併克里米亞，才終於濱臨黑海。

# 十六、十七世紀在世界史上所代表的意義

## ◎大元兀魯思、達延可汗和駙馬爺們

關於相當於蒙古世界帝國宗主國的大元兀魯思，由於之前已累積一定的論述，因此本書並沒有正面加以探討。在此簡單介紹，對於以陸地連接的蒙古領域和歐亞非而言，大元兀魯思既是支柱，也是基幹。

舉例而言，「jam」（漢語一般總稱為「站赤」）的陸上交通、運輸、傳達系統，若沒有大元兀魯思則無法發揮機能。另外，印度次大陸這個巨大的「中繼站」，自古以來就藉由印度洋的路線連接東亞、西亞、非洲，直到歐洲，這樣的海上連結到了蒙古時代更加蓬勃。

原因一方面是大元兀魯思把航海加以組織化，一方面是在當時，舊南宋統治下的江南擁有高水準的產業力、經濟力和文化力。結果，整個世界以銀為共通的價值基準，人類史上首次出現沒有屏障的經濟型態。在這種意義上，蒙古時代可說是「資本主義」真正的起點。

若以「中華」這個架構來看大元兀魯思，則大元兀魯思讓小中華轉變成為大中華。對於大元兀魯思而言，「中華」地區不到其管轄領域的三分之一，但人口數則相反。若以中國史的方式來看，這是自名為唐的龐雜國家消失後三百七十年、或唐實質失去統一政權後（指安史之亂）五百年，「中華」地區終於再度統合，而且變得非常巨大，也一下子陷入多種族、多文化、多語言的混淆狀態。包括定都大都（現在的北京）在內，不可否認的是，邁向

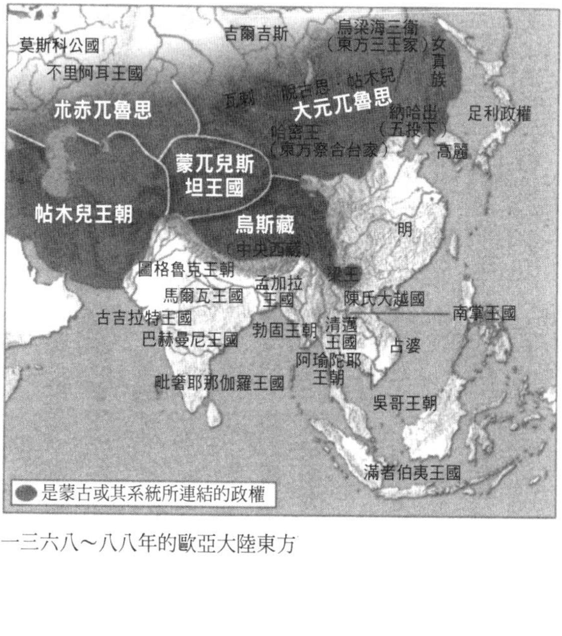

一三六八～八八年的歐亞大陸東方

現在中華人民共和國之路，首先是由大元兀魯思所開啟。

眾所周知，大元兀魯思於一三六八年失去中華本土，與明朝對峙二十年後，在一三八八年忽必烈家帝系的脫古思・帖木兒死後，暫時告一個段落。雖然之後的繼位者依舊稱可汗，但以大局來看，在以蒙古高原為中心、東起滿洲西至哈薩克草原內陸世界的東半部，以遊牧民為主體的勢力處於離合聚散的狀態。就算大中小勢力相互分立對抗，但整體而言，自己還是「大蒙古國」（Yeke Mongγol Ulus）的這種意識，在極為寬鬆的定義之下依舊存在。而且透過這些勢力可以看出，繼承成吉思汗家血統的人才能成為「王」。

特別值得注意的，是以蒙古高原為中心的勢力，依舊認為自己是「大元兀魯思」，稱其盟主為「達延可汗」，也就是大元的可汗。例如十五世紀中，率領西蒙古瓦剌部的也先興起，一四四九年於土木堡之變中擊敗明軍，俘虜明英宗。也先在一四五三年殺了繼承成吉思汗家正宗血統的韃靼部首長脫脫不花，樹立了雖然為期極短、但統括內亞世界的廣域政權。根據漢文史料的記載，他這時自稱「大元天聖大可汗」，正是「大元可汗」，亦即「達延可汗」。

但也先不久後就遭到部下殺害，權力遭瓦解。這代表了「王」必須是繼承成吉思汗家「血脈」之人的觀念依舊強烈。回顧一下，稱作「槐因亦兒堅」，意指森林之民的瓦剌部，早在蒙古帝國時代就是擁有數一數二強大勢力的複合集團，但幾個部族首長都與蒙古帝室通婚，採取「駙馬家」的形式存在。然而到了也先，「駙馬」的身分已經不能讓他滿足，他想要顛覆覆蓋歐亞大陸的共識和架構，成為新時代的領袖。

然而，就算是也先這般掌握實權的人，依舊無法取代成吉思汗家的「王權」。

## ◎後蒙古時代的內陸世界

也先政權與帖木兒帝國的後半幾乎同時期，兩者也有相通之處。至於兩者間的關係如何，很可惜，東方蒙古語、漢語世界和西方波斯語、突厥語世界的史料都沒有提及，詳情不明。然而，想必現實中兩者的關係並不遠。

也先應該看到了先前帖木兒和其繼承者所採取的作法吧，然而，他卻選擇了不同的道路，最後招致覆滅。相反地，發生在蒙古本土的這一連串事件，帖木兒政權又是如何看待的呢？我們也無法知道。當初與帖木兒同樣引進成吉思汗家「血脈」的也先，之後卻選擇捨棄，成為導致他敗亡的重要原因，而「瓦剌帝國」的美夢也隨之破碎。這一連串過程，或許再度證明了帖木兒採取的方式實屬賢明。

另一方面，保持帖木兒帝國一定程度統合的第三代君主沙哈魯，在經過長達三十八年的統治之後，於一四四七年死去。至一四五一年他的侄子卜撒因即位為止的四年之間，帖木兒帝國共有三位君主消失，情勢極為混亂。此時，明朝的皇帝也成為俘虜，與帖木兒帝國都陷入類似的混亂之中。這似乎是也先得以往東西南北擴展的好時機，然最終功與名都隨之傾覆。

與這一連串情勢相關，另一個值得注意的是位於蒙古本土和帖木兒政權之間的蒙兀兒斯坦王國（非之後的蒙兀兒帝國）。這個王國由察合台家的成吉思汗後裔繼承，地位原本在帖木兒家之上，也與帖木兒歷代政權都關係匪淺。它以天山山腹至北麓為止的廣闊草原為根據地，而天山南麓的塔里木盆地則由埃米爾的杜格拉特家掌握實權。應該說蒙兀兒斯坦王國受到杜格拉特一族的支配。杜格拉特家統治具有成吉思汗血統的蒙兀兒斯坦王國的方式，與帖木兒政權的狀況如出一轍，可謂是權力的雙重結構。

由於史料狀況，不僅也先，關於蒙古高原方面的勢力、天山方面的蒙兀兒

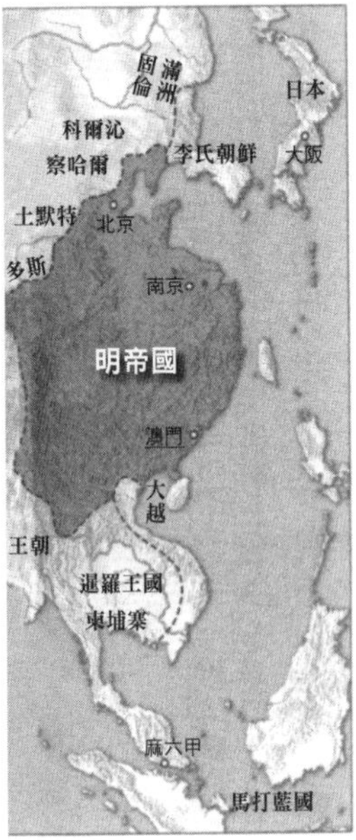

斯坦政權、河中地區的帖木兒政權等，除了某些事實片段之外，我們很難描繪出相關整體的樣貌。所以蒙古高原的成吉思汗後裔、天山方面和西土耳其斯坦等成吉思汗家「血脈」之間，究竟具有何種程度的上下關係和意識、或是完全沒有，我們都無法確實得知。此外，關於哈薩克草原以西朮赤兀魯思的成吉思汗後裔，除了少數例外，我們目前也無法確切知道彼此之間的定位與關係。然而，能稱作「可汗」的僅限掌管蒙古本土的成吉思汗後裔。

綜觀以上狀況，在蒙古時代過去之後，從十五世紀起至十七世紀初為止，

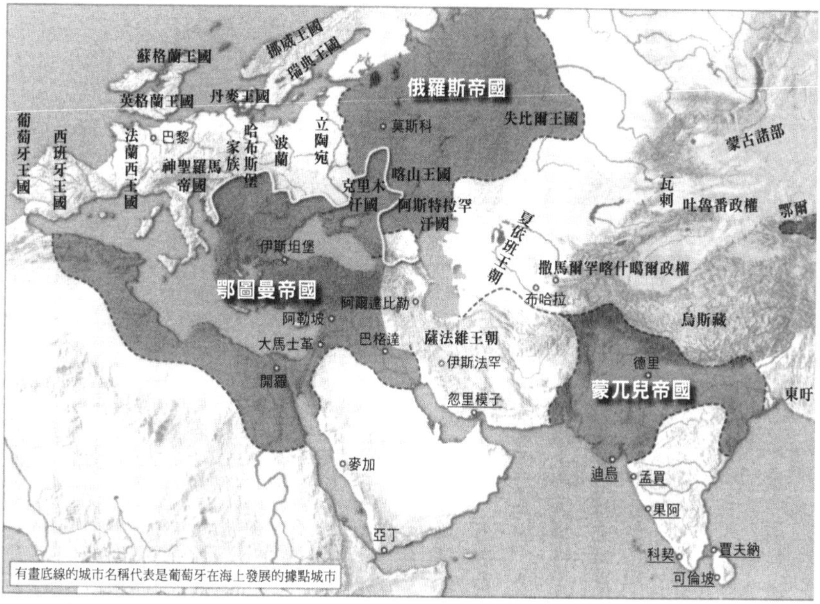


1600年左右的歐亞大陸　後蒙古時代的各個大帝國並列。

在東起滿洲、西至俄羅斯的廣大範圍，成吉思汗家的權威幾乎是持續存在——無論是被利用來正當化自己的權力，或是當作魁儡使用。另一方面，在蒙古高原和其周邊，也先沒落後，出現了所謂「中興之主」的達延可汗，成吉思汗家的「王權」因此復甦，作為內外蒙古多數遊牧集團的「王統」，分別走向實體化的道路。

## ◎作為大元兀魯思繼承人的大清固倫

在這樣的情勢之下，十六世紀末起至十七世紀前半，又出現了更大的變化。滿洲地方興起了以努爾哈齊為盟主的女真族聯合體。到了第二代皇太極，則抓住機會，與以大興安嶺一帶為根據地、自蒙古帝國以來的舊勢力科爾沁部政治結盟，從女真族政權一躍成為滿蒙聯合政權。

科爾沁部以成吉思汗的弟弟拙赤合撒兒為祖先，是幫助忽必烈建立政權的東方三王家（東道諸王）的後裔。明帝國將三王家以「衛」稱之，實力最堅強的斡赤斤王家（王號為遼王）是泰寧衛，合赤溫王家（吳王）是朵顏衛，合撒兒王家（齊王）是福餘衛。從某個時候開始，明史料取合赤溫王家所屬的千人隊烏梁海部之名，總稱烏梁海三衛。最初作為東方三王家核心的斡赤斤家，蒙古語稱作「翁牛特」（本來是Ongniyud，代表與王相關之人的意思），在蒙古的奪權爭鬥中逐漸衰微，由稱作「Öjiyed」的合撒兒系站上了領袖的地位，其綜合的名稱是科爾沁（所謂豁兒赤，也就是箭筒士）。

自東方三王家以來，滿洲就在其支配或是影響範圍之內。據推測，遠在努爾哈齊之前，女真族就在蒙古左翼王家寬鬆的統治之下生活，並逐漸一體化。總而言之，對於努爾哈齊和皇太極而言，是希望能與科爾沁集團成為名副其實的合作夥伴。而與科爾沁聯手後的皇太極，則急速吸收內蒙古的蒙古諸勢力。

這時，自達延可汗以來正統王家察哈爾部著名的林丹可汗之子額爾孔果洛（額哲），向皇太極交出大元兀魯思傳承的「傳國之璽」——根據大篇幅記載此事的

**傳國璽**　現代中國的雕工根據《南村輟耕錄》所製之復原品。左圖是其印跡。邊長 12cm。

清代記錄，玉璽上面刻有「制誥之寶」——作為臣服的象徵。這起史上著名的事件發生在一六三六年，被認為可以據此解釋為：大元帝國將過去身為內亞和中華全境統治者的名分，交由新興的滿洲固倫繼承。

如果仔細研究史料會發現，蒙古時代大元兀魯思保有的傳國玉璽，上面應該刻著「受命於天，既壽永昌」八字。關於這一點，陶宗儀《南村輟耕錄》卷二十六〈傳國璽〉當中有詳細的記述。根據記載，忽必烈在至元三十一年（一二九四年）長逝，這是個尚未決定繼承人的敏感時期，有如為了讓他的孫子成宗鐵穆耳繼位而上演的大戲一般，地下挖出了自秦以來用籀文寫成的傳國璽，寫著「受命於天，既壽永昌」八字，被呈給了鐵穆耳。

大元兀魯思皇帝使用的眾多玉璽之中，有一枚玉璽與獻給皇太極的「制誥之寶」相符。而且蓋上此印的書畫，經過大清固倫王室珍藏，流傳至今。若說這是偽造的玉璽，那麼本應該可以造出更像樣的玉璽才對。然而，最重要的問題當然不是傳國璽本身的真偽。傳國璽不過是演出成吉思汗嫡系臣屬這個政治上一大事件的道具，這是自古以來經常出現的手段。至少當時人們的認知是，大元兀魯思的「王權」和政治傳統讓給了皇太極。皇太極因此大悅，在他的根據地瀋陽召開王侯會議，也就是忽里勒台。會上，皇太極被奉上蒙古語稱作「博格多・薛禪・可汗」（神聖賢明的可汗。漢譯神武英明皇帝）的尊號，親自將新帝國命名為「大清固倫」，也就是「大清國」。換句話說，皇太極在此宣告，名為大清固倫的帝國是大元帝國的「繼承者」。

## ◎現在的中國與蒙古

之後，大清固倫被捲入明朝近乎自滅的滅亡事件，入關後，結果不得不背負中華本土統治者的命運。另一方面，作為大清政權不可欠缺的根幹，滿洲人結盟內蒙古和外蒙古的王侯，透過他們保持相當於內陸世界可汗的立場。到了乾隆皇帝的時候，因至今為止的一百年間一直處於併吞或被併吞宿命的蒙古系準噶爾王國間的內亂，大清趁機打敗他們，併吞其土地，建立起包含西藏在內的巨大版圖。

**與準噶爾之戰**　以弓箭為主力武器的大清固倫軍（左）擊敗準噶爾的火槍隊，建立乾隆皇帝的巨大版圖。在前近代的肉搏戰中，火槍並不如現代人想像地具有壓倒性優勢。出自《平定準噶爾回部得勝圖》。東洋文庫藏。

一七五八年之後，成為現在中華人民共和國基礎的巨大版圖得以建立，滿洲君主擁有既是中華皇帝，同時也是內陸世界可汗的兩面性。其政權本身，可說是與自科爾沁部起逐一合併的蒙古諸王侯一起建立的聯合政權。

也就是說，從乾隆皇帝開始至現在「大中華」的架構，與蒙古有著密不可分的關係。此外，整個清代與大清固倫王室和政權並存的蒙古王侯，大多擁有成吉思汗家的血統。大清固倫的王室和貴族，與蒙古的王侯和貴族通婚也是一件很平常的事。

皇太極本身於一六二五年迎娶政治同盟科爾沁部的女性為后妃。這位女性就是順治皇帝的母親，也是在順治至康熙前期擁有強大權力的孝莊文太皇太后。亦即，皇太極也是成吉思汗家的「駙馬」。如前所述，自被認為是成吉思汗正統的察哈爾沒落以來，科爾沁王家成為實質上的蒙古代表，因此皇太極是名副其實的「駙馬」。這也成為大清固倫之後的慣例。

由此看來，名為大清固倫的政權，在某些地方與帖木兒帝國和俄羅斯相似，都依附成吉思汗家「血脈」的「王權」。走上神聖化道路的成吉思汗，其權威隨著時間而逐漸增大，到了這個時代簡直已經是「神」一樣的存在。

## ◎「海進」與「陸進」的時代

一四九二年的哥倫布航海，並非如一般人所言的以「Zipangu」（日本）為目的地，而是航向馬可波羅或是其他許多人所描繪的「大汗之國」，即忽必烈的巨大帝國，這一點清楚記錄於《航海誌》開頭。他只要一直往地球的西邊前進，就可以抵達蒙古帝國的宗主國。

事實上，一四九二年距離忽必烈帝國消失已經過了一百多年。在十三世紀後半至十四世紀有那麼多的人、物、情報藉由陸海在歐亞非大陸的東西方流動，但到了十五世紀，相互的交流和理解卻急速下降，很明顯，這是因為失去了蒙古之名的大整合。

中華地區在明朝皇帝朱元璋（洪武帝）治下，展開了人類史上數一數二專制獨裁、打壓文化的恐怖政治。以政府官僚為中心的五次大屠殺，情況之慘烈，幾乎將文人和知識分子全部一掃而空。朱氏皇權將自己視為絕對的存在，將其他人視作是唯唯諾諾的綿羊，採取讓人聯想到原始共產制的國家和社會政策，這種異樣的基本教義不僅改變了蒙古統治之下自由奔放的社會和經濟，中華文明的精華也多在這個時候消失。結果，明代前半期可說是學術、文化、出版的黑暗時代。

另外，有人認為永樂帝朱棣時的鄭和航海屬於誇大其辭，但他其實是沿襲了自蒙古時代以來印度洋上的往來路線，反而應該說，鄭和航海是亞洲海域舞台上最後的華麗現身，之後亞洲逐漸失去了海上發展——這樣的意義更為重要。順道一提，有人煞有其事地敘述鄭和的寶船有八千噸，但木造的帆船如此重根本就不會動，在印度洋的大浪之下，一下子就會變成碎片。

以結果來看，亞洲將海洋時代讓給了歐洲。十五世紀的歐洲其實非常低迷。最明顯的例子是，相較於一三七一年至七五年的《加泰隆尼亞地圖》，同樣是加泰隆尼亞於十五世紀繪製的世界地圖當中，不但程度退回

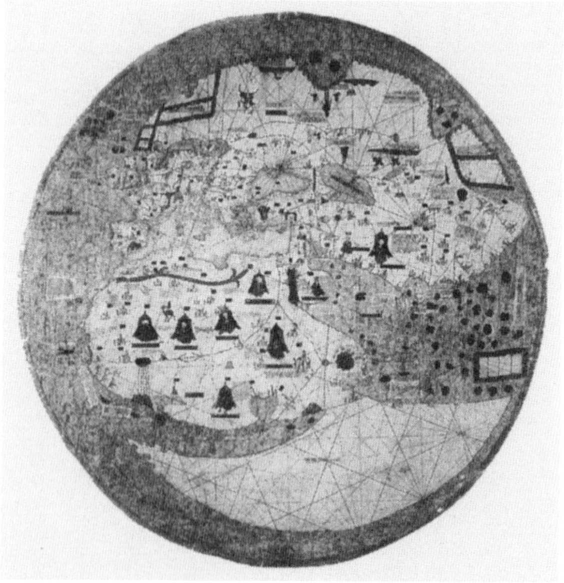

**15 世紀的 TO 型世界地圖**　在加泰隆尼亞繪製而成。對比 14 世紀的《加泰隆尼亞地圖》，當中的情報量和完成度嚴重倒退。

到過去的TO地圖，令人驚訝的是連內容也明顯倒退。哥倫布航海開啟的南北美洲大陸之發現和統治，對於低迷的歐洲而言是一種幸運。與明朝後來否定鄭和的航海、毀去其記錄相反，根據一四九三年的教皇子午線和隔年《托爾德西里亞斯條約》劃定的界線，勢力弱小的葡萄牙控制了亞洲的海洋。

西方人所說的「大航海時代」大約就是在此情勢之下得以發展。如果亞洲沒有自我封閉，那麼就不可能出現葡萄牙的「海上王國」。然而，十六世紀世界史的主題不是只有歐洲的「海進」而已。另一個不可忽視的是，在歐亞大陸上，「帝國」的構圖出現了重大的改變。如本書開頭所述，十九世紀後半起至二十世紀初還尚存的五個帝國，也就是東邊的大清固倫、北邊的俄羅斯、南邊的蒙兀兒、中東的鄂圖曼，以及西邊的哈布斯堡，這五個帝國都在十六世紀出現了「陸權」上的變化。

俄羅斯於十六世紀後半一舉前進西伯利亞，不久之後便抵達太平洋沿岸。這時出現於滿洲一角的女真政權，則在十七世紀後邁向帝國之路，經過康熙和雍正的擴展，到了乾隆帝的時代更是變得巨大，一口氣推進到中亞的訛答剌附近。這兩個龐大的帝國和其繼承人，正是自近世起直到現在為止的「陸權」代表。可謂是名副其實的「陸進」。

另一方面，十六世紀前半鄂圖曼帝國的強大和與之對抗的哈布斯堡，此種二者的對立關係成為之後歷史發展的基本模式。哈布斯堡最終放手西班牙，也等於放棄身兼陸海的帝國。於是，「陸權」和「海權」的色彩發展地愈來愈分明。被歸類為「海權」的系統歷經葡萄牙、西班牙，再到荷蘭、法國、英國，最後銜接的是美國。

此外，對於之後形成的海上帝國英國而言，十六世紀前半蒙兀兒暫時控制的印度次大陸北半部具有極為重大的意義。值得注意的是，作為連接印度洋東西海域的三角形地帶，它不僅擁有獨特的立身之道與多元文化，本身也擁有巨大的農業生產力和財富。正如近代歷史家所言，它並非是在進入近世和近代之後才興起，而是一直以來就影響著歐亞史或歐亞非史，是世界史之所以是世界史的重要因素。

## ◎日本與歐洲的重大變化

十五、十六世紀，日本嘗盡了小民蜂起、社會變動的戰國爭亂。經過一百年動亂的日本，自十六世紀後半起，迎接了文明史上的重大變化。以「鐵炮」傳來為象徵，日本與歐洲、也就是與「海權」開始了接觸和交流。

在此種情況之下的日本，除了接受蒙古時代以來的漢文化之外，也與一個超越日、中、韓的「世界」相遇，開啟了屬於近世的王權。織田信長、豐臣秀吉、德川家康等政權，建立起古今東西少見的安穩社會，形成了扎根於日本的所謂「江戶體制」。在日本型近世國家當中，掌權者一直都是世俗之人。換句話說，織田信長之後，統治者都沒有成為宗教「法體」，基本上屬於政教分離的體制。

在歐洲，十六世紀發生了包括宗教改革在內的各種動亂，十七世紀又經歷三十年戰爭等國際紛爭，隨著一六四八年簽訂所謂的《西發里亞和約》，逐漸邁向廣義的政教分離，近代意義的國與國的關係作為一種體制逐漸形成。簡言之，十七世紀的日本與歐洲意外站在同樣的立場。急速朝著產業化和軍事化發展的統一日本逐漸興起，不僅在亞洲東方引起關注，以客觀角度來說，也成為葡萄牙和西班牙必須警戒的「強國」。

然而，日本自己放棄了海運和製造海船的傳統、經驗、技術等長久以來累積的海權，志筑忠雄於一八〇一年將這種情況命名為所謂的「鎖國」。「鎖國」在世界史上所代表的意義不容忽視。有一種觀點認為，西方能夠自力航行的動力船很幸運地在幕末時期出現於日本，才結束鎖國；或是幕府因此而進入末期，才會有明治維新。雖然根據論述人的立場之不同，想必會有不同的看法。但無論如何，日本都是屬於海權國家。

雖然後蒙古時代時西方出現「大航海時代」，但事實上是「海進」和「陸進」幾乎同時進行。大航海時代，在陸地上也是將歐亞分成幾個「區塊」的新型地域帝國的時代。在此，陸權和海權明顯分流，經過彼此的多次競爭，逐漸象徵和體現了「文明」的不同樣貌和不同價值。

終章

# 來自阿富汗的眺望

巴米揚遺跡　3～7世紀的佛教遺跡。為世界文化遺產。

# 地表最後出現的遊牧帝國

## ◎超越時空的視角

二〇〇一年十月，在阿富汗……。以美國為中心的聯軍針對這個由塔利班掌握的國家展開了軍事作戰——具體而言，則是在八日凌晨起開始徹夜空襲。而這件事情的開端是一個月前，也就是九月十一日，發生了震驚全世界的針對美國的「同時多發恐怖攻擊事件」。在這樣的情況下，美國展開的作戰可說是反應迅速。

這場報復和反擊戰，同時也是打倒、壓制包括九一一事件首謀賓拉登在內，包庇蓋達組織的塔利班政權的反恐戰爭，幾乎所有美國人都表示贊成，並熱烈支持。包括日本在內的其他眾多國家，雖然不如美國人熾熱，但大多數人也都肯定這場戰爭。在戰爭發生後六年的現在，我又想起了這件事，覺得還是有必要重新思考它所蘊含的人世和人心的變遷。

值得思考的是，這是美國終於首度踏入中央歐亞地區，在歷史悠久的歐亞大陸展開了一場與過去完全不同的角力戰。而令人擔憂的是，擁有全球權力的美國正逐漸成為名副其實的

「世界帝國」；緊接著二年後發生的伊拉克戰爭及陷入戰爭的泥沼，反而對美國造成動搖。這些都是二十一世紀初歷史變化所造成的局面，想必今後也將具有更大的意義。

然而，在此提及阿富汗並非只是為了探討現在，而是想指出，阿富汗這個國家為探討歐亞大陸內側的廣大空間及其歷史帶來一個獨特的視角。如之後所述，無論是亞歷山大大帝、成吉思汗，或是英國、蘇聯，又或是美國，都在阿富汗遭遇苦難、陷入進退失據，甚至失敗。藉由對阿富汗和與其相關的各種事物的凝視，想必可以看到有某種超越時空的「東西」存在。

**美國攻擊阿富汗**　上圖是 2001 年 11 月受到美軍空襲的拉赫希多村。下圖是塔利班的士兵們。

## ◎既舊又新的國家阿富汗

最近再度受到世界前所未有關注的阿富汗，位於歐亞大陸幾乎正中央偏西南，是一個內陸國家。波斯語中，阿富汗斯坦代表的意思是「阿富汗之地」，而狹義的「阿富汗」指的是普什圖族。現在的阿富汗由各種民族集團組成，普什圖族依舊是占大多數的主要民族。

從歷史文獻來看，「阿富汗」一詞曾出現在印度的記錄當中，大致從十世紀開始，到了十三、十四世紀的蒙古時代以後的波斯語記錄當中，該詞出現的更頻繁。由此可見，伊斯蘭中東地區和其周邊以蒙古時代為界，文獻的質與量明顯不同。阿富汗人（普什圖人）原本居住在橫跨今天的阿富汗和巴基斯坦國境的山岳地區。蓋達組織逃往的「部落地區」（Tribal Areas），其實是阿富汗人的祖籍地。

在阿富汗國境中央，從東北往西南延伸著六千公尺長的興都庫什山脈，這是一個巨大的屏障，國土往其北側和南側展開。這種地理結構對一個國家而言可說是非常特殊。興都庫什山脈的波斯語代表著「印度人殺手」的意思，得名的原因是：從酷熱的印度北上的人們無法跨越這座巨大的雪嶺。阿富汗國境的四面，東、南與巴基斯坦大面積相接，與中國則僅以瓦罕溪谷相接；北側與塔吉克、烏茲別克、土庫曼三國相接；西側與伊朗相接。

因此，至少有南亞、西亞、中亞三個要素在阿富汗交會。對這個國家而言，從過去到現在，多民族、多文化、多語言都是一以貫之、理所當然之事。自然環境除了高聳綿延的山脈和貫穿其中的溪谷之外，幾乎都是乾燥之地。靠近河川附近的少數綠野，及分散於沙漠、半沙漠、乾燥地區之中、由水與綠草凝集的綠洲，僅在這樣的地方才有城市和村落，其場所和樣貌從古至今幾乎都沒有改變。這樣的自然條件和政治環境，從過去到現在，為阿富汗這塊土地和國家蒙上陰影，也帶來獨特的命運。

阿富汗這片土地自古以來就有各式人等往來和居住，東西南北各種勢力進進出出。很久以前，最初雅利

**巴米揚的西大佛**　位於喀布爾西北約 240km 處。2001 年遭到塔里班破壞。

安人來到，再由此南下印度。之後阿富汗成為哈卡曼尼斯世界帝國的東境。接著來到這裡的是亞歷山大大帝，而興都庫什山脈讓亞歷山大和馬其頓東征軍吃盡苦頭，是一段充滿艱辛和殺戮的旅程。南部的坎達哈是阿富汗王國和塔利班的發祥地，也是所謂的亞歷山大城之一。

經過一段時間，貴霜王朝崛起後，這裡成為自北印度、也就是自健馱邏為起點的「佛之道」，在貴霜王朝夏季首都的貝格拉姆城留下眾多遺跡，以巴米揚為代表的城市文化和佛教文化蓬勃發展。七世紀，包括玄奘在巴米揚所看到的「金色晃曜」的東西方兩座大佛及石窟空間，想必就是興都庫什山中假想的淨土世界。另外，嚈噠、突厥等來自北方的主要以遊牧民為中心的勢力依序出現，而且隨著伊斯蘭東進，伽色尼王朝、古爾王朝等穆斯林軍事力量也以阿富汗為根據地，作為南進印度的基盤。

下一個到來的是蒙古。如前所述，在打倒花剌子模王國之後，成吉思汗所率領的蒙古西征軍也在此地吃盡苦頭，前進至印度河後北返。之後，作為蒙古帝國的一部分，以旭烈兀兀魯思掌控的呼羅珊地區，和以昆都士為中心的察哈爾兀魯思南境，都涵蓋了今天的阿富汗。此外，察合台軍也不斷地朝著德里和印度平原發動波狀式的攻擊。

之後，帖木兒帝國經過一百三十餘年的統治，最後一任君主巴布爾暫時在現在的首都喀布爾建立一個小王國，之後又轉進印度，這可視為是一個歸因，導致蒙兀兒帝國的形成。也就是說，阿富汗作為「前進印度之道」是超越時代、貫穿歷史的大趨勢。

如上述，被形容為「文明十字路口」的阿富汗具有悠久的歷史，而這僅是其邁向名為阿富汗的國家之序章。阿富汗這個國家的成立其實並不久遠。不僅如此，過新反而造成了現在這個命運的根源。

簡言之，阿富汗是一個既舊又新的國家。其悠久的歷史留下多彩多樣的族群、社會、語言、文化、遺跡，但另一方面，卻缺乏整合為一個國家、累積社會資本的傳統，以及超越部族和民族集團而互助的持久性和向心力。老實說，包括普什圖族在內，許多人直到今日依舊以部族主義和個人的利益優先。而在地政學上原本

現在的阿富汗周邊

就處於關鍵位置的阿富汗，無論是近代或現代，都容易被捲入大國的政治角力和戰略之中。

## ◎杜蘭尼王朝

名為阿富汗的國家首度出現於一七四七年。以日本來說，正值八代將軍德川吉宗成為大御所（讓出將軍之位，退居幕後操持國政）的時候。

一七四七年，杜蘭尼系普什圖遊牧民的艾哈邁德沙在自己的出生地，也就是位於阿富汗南部的坎達哈，統整普什圖諸部族而登上王位。杜蘭尼王朝的核心是充滿尚武風氣的普什圖遊牧民和其部族聯合體。說到遊牧民國家，世人經常以為遭到大清固倫滅亡的準噶爾（蒙古語代表「左手」，也就是左翼的意思。這是站在瓦剌聯合體的立場來看）是最後的遊牧政權，然而名為杜蘭尼王朝的阿富汗國家其實才是最後的遊牧政權。

實際上，名為杜蘭尼王朝的阿富汗國家擁有可說是「帝國」的廣大領土。進入十八世紀後半之後，它東向印度，西往伊朗，頻繁展開擴張領土的戰爭，依舊是一個強大且有組織的遊牧民國家。

阿富汗騎馬遊牧軍首先進攻興都庫什山脈北側的烏茲別克勢力，將呼羅珊納入手裡，將「阿富汗．土耳其斯坦」全部納入版圖。接著又進軍伊朗，得到東部要衝馬什哈德。之後轉向北印度，壓制當地欠缺統合的各陣營。此外，現在的巴基斯坦全境也在其掌控之中。順道一提，這個時候的版圖雛形，正是二十世紀在歐亞政治角力的遊戲結束後，將南北跨越興都庫什山脈這個特殊領域劃做「阿富汗王國」的重要歷史根據。

總而言之，十八世紀中起至後半，統領大部分印度次大陸的蒙兀兒帝國已經看不到往日的影子。在經過侵略、叛亂、分裂、沒落之後，成為了僅保有首都德里附近的小王國。這種弱小化的現象不僅限於印度，伊朗也一樣。消滅薩非帝國建立阿夫沙爾王朝的納迪爾沙於一七四七年遭到暗殺，艾哈邁德沙的勢力因此興起。伊朗於是被納入杜蘭尼政權的傘下，陷入政治虛化。

在這種情況下，阿富汗一口氣變得猶如帝國，睥睨中東至印度，其強大的程度，說它是繼鄂圖曼帝國之後的「伊斯蘭帝國」也不為過。阿富汗擁有了新國家特有的可能性，站在了可說是時代風雲的頂端。然而它最大的問題是逐漸蠶食印度次大陸的英國。

其實從杜蘭尼王朝的樣貌，可以大致看出歐亞內陸的現實。就算進入十八世紀，這裡和以前的時代相比根本沒有太大變化。由此可知，過於強調海洋觀點的歐洲中心主義以單線敘述歷史是一件多麼危險的事。想要將「海洋」圖示化、進而用來說明「世界」時，首先好好看一看「陸地」的世界吧。陸上的現實依舊與過去緊緊相連，同時也背負著過去。阿富汗正是如此。

## ◎權力政治與國際紛爭的舞台

一七七五年，杜蘭尼帝國在成立二十八年後遷都喀布爾。從現在阿富汗的領土來看，喀布爾位置相當靠東，距離與巴基斯坦著名的國界開伯爾山口不遠。然而，若以當時的廣域版圖來看，反而是遷都到了中央位置。僅從這一點來說，阿富汗還在實現其夢想的路上。另外，也有人刻意做出區別，將一八二六年起稱作巴拉克宰王朝。

然而說到底，取代蒙兀兒王朝成為印度次大陸權力中心的英國的出現，對於阿富汗這個遊牧國家而言可說是相當不幸。進入十九世紀，英國已經掌握印度次大陸，並以此作為經營亞洲的根據地。對大英帝國來說，印度在亞洲的陸地與海洋上所具備的戰略意義，和它擁有的財富，正是其最大的立足根基。

順著阿富汗北邊的阿姆河往下游而去，過去有布哈拉、希瓦、浩罕等伊斯蘭諸王國。然而十八世紀之後，俄羅斯成為名副其實的帝國，漸漸地將手伸向了中亞。到了十九世紀後半，現在的哈薩克、吉爾吉斯、烏茲別克、塔吉克、土庫曼等各共和國的領域的中央歐亞地區，逐漸落入俄羅斯手中。

阿富汗王國夾在南邊的英國和北邊的俄羅斯等超大國之間，陷入了所謂的「大博弈」（The Great Game）之中，進入充滿苦難的時代。想要守住印度次大陸這個「金礦」的海權英國，為了防範企圖南下的陸權俄羅斯，而干涉阿富汗政治，發起了總計三次的英阿戰爭。

一八三八年起至四二年的第一次英阿戰爭當中，阿富汗遊牧軍讓超過一萬的英國侵略軍幾乎全軍覆沒。而在幾乎同時期的鴉片戰爭中，英國輕易地讓大清固倫屈服。雖說一邊是險阻的山岳戰，另一邊是戰力懸殊的海上戰，但依舊可見阿富汗軍的威力。就算到了十九世紀，富有展開能力和攻擊能力的遊牧騎兵軍團仍可充分與近代武裝步兵對抗。

在一八七八年至八〇年的第二次戰爭當中，英國依舊損失慘重。然而，戰爭的結果讓阿富汗逐漸成為英國的保護國。於是，阿富汗作為英俄南北兩大勢力的緩衝國，確定了現在的疆域，而且趁第一次世界大戰後英國衰弱的時候，阿富汗軍反而入侵印度，在第三次英阿戰爭中恢復獨立。

然而，上述不過是歷史的前半段。第二次世界大戰後的阿富汗陷入了冷戰的漩渦當中。幫助阿富汗的蘇聯對上支持巴基斯坦的美國，使得阿富汗的政治在這個基本公式當中動盪不安，在一九七三年的政變當中，國王查希爾逃亡義大利，王政遭到廢止。之後，在蘇聯強烈的影響下，阿富汗政權不斷地發生變動，國內情勢逐漸加深不安，結果於一九七九年十二月三十日，喀布爾遭到蘇聯武力占領。主要原因是同年二月伊朗發生的伊斯蘭革命，波及同屬伊朗文化圈的鄰國阿富汗，而且可能繼續波及阿姆河以北蘇聯境內的伊斯蘭地區。如果放任不管，則

**蘇聯侵略下的阿富汗士兵** 1982 年拍攝。出自 W. Vogelsang, *the Afghans,* 2002。

恐怕會出現骨牌效應，動搖整個蘇聯。因此雖然阿富汗是親蘇政權，但蘇聯依舊武力進駐。

經過十年的苦戰，蘇聯於一九八九年二月完全撤退，之後經過九一年蘇聯崩潰，九六年起塔利班興起，於二〇〇一年九月十一日發生恐怖攻擊，而美國在翌月開始發動阿富汗戰爭。歷史就在上述一連串的脈絡中持續發展，阿富汗現在依舊陷入混亂之中。自蘇聯入侵以來，這個國家就成為悲慘的地雷區；加上美軍的誤爆和地面行動的誤殺等，更令悲劇不斷地上演。此外，隨著塔利班逐漸重振，不僅阿富汗，巴基斯坦的政情也變得錯綜複雜。

綜觀歷史，阿富汗被當作北邊俄羅斯和蘇聯與南邊英國和美國等國際政治角力的舞台，形成了阿富汗宿命般的近現代歷史構圖。這樣的構圖，直到現在，其本質都沒有改變。可以確定的是，阿富汗終究無法掌握自己的命運。

## ◎普什圖族連接的阿富汗和巴基斯坦

構成現在阿富汗一半人口的普什圖族，他們的居住地集中於疆域的南半部，即興都庫什山脈南側。興都庫什山脈北側的另一半領土，則多是居住著塔吉克族、烏茲別克族、土庫曼族、和可說是蒙古帝國派遣軍後代的哈扎拉族等。阿富汗此外還有努里斯坦族、印度教徒和錫克教徒，可謂是多民族國家。

僅就普什圖族來說，巴基斯坦境內也居住著幾乎同規模的同族人。這是因為英國拆走杜蘭尼帝國時代的「東方領土」後，這片土地在一九四七年從英屬印度分離出來，獲得獨立，成為巴基斯坦，於是現在普什圖族分屬阿富汗和巴基斯坦兩國。如前所述，兩國國境的山岳地帶是普什圖族原本的居住地，而這裡現在成為令人頭疼的「部落地區」，可謂是非常諷刺。也就是說，站在普什圖族的立場，現在的國境線並不合理。

然而若換個角度來想——不知是好是壞——巴基斯坦和阿富汗正是因為英國這個外來政權統治印

**普什圖族** 19 世紀後半各部的族長。

度次大陸，雖導致現在分成兩國，但彼此之間卻有許多密不可分、愛恨交錯的要素，既是對手也是兄弟國。例如蘇聯軍隊撤退後，為了在對印度的戰略上占優勢，巴基斯坦於是強力支持阿富汗的塔利班，甚至被認為是某種程度的「保護國」。不僅如此，兩國之間還擁有許多「隱藏脈絡」，而無法從近年的國際政治角度加以解釋。所以，現正處於動盪狀態的巴基斯坦，不可否認這與阿富汗之間剪不斷、理還亂的「牽絆」有關。

這僅是我的突發奇想，若阿富汗如沙烏地阿拉伯、伊朗、科威特等國同樣出產石油，不知會如何呢？想必十九世紀中之後阿富汗充滿苦澀的歷史將會大不相同。說不定阿富汗不僅不會是在「歐亞角力政治」當中受到大國左右的貧弱小國，更有可能因為位於歐亞的中央，而能夠自由操控國際政局。

如果真是這樣的話，阿富汗就不會陷入現在的不幸與悲慘之中了。雖然如此，但割據阿富汗國內各處的軍閥，或是各種武裝勢力，對於國家統合而言可說是一大毒瘤——至少以近代國家的感受來說的確如此。回顧歷史，眺望現在，會發現阿富汗這種情況其實與日本過去的「大名」非常類似，大小軍事勢力分立於各地，集合起來的整體就是阿富汗。這也是阿富汗這個國家最原始的樣貌，類似於「中世紀」的封建制度，自十八世紀王國誕生以來，其實沒有太大的改變。那麼，單方面將各地的武裝勢力視作是「邪惡的一方」，或許本身就是短見。

的確，阿富汗有必要確立真正的中央政權，雖然距離軍閥非武裝化的目標還很遙遠，需要其他柔和方策，而這並不簡單。復興阿富汗可說是歐亞邁向安定化的一大關鍵。無論對於推進政治角力遊戲的多個大國，還是我們，無疑都是需要長期努力的世界課題。

## 從歷史到現在

### ◎遊牧民國家延續至今的面貌

現在依舊可以在普什圖族身上看到貫穿歐亞國家脈絡的面向和要素。當中，深刻留下遊牧民特有組織傳統和名稱的是「支爾格」。這是基於強烈部族團結性的傳統，而以部族為單位統整社會的長老會議，用合議制討論並決定部族的相關事宜。「支爾格」是以圓座的方式進行的，採用圓座的理由是為了不讓與會者有地位高低之別，人人平等。

「支爾格」是普什圖語，無庸置疑來自蒙古語的「ǰerge」。之後藉由波斯語（阿富汗稱作達利語）傳入阿富汗。蒙古語「ǰerge」可以追溯到十三、十四世紀的蒙古帝國時代，除了圓座的意思之外，也指圓陣、布陣，或是圍獵時士兵們的排列方式等，總而言之是指圓形或接近圓形的列陣，無關規模大小。因此，圍成一圈舉行的會議被稱作「支爾格」。另外，若加入酒食則也有宴會的意思。

大家都知道蒙古時代的「忽里勒台」代表的是蒙古帝國的國會、大會議、帝室會議。自從蒙古成為世界帝國之後，「忽里勒台」也代表歐亞各地王族和貴族參加的國際會議。「忽里勒台」一定附帶宴會，稱作「托儀」（toi）。順道一提，蒙古皇帝會賜給出席宴會的人們一組五色禮服，根據時日穿著指定顏色的衣服赴宴。這個宴會蒙古語稱作「只孫」（ǰisün），也就是「色」之宴。忽里勒台和托儀成為一組的用語，之後也廣為歐亞各地所使用。不過，「支爾格」指的並不是忽里勒台這種部族或牧民的大型集會。

以不分高低順序的方式進行合議的這種「支爾格」，其實也是日本中世紀的武士經常採取的方式。也就是說，以武裝戰士為基礎單位的部族，進而結成聯合體，形成軍事、政治和社會組織，這樣的形式在世界史上存在長久而且廣域分布。只是日本不是騎馬遊牧民，若是遊牧民族，則武裝騎馬戰士富機動性和集團性的軍事力量是他們的「醍醐味」（精髓）之所在。

在起源於普圖什遊牧民部族聯合體的阿富汗國家，支爾格是一切的樞紐。在現在的阿富汗，將統整一切的國民大會議稱作「大支爾格」（loya jirga）。「loya」是普圖什語的「大」。第一次的「大支爾格」是在一七四七年於坎達哈召開，會上艾哈邁德沙被選為新國家的王。也就是說，「大支爾格」相當於蒙古帝國和其後繼國家的「忽里勒台」。阿富汗依舊延續了作為遊牧民聯合體或歐亞國家的面貌。

## ◎蒙古留下的遺產

事實上不僅阿富汗，全歐亞都可以看到遊牧民國家淵源的傳承。例如過去在伊朗高原上自由來往的卡什凱族，雖然由於第二次世界大戰後的「定居政策」而急速消失，但根據三十多年前的調查，他們依舊口耳相傳自成吉思汗以來的系譜。據說接受訪問的人非常自豪地說道，自己的家系可以追溯到蒙古帝國。

不僅如此，在「近代化政策」之名下所進行的遊牧民定居政策，或是其他壓抑遊牧民的政策，在歐亞非各地都造成了各種對立、反抗、以及悲劇。這些政策不僅是出自無條件地以定居和農耕為上的觀念，也是因為，遊牧民的存在和他們擁有的機動性、組織力、行動力，變成反權力、反社會、反國家、反文明的象徵，被認為具有威脅性。最顯著的一個例子是法國對待其殖民地阿爾及利亞的作法，幾乎可說是將妄想的憎恨全都傾洩在遊牧民的身上。這也許是近代以後的掌權者想要聽話的臣民所導致的習慣。

另一方面，我們談一下對「蒙古遺產」的看法。如前所述，蒙古留下最大的遺產是歐亞非世界的出現、以及東西方在幾乎全開放的空間進行大交流，結果開啟了超越文明架構的共通之路，以及世界和人類的另一扇窗。

此外，蒙古在世界各地留下的大小痕跡，過去也經常有人提及。在中華地區，最明顯的改變是中華的巨大化、多民族的發展、權力中心的北移，以及大都、也就是北京的興起。近年來的研究也逐漸發現，中華地區在文化、學術、思想、宗教、科學和技術上的多樣化和革新，也與至今為止的印象相反，在蒙古時代以前所未有的規模和水準發展。

中東也發生了極大的變化。統治伊斯蘭世界東半部的旭烈兀兀魯思、與西半部的馬木留克，兩者是相似的外來者，而使中東地區突然出現新的國家和權力體制，反而將伊斯蘭相對化。這個結果又與鄂圖曼帝國的形成和擴大相連，鄂圖曼帝國吞併馬木留克王朝後，屬於亞洲的事物因而朝著歐洲再度西傳。

另一方面，伊斯蘭沿著陸地和海洋分別往北方和東方擴展，除了帕米爾高原以東的亞洲大陸之外，它在東南亞的群島海域、錫爾河以北的哈薩克草原和欽察大草原等西北歐亞的擴張，帶來了伊斯蘭的世界化。就像相當於世界史的《史集》所傳達出的，蒙古和伊斯蘭實有密不可分的關係。

## ◎「Pādshāh」的稱號

關於蒙古與伊斯蘭的相關性，值得注意的是「Pādshāh」這個稱號。如前所述，這個代表「帝王」之意的波斯語「Pādshāh」，在旭烈兀兀魯思君主合贊的時代，出現了「Pādshāh-i Islām」的新稱號。這個新稱號，相對於世界帝王的蒙古大汗，代表著中東地區王者的「伊斯蘭帝王」之意。此外，相當於「駙馬」的帖木兒帝國君主們，從某個階段起，開始使用「Pādshāh」的稱號——亦或是從察合台兀魯思的時候就已經開始使用——原因可能是為了與合贊的稱號分庭抗禮。

總而言之，帖木兒王朝的君主表面上採用突厥語和蒙古語相當於「駙馬」的稱號，另一方面又以波斯語稱自己是「Pādshāh」（帝王），可說是明確地區分出名義和現實。一直到了蒙兀兒王朝的時候，「Pādshāh」才變成是真正的君主稱號。而鄂圖曼帝國的君主在稱蘇丹的同時，也稱自己是「Pādshāh」。也就是說，從十四世紀的某個階段起，伊朗以西和之後印度以西，「Pādshāh」成為了帝國君主的稱號。同時，這個稱號也被當作尊稱或敬稱使用。另外，一八七七年維多利亞女王成為印度女皇時，翻譯使用的也是「Pādshāh」這個字。

另一方面，以歐美為中心，認為俄羅斯是蒙古遺產繼承人的想法很早就已經形成而且根深蒂固。包括莫斯科的克里姆林一詞來自蒙古語的「Khüree」（相當於烏蘭巴托市的舊稱庫倫）在內，其遺產不僅是俄羅斯帝國，也影響了蘇維埃體制。另外，大清固倫也明確地繼承了蒙古帝國的名稱。然而，因此成為滿蒙聯合帝國一分子的蒙古族在獲得優待的同時，失去了蒙古的獨特性和整體性，戈壁北側的外蒙古和南側的內蒙古也因此走上了完全不同的道路。

當然，在失去作為國家的整體性和作為民族的團結性方面，女真族、或者說是「滿族」失去的比蒙古族更多，這是歷史的悲劇。建立大清固倫這個巨大帝國的結果是，滿洲人在集團和地域雙方面的向心力都減弱，在歐美式的國家觀念席捲全球的近代世界當中變得不合時宜。最終，它從「肅慎」開始的脈絡逐漸消失，僅留下「帝國」的外表。無論是俄羅斯或中國，都與「帝國」式廣大領土這個巨大的遺產共生。若以長期的脈絡來看，也許都屬於蒙古的遺產。

## ◎日本的蒙古時代

另一方面，對於日本而言，與蒙古帝國的關聯可說是二律背反的邏輯。對於蒙古二度來襲和之後持續保持的警戒，使得「對抗外來巨大壓力的小島日本」這般的公式超越時代，烙印在許多人的心裡。世界與日本、或是美國與日本，這種對峙的二元論對於住在列島上的人

**侵略日本的蒙古軍**　攻打博多的軍船上也可以看到黑人的身影，可見蒙古軍是多元的混合部隊。出自《蒙古襲來繪詞》。宮內廳三之丸尚藏館藏。

們而言，可說是一種思考習慣，甚至是思考的鑄型。

來襲的蒙古軍究竟是何方神聖，實力如何，加以迎擊的日本又如何等等，這些幾乎都沒有經過確實的分析和議論，但卻依舊基本上異常過度評價蒙古，而強調日本的善戰。這樣的作法看起來像是完全沒有考慮到艦隊行動和登陸戰的困難。單純從客觀的角度來看，就算沒

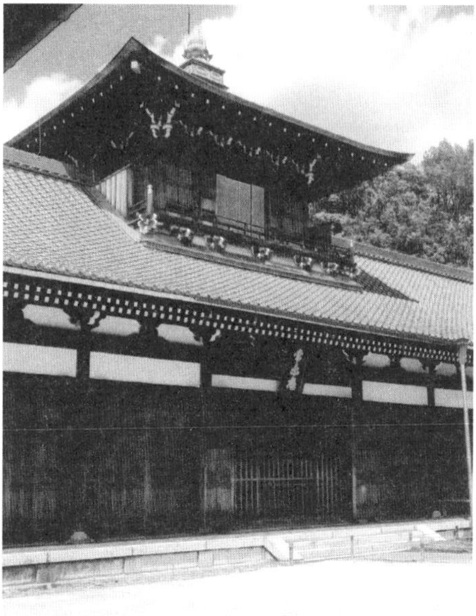

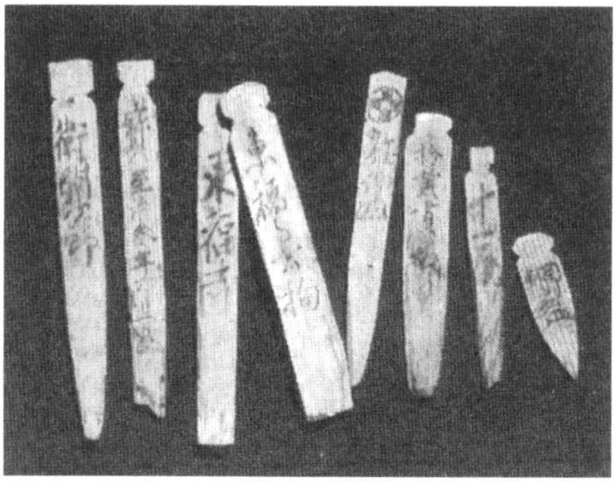

「日元貿易」的窗口　說到日中間的交流，多半會想到遣唐使、日宋貿易、日明貿易等，但明治以前日中交流最頻繁的時期其實是蒙古時代的後半期，當時帶給日本的東西相當多。從 14 世紀沉沒於韓國新安沿岸的船上發現為數眾多的陶瓷器和銅錢，以及寫有「東福寺」的木札（下圖，韓國國立中央博物館藏）。應是有勢力的寺廟派遣商船進行交易。上圖是現在位於京都市東山區的東福寺開山堂。

有暴風和颱風，遠征軍也會失敗。神國日本和神風等想法可說是不幸的反應。

與此相反，蒙古帝國和其統治為日本在心靈與物質層面上帶來許多饋贈。尤其是蒙古時代的後半期，大陸與日本列島，藉由息息相關的韓半島展開了人和物，以及心靈上的大交流，開啟了文化、學術、思想、宗教、藝術、生活樣式的新局面。茶道、能劇、書院建築、兼具儒佛道三教的知識體系、日本消化漢文典籍和模仿漢文典籍而刊刻的五山版「抄物」等，這些日本文化的基礎，幾乎都是在這個時期前後導入並發展。此外，超越東亞（日中韓範疇）的歐亞交流也波及日本，這一點也不可忽視。

然而重要的是，例如茶道或能劇，它們與大陸原本的樣貌大不相同，已經是屬於「日本化」的文化。換句話說，雖然起源、原型是從外而來，但在日本的風土、傳統、價值觀之下出現巨大的改變，昇華成幾乎完全不同的東西。這些創造出了現在被稱作是日本文化的「形式」或「心靈」，在南北朝至室町時代，以京都為中心進行接受、變化、提升，經過安土、桃山，到了江戶和元祿時期完全定型。

## ◎我們的「這個時代」

仔細想想，日本與阿富汗之間的距離或許比實際的空間間隔更遙遠。而另一方面，日本與美國則在各方面都很接近。以客觀的距離來看，從日本列島至美國本土西岸的距離約是至阿富汗的一點五倍，若比較至喀布爾與華盛頓的距離，則有兩倍之差。就算如此，我們在心理上還是覺得阿富汗更遙遠，這是為什麼呢？

若是對於美國和阿富汗的國民而言，距離又有多遙遠呢？如前所述，阿富汗住有各種不同的民族，但美國也是超越人種、擁有許多不同族群的國家。想必阿富汗沒有人不知道美國，但美國究竟有多少人了解阿富汗，這一點令人存疑。不知是好是壞，美國就是一個這樣的國家。

日本、阿富汗、美國，各自的歷史完全不同。然而若排除其他條件，美國於一七七六年獨立，阿富汗於一七四七年建立王國，作為國家，二者出發的時間相近。之後經過二百數十年，之間的差異則非同小可。

再回到日本與美國。在一八六一年起為期四年的美國內戰、也就是所謂的南北戰爭中，死亡數六十三萬，而在一八六八年名為戊辰戰爭的日本內戰當中，出現了一萬多的戰死者。對於兩國而言，一八六〇年代都是一個劃時代的關鍵期。兩國過去都擁有不到三千萬人的人口，一方是同時面向大西洋和太平洋的大陸兼海洋國家，逐漸興起成為世界戰略中不可或缺的大國，另一方則急速軍國主義化，想變成列強的傾向愈來愈烈，帶著全體國民，盲目地朝向歐洲式的工業化和軍事化發展。

至於在歐亞大陸，俄羅斯逐漸南下中亞，威脅阿富汗，也在遠東地區展開南進政策，對於包含日本在內的亞洲東部構成極大的威脅。在這種情況下，英國發動兩次英阿戰爭，將阿富汗收為保護國，同時在黑海方面於一八五〇年代的克里米亞戰爭中援助鄂圖曼帝國，阻止俄羅斯南進；此外在遠東，英國支持日本對抗俄羅斯。陸權的俄羅斯與海權的英國對比鮮明。

之後，美國與英國交換主、配角而成為霸權國家。尤其是在第二次世界大戰起至冷戰期間，美國擁有壓倒性海軍實力又成為空中帝國。但除了西歐和亞洲的島嶼部分，美國在歐亞大陸幾乎沒有立足之處，這也是它作為全球帝國的一大特徵。

最終，美國踏入了阿富汗和伊拉克，並總算在舊蘇聯的中亞諸國保有地上基地，雖然僅有少數，但籍此展現軍事力量。然而，在阿富汗戰場、尤其是在伊拉克戰爭中的陸地陷入的苦戰，可說是與近現代象徵的海、空軍事力量屬於完全不同的次元，向世界證明了這片土地僅適用於可說是接近「中世紀」型的戰鬥模式。美國的絆腳石就在它腳下的中央歐亞陸地。回顧過去，以一九七六年的伊朗伊斯蘭革命為直接契機，備感威脅的蘇聯占據喀布爾，從那時候起至現在還不到三十年。令人吃驚的是，一九七九年起的「負面連鎖反應」現在變本加厲。總而言之，從阿富汗可以清楚看到世界史的過去和現在，也許還包括未來。

從過去的歐亞帝國蒙古，到現在的全球帝國美國——之間雖然有數百年「時間」差距，但人類的智慧是否也有如此大的差距呢？值此放眼歷史和現在之際，也不禁思考人類究竟是什麼樣的存在？

不只美國，之前英法的帝國發展和殖民地統治的過程，也絕非已經成為「歷史的記憶」，且不僅不是已經結束的過去，而是依舊作為「負面遺產」留給現在。舊殖民地會以各種形式要求英法償還過去作為帝國時所欠下的債，也是理所當然的。尤其是十九世紀後半起發生的事情，在中東、非洲、南亞、中亞，現在甚至還未抵達「折返點」。

歷史敘述的不是已死的過去。人類一路走來的漫長道路，一直連貫至我們所生活的「現在」。為了認識並理解「現在」，我們必須綜合性地確實掌握歷史。也就是說，為了擁有更好的「現在」，歷史不可或缺。

現在的歐亞大陸，也依舊明顯存在著「帝國」，而政治角力遊戲不曾停歇。然而，現存的「帝國」若出現動搖或是瓦解，其反作用力值得我們深思——這樣的「帝國」足以用自己的崩壞所帶來的恐怖威脅世界。

我們的「這個時代」也不過是一個中間點。要說世界的架構已經定型，那麼未免也太心急——尤其是廣大的亞洲尚未確定，更遑論非洲。這個悲慘的現狀，歐洲需要負大部分的責任。我們正活在「時間」的尖端，必須在確實理解世界史的基礎之上，放眼現在和未來。

# 對學術文庫版的寄語

時間真可說是轉眼飛逝，本書過去曾是講談社系列書籍當中的一本，出版至今轉眼已過了八年歲月。現在重新回顧本書，當中還是有許多不足的地方。關於這一點，我誠摯地向各位致上歉意。作為執筆者本人，真的是想找個洞鑽進去。

以初版為基礎，對於這次學術文庫版的發行我深表感謝。如果現在能夠進行最低限度的補充說明，那麼必然是這個世界更進一步的「世界化」這一點。最明顯的例子就是中國，過去的中國與現在的中國完全不可同日而語。然而，時代和世界也出現了極大的變化，我總覺得習近平率領的中國實際上岌岌可危。話雖如此，能夠創造出更美好世界的人，就是我們自己。

另外，所謂「ＩＳ」（伊斯蘭國）的危險集團尚未解體，世界依舊充滿不安定要素，這個問題也很大。此外，俄羅斯普丁和土耳其艾爾多安的對立，很有可能會發展成嚴重的事態；再加上可說是中東石油源頭的伊朗和沙烏地阿拉伯，彼此間的爭執也值得關注。不久之前，不知是好是壞，美國的歐巴馬和伊朗的羅哈尼進行了「平穩」的商議，中東方面可望走向安定。但不可否認中東的將來依舊不穩定。

我過去和妻子待在美國的時候，恰巧參加了克林頓夫婦的演講，比起克林頓，老實說我對希拉蕊更感興趣，期望出現由她領軍的「女性政權」。總而言之，在美國實現前所未有的政權時，世界將如何因之而變化？是否會出現別的世界？又或者不會？對於筆者而言，希望藉由以女性閣員為中心的希拉蕊政權，不僅在中東，全世界也能走向安定。

二〇一六年一月廿二日　　杉山正明

第7章、終章

- グラヴィホ、山田信夫訳『チムール帝国紀行』桃源社 1967年
- 間野英二『バーブル・ナーマの研究Ⅲ訳注』松香堂 1998年
- 間野英二『バーブル・ナーマの研究Ⅳバーブルとその時代』松香堂 2001年
- 間野英二・堀川徹編著『中央アジアの歴史・社会・文化』放送大学教育振興会 2004年
- A. クロー、岩永博監訳／杉村裕史訳『ムガル帝国の興亡』法政大学出版局　2001年
- イブン・ハリドゥーン、森本公誠訳『歴史序説』全4冊 岩波文庫 2001年
- 岩松寛編『北アジア史』（アジアの歴史と文化7）同朋舎 1999年
- 森川哲雄『モンゴル年代記』白帝社 2007年
- 平野聡『大清帝国と中華の混迷』（興亡の世界史17）講談社 2007年
- R. G. スクルィンニコフ、栗生沢猛夫訳『イヴァン雷帝』成文社 1994年
- H. トロワイヤ、工藤庸子訳『イヴァン雷帝』中央文庫 1987年
- 土肥恒之『ピョートル大帝とその時代』中公新書 1992年
- 桑山正進『カーピシー＝ガンダーラ史研究』京都大学人文科学研究所 1990年
- 李雄賢『ソ連のアフガン戦争——出兵の政策決定過程』信山社 2002年
- B. ルイス、白須英子訳『イスラーム世界の二千年——文明の十字路中東全史』草想社 2001年
- 中村哲『ほんとうのアフガニスタン』光文社 2002年
- 前田耕作・山根聡『アフガニスタン史』河出書房新社 2002年
- 木村汎・石井明編『中央アジアの行方——米ロ中の綱引き』勉誠出版 2003年
- 内藤正典『イスラーム戦争の時代——暴力の連鎖をどう解くか』NHKブックス 2006年
- 小杉泰『イスラーム帝国のジハード』（興亡の世界史06）講談社 2006年

1987年
• 市原宏一『中世前期北西スラヴ人の定住と社会』九州大学出版会 2005年
• 松木栄三『ロシア中世都市の政治世界——都市国家ノヴゴロドの群像』彩流社 2002年
• G. ヴェルナツキー、松木栄三訳『東西ロシアの黎明——モスクワ公国とリトアニア公国』風行社 1999年
• 伊東孝之他編『ポーランド・ウクライナ・バルト史』（新版世界各国史20）山川出版社 1998年
• S. ミコワイチク、広瀬佳一・渡辺克義訳『奪われた祖国ポーランド——ミコワイチク回顧録』中央公論新社 2001年
• J. Fennell, *The Crisis of Medieval Russia, 1200-1304*, Longman, 1983.
• R. Crummey, *The Formation of Muscovy, 1304-1613*, Longman, 1987.

第5、6章
• A. ラムトン、岡崎正孝訳『ペルシアの地主と農民—— 土地保有と地税行政の研究』岩波書店 1976年（※ 推薦本書作為嚴重誤解並醜化蒙古統治的例子）
• B. ルイス、加藤和秀訳『暗殺教団——イスラームの過激派』新泉社 1973年
• 岩村忍『暗殺者教国——イスラム異端派の歴史』リブロポート 1981年
• 菊池達也『イスマーイール派の神話と哲学—— イスラーム少数派の思想史的研究』岩波書店 2005年
• イブン・バットゥータ、イブン・ジュザイイ編、家島彦一訳注『大旅行記』全8巻 平凡社・東洋文庫 1996-2002年
• 後藤明『イスラーム世界の歴史』放送大学教育振興会 1993年
• 佐藤次高『マムルーク——異教の世界からきたイスラムの支配者たち』東京大学出版会 1991年
• 佐藤次高『イスラーム国家と王権』岩波書店 2004年
• J. ル・ゴフ、岡崎敦・森本英夫・堀田郷弘訳『聖王ルイ』新評論 2001年
• A. サン=ドニ、福本直之訳『聖王ルイの世紀』白水社文庫クセジュ 2004年
• ジャン・ド・ジョワンヴィル、伊藤敏樹訳『聖王ルイ——西欧十字軍とモンゴル帝国』ちくま学芸文庫 2006年
• S. ランシマン、榊原勝・藤澤房俊訳『シチリアの晩禱——十三世紀後半の地中海世界の歴史』太陽出版 2002年
• E. A. W. バッヂ、佐伯好郎訳補『元主忽必烈が欧洲に派遣した景教僧の旅行誌』春秋社松柏館 1943年
• M. V. Landingham. *Transforming the State: King, Court and Political Culture in the Realms of Aragon (1213-1387)*, Brill, 2002.

- 森安達也『ビザンツとロシア・東欧』（ビジュアル版世界の歴史 9）講談社 1985 年
- 森安達也編『スラヴ民族と東欧ロシア』（民族の世界史 10）山川出版社 1986 年
- 梅田良忠『ヴォルガ・ブルガール史の研究』弘文堂 1959 年
- 清水睦夫『スラヴ民族史の研究』山川出版社 1983 年
- R. ブラウニング、金原保夫訳『ビザンツ帝国とブルガリア』東海大学出版会 1995 年
- 国本哲男他訳『ロシア原初年代記』名古屋大学出版会 1987 年


第 2、3 章


- 本田實信『イスラム世界の発展』（ビジュアル版世界の歴史 6）講談社 1985 年
- 志茂碩敏『モンゴル帝国史研究序説――イル汗国お中核部族』東京大学出版会 1995 年
- 勝藤猛『モンゴルの西征――ペルシア知識人の悲劇』創元社 1970 年
- 勝藤猛『成吉思汗――草原の世界帝国』清水書院 1972 年
- 杉山正明『世界史を変貌させたモンゴル――時代史のデッサン』角川書店 2000 年
- 杉山正明『疾駆する草原の征服者』（中国の歴史 08）講談社 2005 年
- 紀平英作編『グローバル化時代の人文学――対話と寛容の知を求めて』上 京都大学学術出版会 2007 年
- 藤井譲治他編『大地の肖像――絵図・地図が語る世界』京都大学学術出版会 2007 年
- 応地利明『「世界地図」の誕生』日本経済新聞出版社 2007 年
- 宮紀子『モンゴル帝国が生んだ世界図』日本経済新聞出版社 2007 年
- *The Legacy of Genghis Khan: Courtly Art and Culture in Western Asia, 1256-1353*, The Metropolitan Museum of Art, 2002.
- 『成吉思汗――中国古代北方草原游牧文化』北京出版社 2004 年
- *Dschingis Khan und Seine Erben: Das Weltreich der Mongolen*, Hirmer Verlag, 2005.


第 4 章


- 田中陽兒他編『世界歴史大系　ロシア史』全 3 巻 山川出版社 1994-97 年
- 川端香男里他編『ロシア・ソ連を知る事典』平凡社 1989 年
- 栗生沢猛夫『ボリス・ゴドノフと偽のドミトリー』山川出版社 1997 年
- 栗生沢猛夫『タタールのくびき――ロシア史におけるモンゴル支配の研究』東京大学出版会 2007 年
- 中村仁志『プガチョフの反乱――良きツァーリはよみがえる』平凡社

- 西山克典『ロシア革命と東方辺境地域——「帝国」秩序からの自立を求めて』北海道大学図書刊行会 2002 年
- J. フォーシス、森本和男訳『シベリア先住民の歴史——ロシアの北方アジア植民地 1581-1990』彩流社 1998 年
- 横手慎二編『東アジアのロシア』慶應義塾大学出版会 2004 年
- 岩下明裕『国境・誰がこの線を引いたのか——日本とユーラシア』北海道大学出版会 2006 年
- O. ロワ、斎藤かぐみ訳『現代中央アジア——イスラム、ナショナリズム、石油資源』白水社文庫クセジュ 2007 年
- D. フロムキン、平野勇夫他訳『平和を破滅させた和平——中東問題の始まり〔1914-1922〕』上・下 紀伊國屋書店 2004 年
- G. シュタットミュラー、丹後杏一訳『ハプスブルク帝国史——中世から 1918 年まで』刀水書房 1989 年
- 坂奈玲『知の虚構』三一書房　1997 年


### 第 1 章


- 布野修司編『アジア都市建築史』昭和堂 2003 年
- Z. ブレジンスキー、山岡洋一訳『ブレジンスキーの世界はこう動く——21 世紀の地政戦略ゲーム』日本経済新聞社 1998 年（『地政学で世界を読む』に改題、日経ビジネス人文庫 2003 年）
- 曽村保信『地政学入門』中公新書 1984 年
- 伊藤憲一『国家と戦略』中央公論社 1985 年
- ヘロドトス、松平千秋訳『歴史』上・中・下 岩波文庫 1971-72 年
- 『松田壽男著作集』全 6 巻 六興出版 1986-87 年
- 『榎一雄著作集』全 12 巻 汲古書院 1992-94 年
- 林俊雄『スキタイと匈奴 遊牧の文明』（興亡の世界史 02）講談社 2007 年
- R. グルセ、後藤十三雄訳『アジア遊牧民族史』山一書房 1944 年（原書房・ユーラシア叢書 1979 年）
- 山田信夫『草原とオアシス』（ビジュアル版世界の歴史 10）講談社 1985 年
- 間野英二『中央アジアの歴史』講談社現代新書 1977 年
- 間野英二・堀川徹編『中央アジアの歴史・社会・文化』放送大学教育振興会 2004 年
- 護雅夫・神田信夫編『北アジア史』（新版世界各国史 12）山川出版社 1981 年
- 護雅夫・岡田英弘編『中央ユーラシアの世界』（民族の世界史 4）山川出版社 1990 年
- 森安孝夫『シルクロードと唐帝国』（興亡の世界史 05）講談社 2007 年

# 參考文獻

若要舉出與本書相關的文獻，則要涵蓋世界史的三分之一至一半。因此，下面列舉幾本以日文可簡單閱讀的參考書籍。關於外國文獻，除了具有特別意義的圖錄等特殊情況外，加以省略。


## 與全書相關的文獻

- 本田實信『モンゴル時代史研究』東京大学出版会 1991 年
- 榎一雄『東西文明の交流』（図説中国の歴史 11）講談社 1977 年
- 佐口透『モンゴル帝国と西洋』（東西文明の交流 4）平凡社 1970 年
- C. ドーソン、佐口透訳『モンゴル帝国史』1-6 平凡社・東洋文庫 1968-79 年
- D. モーガン、杉山正明・大島淳子訳『モンゴル帝国の歴史』角川書店 1993 年
- 小松久男編『中央ユーラシア史』（新版世界各国史 4）山川出版社 2000 年
- 小松久男他編『中央ユーラシアを知る事典』平凡社 2005 年
- 杉山正明編『岩波講座世界歴史（新版）11 中央ユーラシアの統合』岩波書店 1997 年
- 杉山正明『大モンゴルの世界——陸と海の巨大帝国』角川書店 1992 年
- 杉山正明『モンゴル帝国の興亡』上・下 講談社現代新書 1996 年
- 杉山正明『遊牧民から見た世界史——民族も国境もこえて』日本経済新聞社 1997 年（日経ビジネス人文庫 2003 年）
- 杉山正明・北川誠一『大モンゴルの時代』（世界の歴史 9）中央公論社 1997 年
- 杉山正明『モンゴル帝国と大元ウルス』京都大学学術出版会 2004 年
- 杉山正明『モンゴルが世界史を覆す』日経ビジネス人文庫 2006 年

## 序章

- 金子民雄『中央アジアに入った日本人』新人物往来社 1973 年
- 小松久男『革命の中央アジア——あるジャディードの肖像』東京大学出版会 1996 年
- 山內昌之『スルタンガリエフの夢——イスラム世界とロシア革命』東京大学出版会 1986 年
- 山內昌之『イスラムとロシア——その後のスルタンガリエフ』東京大学出版会 1995 年
- 細谷千博『シベリア出兵の史的研究』岩波現代文庫 2005 年

### 歐洲的遠征

人類史上有許多被歸類為「遠征」的活動和現象。其內容和樣貌根據時代和地域而大不相同，下面以歐洲遠征這個大的框架簡述其特徵。

雖然歐洲的成立是在所謂中世紀之後，但作為「遠征」的代表事例，許多人會想起亞歷山大大帝的東征。這是將希臘當作是歐洲的起源，以為亞歷山大的東方遠征是歐洲征服亞洲的最初事件的觀點。所謂「希臘化」的現象，也多出現在此等文脈之中。然而這都是超越歷史事實，經過十九至二十世紀帝國主義過度美化歐洲所造成的印象，也是時代虛構歷史的典型範例之一。

可稱為歐洲這個「集團」的遠征事例，最引人注意的是超過兩個世紀的「十字軍」。總共八次的一連串東征活動首先從陸上入侵中東，之後逐漸改成經由地中海入侵。然而在中東人的眼裡，這一切不過是「野蠻人的侵襲」。話雖如此，結果仍推進了地中海航行的「現實化」，孕育出真正與航海相關的技術、知識、精神，成為十五世紀末之後前進海洋的雛型。

值得被稱作歐洲遠征的是西方人所謂「地理大發現」（日本稱作大航海時代）的各種海上遠征。以規模來說，葡萄牙前進印度洋的遠征微不足道，但作為歐洲來到亞洲東方的先驅，且對於日本而言，都有重大的意義。另外，西班牙前往南北美洲大陸的遠征以科爾特斯和皮薩羅為代表，各種冒險的軍事征服受到上天眷顧，也帶來了歐洲勢力的擴展和「新世界」的出現。之後，荷蘭、英國、法國接踵而來，派遣各種遠征隊前往海上想要分一杯羹，開啟了全球時代的大門。然而，在與歐洲本國隔絕的海外領地，西方人表現得有如神一般，創造出非同小可的人種差別待遇，這一點也非常重要。另一方面，在南洋遠征的時候，如何克服壞血病也是一個長期面對的障礙。在庫克船長之前，壞血病一直是歐洲最大的恐懼。然而亞洲的船上自古以來就沒有出現過壞血病。以留下許多史料的蒙古時代來說，大元兀魯思在泉州和廣州設置了種植檸檬的官營農場，做成檸檬飲品供船員飲用，以防止壞血病。由此可見，囫圇吞棗所謂西洋優越思想是一件非常危險的事。歐洲的優勢是在十九世紀後半之後才急速擴展至全世界。完成工業化和軍事化的歐洲，以動力船和火砲的威力征服世界其他地區，也包括過去無法入侵的東亞。另外，沿著「絲路」而展開的各種亞洲內陸探險部隊，也可說是一種遠征。

怪之處。如同馬可波羅的遊記其實是集合多人的經驗和見聞而成的看法，伊本巴圖塔口述的遊記或許其實也是集合多人的情報而成。無論是馬可波羅或伊本巴圖塔，將他們的遊記當作確切根據使用時需要特別慎重。

---

### 亞歷山大大帝東征

聞名歷史的眾多遠征當中，西元前四世紀亞歷山大大帝的東征，被當作是希臘文明擴張、西方世界征服東方世界，也就是歐洲征服亞洲最早的事例，歐美本位的人經常大聲強調此點。然而實際上，亞歷山大是在憧憬哈卡曼尼斯王朝之下富庶且富有文明的東方，而踏上他的東方之旅。另外，他的足跡大致沿著哈卡曼尼斯帝國的領域，因此必須說，所謂亞歷山大開拓未知世界的說法，其實是歐洲眼中的「羅曼故事」。實際上，亞歷山大眼中只有戰爭和征服。將「野蠻」置換成「聖性」，不過是事後諸葛。例如在亞歷山大死後，廣大的領土瞬間分裂成數個，伊朗以東是否真的有留下希臘化的殘渣？一八三〇年代，朵伊森夢想的「希臘化」其實不在東方，反而在西方，也就是羅馬的興起。亞歷山大的東征和其生涯，是在十九到二十世紀的歐洲、尤其是在德國受到明顯美化，當中投影出的是當時的時代狀況。此時，該正視這個反映歐洲帝國主義所創作出的傳說，或說是「文明化使命」之名下的歷史述作了，如此才能探討其真實面貌。

---

### 鄭和的遠征

鄭和是明代初期獲得永樂帝啟用、略帶有神秘色彩的人物，以前後七次的「南海遠征」（下西洋）聞名。他出身雲南，家系據說可以追溯到蒙古時代著名的穆斯林武將和行政官賽典赤・贍思丁（偉大的聖裔之意）。鄭和一般被認為是「宦官」，那是因為他曾擔任「太監」一職，但另一方面，鄭和之所以會受到印度洋伊斯蘭地區的歡迎，那是因為他是繼承「賽典赤」，即穆罕默德血統的人；所以「宦官」身分的說法需要進一步探討。關於被稱作「西洋取寶船」的數十艘艦隊，近年尤其在中國和台灣受到過度的評價，包括最大的船是超過八千噸的巨艦、美洲大陸也發現了鄭和的艦隊等等，這些是帶給人誇大印象的不實說法。木造帆船最大不超過四百噸，而且這麼巨大的帆船艦隊真的會動嗎？木造的大船真的禁得起印度洋的大浪嗎？幾乎都讓人難以置信。另外，所謂美洲的「發現」也是子虛烏有。會出現這樣的說法，背後潛藏的是中國的大國崛起及其經濟發展、外交和海洋戰略意圖。為了國家和政權的政治目的而描繪出偉大的歷史形象來鼓舞國民，這是常見的手段，但歷史學家和國際關係學者卻跟著隨風起舞，實屬遺憾。另外，關於鄭和航海的文獻和資料之後幾乎全部遭到明政權毀滅，故我們很難看出原始的真實面貌。

---

# 重要項目解說
## ——跨越東西方的旅人和遠征

所謂的歷史家和歷史研究者，必須從各方面思考作為研究對象的時代、現象、事情、人物，而自己也要成為超越時空的旅人。下面敘述若干超越東西方的人物和事情，並做出簡短評論。

### 馬可波羅
（Marco Polo，推測 1254 ～ 1324）

義大利威尼斯人，是在當時覆蓋歐亞超廣域之蒙古帝國內旅行的人物。他的名聲超越時代、地區，他的遊記集合起來超過一百四十種寫本，但他實際的形象卻非常模糊。威尼斯的確有一個於一三二四年死去的同名人物，但卻無法確定他曾經透過陸與海往來歐亞，也無法斷定他是由眾多寫本描繪的遊記當中的人物。

在蒙古時代以多語言寫成的原典史料中，馬可波羅的身影總是非常模糊，很難對他做出確切的判斷。但就算如此，根據最近以波斯語和漢語史料對照的結果，從遊記當中的經歷，還是可以辨認出某些人物和事蹟。也就是說，個別的記述當中都含有一些必須說是事實的「片段」。然而，這必須翻閱超過二十多國語言的原典史料，才有可能看出。這也是研究馬可波羅的「樂趣」和「痛苦」之處。對於結合數人的見聞和情報、創作出一個名為「馬可波羅」的人物形象這一點，在長期研究馬可波羅的歐美，老實說，我認為並沒有做出充分的分析和追究。世人皆知的馬可波羅和其身影，依舊是接下來的課題。根據數種版本，從根本上重新探討馬可波羅遊記是基本的要求。這也是考驗研究者是否具有橫跨歐亞東西的文獻能力的領域。

---

### 伊本巴圖塔
（Ibn Baṭṭūṭa，1304 ～ 1368 ／ 69）

出生於摩洛哥丹吉爾的阿拉伯旅行家。當時以蒙古世界帝國為中心，歐亞非世界大幅交流，以此時代狀況為背景，他因留下超越馬可波羅的足跡而聞名。具體而言，他從一三二五年麥加巡禮開始，西起伊比利亞半島，東至蒙古統治之下的中國，利用陸路和海路走訪歐亞和非洲各地。其記錄作為傳達蒙古時代各地樣貌的史料來說，擁有極高的價值。然而，對於可否將此遊記視為是他一人的所見所聞，這一點讓人存疑。分析個別的事蹟和記述會發現有許多矛盾之處和不自然的文脈，尤其是與蒙古帝國本身或與中國相關的部分，都有許多奇

| 西元 | 世界史上的大事 |
|---|---|
| 1487 | 達延可汗即位 |
| 1492 | 哥倫布橫跨大西洋。葡萄牙、西班牙開始正式進入海洋 |
| 1500 | 昔班尼征服河中地區 |
| 1510 | 昔班尼敗給薩非王朝的伊斯瑪儀，死去 |
| 1526 | 巴布爾於帕尼帕特擊敗洛迪王朝。蒙兀兒帝國成立 |
| 1552 | 莫斯科大公伊凡四世攻擊喀山 |
| 1556 | 阿斯特拉罕被伊凡四世擊敗 |
| 1576 | 織田信長遷移到安土城 |
| 1581 | 葉爾馬克攻擊失比爾汗國。開始征服西伯利亞 |
| 1588 | 努爾哈齊創立滿洲固倫 |
| 1603 | 德川家康成為征夷大將軍 |
| 1604 | 蒙古的林丹可汗即位 |
| 1616 | 努爾哈齊統合女真族 |
| 1636 | 皇太極繼承大元兀魯思，被推舉為可汗，以大清固倫為名 |
| 1643～44 | 大清固倫入關，進入北京，平定大部分中華地區 |
| 1676 | 巴圖爾琿台吉之子噶爾丹成為準噶爾的領袖 |
| 1689 | 大清固倫與俄羅斯締結尼布楚條約 |
| 1747 | 出現阿富汗王國 |
| 1755～58 | 大清固倫打倒準噶爾，實現最大版圖 |
| 1783 | 俄羅斯合併克里米亞 |
| 1798 | 拿破崙軍登陸埃及 |
| 1853 | 培里來到浦賀 |
| 1853～56 | 克里米亞戰爭 |
| 1861～65 | 美國南北戰爭 |
| 1868 | 明治維新<br>布哈拉埃米爾國成為俄羅斯的保護國 |
| 1873 | 俄羅斯占領希瓦 |
| 1894～95 | 日清戰爭 |
| 1904～05 | 日俄戰爭 |
| 1911 | 辛亥革命開始。蒙古發表獨立宣言，哲布尊丹巴呼圖克圖稱帝 |
| 1912 | 中華民國成立 |
| 1914 | 第一次世界大戰開始 |
| 1917 | 二月革命和十月革命使得蘇維埃政權成立 |
| 1920 | 希瓦發生革命，赤軍入城布哈拉 |
| 1924 | 蒙古人民共和國成立 |
| 1931 | 發生滿洲事變 |
| 1939 | 以德王為主席的蒙古聯合自治政府在張家口成立 |
| 1945 | 日本接受《波茨坦宣言》 |
| 1979 | 蘇聯軍入侵阿富汗 |
| 2001 | 紐約發生恐怖攻擊，美國開始向阿富汗發動軍事作戰 |

| 西元 | 世界史上的大事 |
|---|---|
| 1254 | 路易九世返回法蘭西 |
| 1256 | 伊斯瑪儀派教團主胡爾夏投降 |
| 1258 | 旭烈兀蒙古軍迫使巴格達開城。阿拔斯王朝滅亡 |
| 1259 | 大可汗蒙哥於四川猝死。忽必烈軍攻擊鄂州 |
| 1260 | 旭烈兀軍回師。忽必烈和阿里不哥同時即位，發生帝位繼承戰爭。馬木留克軍於阿音札魯特攻破怯的不花軍 |
| 1268 | 北條時宗成為執權 |
| 1269 | 塔拉斯會盟 |
| 1271 | 忽必烈以「大元兀魯思」為國號 |
| 1274 | 蒙古來襲（文永之役） |
| 1276 | 南宋首都臨安無血開城 |
| 1279 | 南宋王室於崖山滅亡 |
| 1281 | 馬克成為聶思脫里教主雅巴拉哈三世 |
| 1284 | 阿魯渾成為第四代旭烈兀兀魯思君主 |
| 1287 | 掃馬使節團目睹查理的沒落 |
| | 乃顏與東方三王家一同舉兵，遭忽必烈親征擊敗 |
| 1294 | 成宗鐵穆耳成為第六代大可汗 |
| 1295 | 合贊改宗伊斯蘭並奪權 |
| 1300 | 海都被大元兀魯思軍擊敗，翌年死去 |
| 1303～04 | 蒙古帝國東西整合 |
| 1306～07 | 察合台兀魯思確立 |
| 1313～14 | 旭烈兀兀魯思的完者都建設首都蘇丹尼耶 |
| 1333 | 鎌倉幕府消滅 |
| 1335 | 旭烈兀兀魯思第九代君主不賽因死去 |
| 1338 | 足利尊氏成為征夷大將軍 |
| 1361 | 禿忽魯帖木兒統合察合台兀魯思 |
| 1370 | 帖木兒統合西土耳其斯坦，帖木兒帝國開始擴大 |
| 1380 | 俄羅斯聯軍在庫里科沃之戰中擊敗蒙古 |
| 1386 | 帖木兒出征三年戰役，攻擊伊朗以西地區 |
| 1388 | 大元兀魯思皇帝脫古思帖木兒遭到明軍突襲死去 |
| 1392 | 帖木兒出征五年戰役 |
| 1402 | 帖木兒在安卡拉之戰中擊敗鄂圖曼王朝 |
| 1404 | 克拉維約於撒馬爾罕晉見帖木兒 |
| 1405 | 帖木兒於訛答剌死去 |
| | 鄭和第一回航海 |
| 1420 | 帖木兒帝國的沙哈魯遣使前往晉見永樂帝 |
| 1428 | 阿布海兒成為烏茲別克的領袖，展現南下姿態 |
| 1449 | 瓦拉的也先在土木之變中俘虜明英宗 |
| 1453 | 鄂圖曼帝國攻擊君士坦丁堡 |
| 1456 | 阿布海兒擊敗瓦剌軍 |
| 1467 | 發生應仁之亂 |

| 西元 | 世界史上的大事 |
| --- | --- |
| 821～822 | 唐蕃會盟，回鶻也加入 |
| 840 | 在天災和黠戛斯的攻擊下，回鶻遊牧帝國解體 |
| 9世紀後半 | 中亞形成薩曼王朝 |
| 907 | 唐名實皆亡 |
| 907～916 | 契丹帝國（遼）從稱汗到建立契丹國 |
| 909 | 北非出現法提瑪王朝 |
| 935 | 日本發生平將門之亂 |
| 10世紀中 | 塞爾柱集團離開烏古斯，移居占的 |
| 990 | 李繼遷稱夏國王（在西夏國之下） |
| 999 | 喀喇汗王朝攻陷布哈拉，滅薩曼王朝 |
| 1004 | 契丹帝國和北宋締結澶淵之盟 |
| 1016 | 藤原道長成為攝政 |
| 1038 | 塞爾柱家的克利爾貝爾掌握呼羅珊 |
| 1055 | 塞爾柱兵團掌握巴格達 |
| 1115 | 女真族完顏阿骨打創建大金國 |
| 1125 | 契丹帝國滅亡 |
| 1126～27 | 發生靖康之變，北宋滅亡 |
| 1132 | 西逃的耶律大石於中亞建立第二次契丹帝國 |
| 1185 | 壇浦合戰中平氏滅亡 |
| 1206 | 鐵木真成立大蒙古國，稱成吉思汗 |
|  | 北印度成立德里蘇丹國 |
| 1211～15 | 蒙古軍對金國作戰 |
| 1215 | 花剌子模王國擊敗古爾王朝，得到阿富汗 |
| 1219 | 蒙古軍向花剌子模王國進軍 |
| 1220 | 花剌子模王國解體 |
| 1223 | 哲別和速不台的部隊於迦勒迦河畔擊敗欽察和羅斯聯軍 |
| 1225 | 成吉思汗之下的蒙古軍西征返回 |
| 1227 | 成吉思汗於西夏投降前三日去世 |
| 1229 | 窩闊台成為第二代可汗 |
| 1232 | 三峰山之戰中拖雷軍擊敗金國主力 |
| 1234 | 大金國滅亡 |
| 1235 | 蒙古興建首都哈剌和林 |
| 1236 | 拔都西征軍前進伏爾加河流域 |
| 1237 | 蒙古西征軍席捲東北羅斯 |
| 1241 | 拔都軍擊敗貝拉四世 |
| 1246 | 貴由成為第三代蒙古皇帝 |
| 1248 | 法蘭西國王路易九世東征（第七次十字軍） |
| 1249 | 路易軍從杜姆亞特上岸 |
| 1250 | 路易九世及其軍隊在法里斯庫爾戰役遭到埃及軍俘虜 |
| 1251 | 蒙哥成為第四代可汗，計畫征服世界 |
| 1253 | 旭烈兀西征軍出發 |

| 西元 | 世界史上的大事 |
| --- | --- |
| 523 | 發生撼動北魏的六鎮之亂 |
| 534 | 北魏分裂成東魏和西魏 |
| 6世紀中 | 突厥從阿爾泰地方開始擴展<br>查士丁尼大帝暫時恢復地中海的霸權<br>被突厥趕走的阿瓦爾遊牧民出現在高加索北邊，統治南俄羅斯至匈牙利，與拜占庭和法蘭克對抗 |
| 556～557 | 北周取代西魏 |
| 567 | 薩珊、突厥聯軍打敗嚈噠 |
| 568 | 突厥西面可汗室點密計畫與拜占庭通商 |
| 581 | 楊堅取代北周稱隋 |
| 583 | 突厥明顯東西分裂 |
| 6～7世紀 | 突厥系遊牧民不里阿耳於亞速海周邊興起，之後於681年建立保加利亞帝國。延續至13世紀的伏爾加不里阿耳是其東進的後裔 |
| 604 | 隋煬帝即位 |
| 612～614 | 隋遠征高麗，三次皆失敗 |
| 617 | 李淵從太原進入長安，翌年稱唐 |
| 622 | 穆罕默德隨信徒移居麥地那（希吉拉） |
| 623～624 | 阿瓦爾族包圍君士坦丁堡 |
| 627左右 | 玄奘朝印度出發 |
| 629 | 松贊干布建立吐蕃王朝 |
| 642 | 阿拉伯軍在納哈萬德戰役中擊敗薩珊帝國軍 |
| 651 | 薩珊帝國滅亡 |
| 661 | 伍麥亞王朝建立 |
| 672 | 發生壬申之亂 |
| 7世紀中 | 位於黑海北岸的突厥系可薩族從西突厥獨立，以伏爾加河首都阿的爾為中心繁榮發展，統治階層成為猶太教徒 |
| 690 | 武則天即位 |
| 705 | 阿拉伯的屈底波・伊本・穆斯林成為呼羅珊的總督，向河中地區邁進 |
| 710 | 元明天皇遷都平城京 |
| 737 | 阿拉伯軍入侵伏爾加河下游 |
| 749 | 阿拉伯穆斯林軍擊敗伍麥亞王朝，薩法赫於庫費成為哈里發。阿拔斯王朝革命 |
| 751 | 齊亞德・伊本・薩里的阿拉伯軍於塔拉斯河畔擊敗高先芝的唐軍 |
| 755 | 唐發生安史之亂。有可能與阿拔斯王朝革命連動 |
| 763 | 吐蕃占領長安 |
| 794 | 桓武天皇遷都平安京 |
| 795 | 在回鶻遊牧帝國，王統從藥羅葛氏轉到跌跌氏 |
| 800 | 查理大帝受加冕成為羅馬皇帝 |

| 西元 | 世界史上的大事 |
| --- | --- |
| 154 | 吳楚七國之亂 |
| 149～146 | 第三次布匿戰爭中，羅馬遠征軍擊敗迦太基，掌握西地中海 |
| 141 | 漢武帝即位（前87年歿） |
| 136～129左右 | 大月氏從粟特，壓制巴克特里亞 |
| 133 | 武帝刺殺匈奴軍臣單于失敗，之後都是由漢發動攻擊，開始匈奴與漢的長期戰爭 |
| 64 | 塞琉古王朝滅亡 |
| 58～50 | 凱撒遠征高盧 |
| 51 | 匈奴與漢的戰爭結束 |
| 31 | 亞克興海戰中奧古斯都獲勝 |
| 紀元前後～1世紀左右 | 貴霜帝國於西北印度、阿富汗形成 |
| 後8 | 王莽建立「新」朝，接著採取打壓匈奴的政策，逐漸自取滅亡 |
| 48 | 匈奴南北分裂 |
| 57 | 奴國王遣使東漢 |
| 1世紀後半 | 薩爾馬提亞人的一支，奄蔡（後來的阿速）遊牧民開始活動 |
| 1世紀末 | 鮮卑接收部分北匈奴，征服蒙古 |
| 97 | 班超派遣部下甘英前往大秦國 |
| 166 | 大秦王安敦的使者來到東漢。鮮卑的檀石槐於此時統合北亞 |
| 130～170左右 | 迦膩色伽王統治中亞和西北印度 |
| 220～280 | 魏蜀吳的三國時代 |
| 226 | 阿爾達希爾一世擊敗帕提亞，建立薩珊帝國 |
| 239 | 卑彌呼遣使魏 |
| 3世紀 | 貴霜王朝滅亡。三世紀末，北匈奴抵達錫爾河下游 |
| 304 | 南匈奴的劉淵建立漢國。五胡十六國時代（～439） |
| 4世紀前半 | 薩珊王子作為貴霜王統治粟特和巴克特里亞 |
| 350～360 | 被稱作匈族的部族越過伏爾加河攻擊奄蔡人 |
| 375～376 | 匈族擊敗東哥特人，西哥特人越過多瑙河進入羅馬帝國 |
| 378 | 哥特軍擊敗羅馬軍，東羅馬帝國皇帝瓦倫斯死去 |
| 386 | 鮮卑系的拓跋部建立北魏 |
| 395 | 匈族越過高加索山，進攻亞美尼亞、伊朗、安那托利亞 |
| 402 | 柔然的杜崙稱丘豆伐可汗，和北魏南北對立 |
| 422 | 匈王盧阿入侵色雷斯，迫使東羅馬約定進貢 |
| 439 | 北魏的太武帝統一華北 |
| 444～445 | 阿提拉成為匈族的王 |
| 452 | 阿提拉軍入侵北義大利，翌年阿提拉死去 |
| 5世紀中 | 嚈噠於中亞興起 |
| 476 | 西羅馬帝國滅亡 |
| 478 | 倭王武（雄略天皇？）遣使宋 |
| 481 | 法蘭克王國成立 |

# 年表

製作本年表的時候，根據日本史也是世界史之一的想法，沒有特別將「日本」獨立出來，而是以與本書相關的事件為中心，製作「世界史」年表。

| 西元 | 世界史上的大事 |
| --- | --- |
| 前2千年紀前半 | 古亞述時代 |
| 9世紀左右 | 辛梅里安人於黑海、哈薩克北方草原興起 |
| 8世紀中左右 | 亞述帝國的全盛時期。後半於伊朗高原形成米底亞王國 |
| 8～7世紀 | 斯基泰人趕走辛梅里安人，在其故地發展。之後於中央歐亞、北印度確認出現與斯基泰人相關、寫作塞迦或塞的集團，斯基泰系文化往東擴展至西伯利亞、蒙古、華北、雲南等 |
| 7世紀後半 | 斯基泰人支配伊朗高原附近。西元前625年起，斯基泰人北歸 |
| 612年 | 米底亞和新巴比倫消滅亞述 |
| 550年 | 哈卡曼尼斯王朝併吞米底亞而成立。之後征服呂底亞、新巴比倫、埃及等，成為史上最初的「世界帝國」 |
| 515～512左右 | 大流士一世遠征斯基泰失敗 |
| 490 | 大流士一世派遣艦隊前往古雅典，馬拉松之戰 |
| 485左右 | 希羅多德誕生 |
| 480 | 哈卡曼尼斯帝國軍遠征希臘，在薩拉米海戰中敗戰 |
| 403 | 春秋戰國時代的強國晉分裂，從這一年開始進入戰國時代 |
| 339 | 斯基泰王阿提亞斯與馬其頓的腓力二世交戰，死去 |
| 336 | 馬其頓的亞歷山大即位 |
| 331 | 大流士三世在高加米拉戰役中敗給亞歷山大 |
| 329～327 | 亞歷山大軍遠征中亞和印度 |
| 323 | 亞歷山大大帝病死於巴比倫 |
| 312? | 塞琉古王朝成立 |
| 4世紀末 | 戰國的趙武靈王採用胡服騎射，成為強國<br>薩爾馬提亞人趕走斯基泰人，奪回故地 |
| 3世紀 | 石刻阿育王詔書 |
| 272 | 羅馬統一義大利半島 |
| 247? | 帕提亞遊牧民國家成立 |
| 221 | 秦始皇建立統一帝國 |
| 218～201 | 羅馬和迦太基發生所謂的第一次布匿戰爭 |
| 209 | 冒頓成為匈奴的單于，討伐東胡和月氏 |
| 202 | 劉邦建立漢朝 |
| 200 | 匈奴的冒頓在白登山擊敗漢朝劉邦 |
| 176～174 | 匈奴逐漸向東西擴展勢力 |

興亡的世界史 10

# 蒙古帝國的漫長遺緒

## 後蒙古時代與世界史的重新構圖

モンゴル帝国と長いその後

蒙古帝國的漫長遺緒：後蒙古時代與世界史的重新構圖／杉山正明著／陳心慧譯／初版／新北市／八旗文化出版／遠足文化發行／二〇一九年四月
譯自：モンゴル帝国と長いその後
ISBN 978-957-8654-55-6（精裝）
一、蒙古史 二、世界史
625.7
108002154

作者 杉山正明
日文版編輯委員 青柳正規、陣內秀信、杉山正明、福井憲彥
譯者 陳心慧
總編輯 富察
責任編輯 穆通安、張乃文
行銷企劃總監 蔡慧華
封面設計 莊謹銘
排版設計 宸遠彩藝
彩頁地圖繪製 青刊社地圖工作室（黃清琦）
出版 八旗文化／遠足文化事業股份有限公司
發行 遠足文化事業股份有限公司（讀書共和國出版集團）
地址 新北市新店區民權路 108-2 號 9 樓
電話 〇二～二二一八～一四一七
傳真 〇二～二二一八～八〇五七
客服專線 〇八〇〇～二二一～〇二九
信箱 gusa0601@gmail.com
臉書 facebook.com/gusapublishing
部落格 gusapublishing.blogspot.com
法律顧問 華洋法律事務所／蘇文生律師
印刷 成陽印刷股份有限公司
出版日期 二〇一九年四月（初版一刷）
二〇二四年六月（初版六刷）
定價 五五〇元整





【特別聲明】
本書言論內容，不代表本公司／出版集團之立場或意見，文責由作者自行承擔